基于**货币回流**的**利率债**市场开放

理论实践与金融安全

郭　栋／著

中国人民大学出版社
·北京·

序

中国的改革开放已经进入更高层次的开放型经济发展阶段，扩大金融业对外开放是中国对外开放的重要方面，要合理安排开放顺序，有序推进资本项目开放，稳步推动人民币国际化。当前人民币国际化从跨越式发展到稳步前行，成绩卓著，中国债券纳入国际主要债券指数是中国债券市场扩大开放的里程碑事件，以人民币计价的国债已成为继美国国债后重要的国际储备资产。国债市场建设关系国民经济的发展，构建以国债为载体的人民币国际化货币回流机制，体现了人民币国际化的水到渠成，是外国央行和国际投资者寻求人民币安全栖息地的客观需要。

本书选择以国债为代表的利率债市场开放为研究对象，具有重要的现实意义：在国债市场渐进开放的过程中，推进金融基础设施发挥专业智慧，提出与国际接轨的中国方案，缩小与成熟市场的差距，将有助于防范金融风险、实现人民币币值稳定、构建国际货币体系新格局、发挥经济大国的金融职能。

人民币国际化和债券市场开放是当前的研究热点，但是在理论和实践操作的结合中，存在借鉴路径选择不明确的问题。走美元之路，还是综合借鉴国际货币，尚未达成一致看法。如果选择借鉴美国国债市场开放，具体实施步骤和策略也仍未完全公开。本书克服文献难获得和数据统计口径不统一等限制，通过对美国金融史的深度挖掘，提出人民币货币回流的国际借鉴模式和利率债市场开放的中国方案建议，极具政策参考价值和市场操作的可行性。

本书有三个突出特点。第一个特点是金融史研究视角，注重国际借鉴比较。构建人民币回流机制，推进利率债市场的渐进式开放是人民币国际化发展趋势和关键环节。从理论研究看，货币回流理论是货币国际化的重要研究方向和学术前沿，国内外学术研究普遍认为，通过国债市场开放构建国际货币流动的循环机制，能够显著化解本币国际化带来的流动性风险，促进本币国际化的深度发展。从客观现实看，在第二次世界大战后，货币回流不畅导致美元危机，从而触发布雷顿森林体系的瓦解，这一事件具有很强的警示作用。美国为摆脱危机推进国债市场开放，通过境外持有美债平衡货币回流，确立了美元的世界货币地位，具有借鉴意义。

第二个特点是问题导向，探索中国方案讲求实践价值。人民币国际化背景下的货币回流存在两个方面的问题：一是如何开放债市。本书提出了在岸利率债市场渐进开放的中国方案，其中，设计了中国版的"官方附加发行"制度，强调债市开放次序为先一级、后二级的步骤策略。二是如何防范风险。本书对影响利率债市场价格波动的内外部风险进行了定性和定量辨识，并就美债政策溢出、中美贸易摩擦等热点进行了深入剖析，构建了债市经济安全预警系统。本书对上述问题提出了具有针对性的解决方案和缓释措施，具有现实的实践价值。

第三个特点是创新方法，构建理论与实证的分析逻辑框架。本书通过理论与实证研究不仅提出了具有现实意义的观点，而且创新性地探索了债市研究的新方法。例如：将开放经济条件下的两国模型较好地应用到中美政策溢出效应研究中；通过时变 VAR 技术提供了观测不同时点的风险冲击效应的方法。本书通过严谨的模型和实证分析，深入研究并测度了债市开放存在的风险冲击效应，并结合市场数据构建了利率债市场稳定性指数和投资者情绪指数，填补了文献研究和市场应用的空白。

本书作者郭栋博士在项目融资和债券市场领域具有长期的从业经验，具有理论结合实践的研发能力，在债券市场、货币政策等领域具有独特的视角，心系中国经济和金融全局性问题，专注于做正能量的研究。

邢早忠

金融时报社社长

目 录
Contents

安全处置篇

绪　论

第一节　研究背景与选题意义

（一）研究背景

开放是国家繁荣发展的必由之路。以开放促改革、促发展，是中国发展不断取得新成就的重要法宝，而改革开放是以习近平同志为核心的党中央带领全党全国人民实现"两个一百年"奋斗目标的关键一招。习近平总书记在党的十九大报告中提出"推动形成全面开放新格局"，强调"开放带来进步，封闭必然落后""中国开放的大门不会关闭，只会越开越大""中国坚持对外开放的基本国策，坚持打开国门搞建设""发展更高层次的开放型经济"。这些论断是以习近平同志为核心的党中央适应经济全球化新趋势、准确判断当下国际形势新变化、深刻把握国内改革发展新要求做出的重大战略部署。

与此同时，在 2008 年全球金融危机后，中国开始以更积极的姿态融入国际货币体系，逐渐以"经济大国"的身份承担起国际社会中的"金融责任"，与该过程相伴的则是人民币国际化程度的不断加深。其中共有四个方面可圈可点：第一，一些发展中国家纷纷与中国签订本国货币同人民币间的流动性互换协议，编织起一张并非以美元为中心的安全网[1]。第二，自 2009 年跨境贸易人民币结算试点以来，人民币在经常项下承担计价和结算职能已成常态，并取得了长足的发展[2]。第三，在此次危机后的中国资本账户既没有重返管制，也没有

---

[1]　与之相关的事件是，中国积极承担起地区性货币合作的责任，比如 2009 年 12 月在中国的推动下，《清迈协议》（Chiang Mai Initiative，CMI）升级为《清迈倡议多边化协议》（Chiang Mai Initiative Multilateralization，CMIM）。另外，货币互换的起源是解决流动性过剩的问题，本书第四章将详细展开讨论，而 2008 年金融危机中的互换则是为了克服流动性不足。

[2]　该发展进程分为三个阶段：一是 2009 年 4 月 8 日，境内开始试点跨境贸易人民币结算的范围是上海等 5 个城市，境外范围为中国香港地区、中国澳门地区和东盟国家；二是 2010 年 6 月 22 日起将试点地区扩大到北京等 20 个省/自治区/直辖市，而境外范围则扩大为所有国家和地区；三是自 2011 年 8 月 23 日起境内范围扩大至中国全境。

一步式打开，而是遵循"渐进有序"的方式走向开放。其中，股票市场以"沪港通"和"深港通"为标志①，债券市场则以离岸人民币债券发行和"债券通"为标志②。第四，危机后的人民币不再盯住美元，而是先走向升值，又在 2015 年 8 月 11 日后形成"收盘汇率＋一篮子货币汇率变化＋逆周期因子"的管理浮动。人民币以双向浮动的表现，在国际上摘掉了"汇率操纵"的帽子③，更于 2016 年 10 月 1 日正式加入特别提款权（special drawing right，SDR）计价篮子，且首日价值占比高达 10.92%。

（二）选题意义

本项研究的意义在于：（1）聚焦瓶颈与核心。由货币流动的一般范式分析入手，指出货币国际化瓶颈在于疏通货币回流渠道。因此，人民币国际化的核心问题是以多渠道回流境外人民币，为"走出去"的人民币提供一个激励相容的"价值栖息地"和"流动性管理场所"。从现代货币体系来看，这种"栖息地"只能是货币发行国的在岸利率债市场。（2）发现机遇与创新。中国正迎来巨大的机遇，但在时点上叠加了"全球金融周期"（global financial cycle，GFCy）切换的时间之窗。因此，详细研究全球金融周期切换大背景下的中国利率债市场开放问题变得颇具理论价值和实践意义。利率债市场开放的难点在于制度探索和产品创新，本书对前者选择了"外国官方附加发行"制度进行讨论，对后者专门探讨了浮息债基准利率选择问题。（3）加强安全防范。从联动性和特殊性关注安全隐患：一是联动性，债市本身是全球化的跨境市场，美国国债是最直接的风险冲击因素，即美国国债政策外溢和中美

---

① 同时，2017 年 6 月 20 日，摩根士丹利资本国际公司公布从 2018 年 6 月 30 日起将 A 股纳入 MSCI 新兴市场指数（Morgan Stanley Capital International Emerging Markets Index）和 MSCI 全球指数（Morgan Stanley Capital International World Index）。

② 这里特别要指出，在中国政府发行人民币利率债的离岸市场中，伦敦市场日趋重要，但这些利率债都是定向发售而非标售的。

③ 2007 年 6 月，国际货币基金组织曾用此批评中国，中国立即停止了同国际货币基金组织的双边磋商。2009 年 3 月 23 日周小川在 G20 伦敦峰会前夕发表《关于改革国际货币体系的思考》，震动西方。同年 6 月 22 日，国际货币基金组织发布《对 2007 年监督决定的修正性操作指引》（The 2007 Surveillance Decision：Revised Operational Guidance），承认之前所使用的汇率指标有失公允，放弃原本的措辞。这段历史可以参考国际货币基金组织中国处前处长 Eswar S. Prasad（2014）第 8 章。

利差"舒适区"变化；二是特殊性，就新兴市场从主体角度给出借鉴意义，从中美贸易摩擦的角度给出量化影响分析。问题解决具有多样化和个性化的特点，不是本书的重点，从安全处置的风险监测入手，本书详细探讨了在利率债市场开放下的市场稳定性指数构建，为稳健且更高程度地提高利率债市场开放程度保驾护航。

第二节　研究逻辑与结构安排

近年来，随着人民币国际化程度的加深，中国按照国际标准，持续推动债券市场、股票市场、金融衍生品市场对外开放，扩大跨境投融资渠道，完善相关制度安排。中国金融市场的开放程度、竞争力和影响力不断提升，受到国际市场的普遍肯定和认可。一时间，学术界和市场各界对本来中国金融开放的战略意义认识不够聚焦。本书创造性地提出一个含有五类模式的货币回流一般范式，提炼出全球金融周期背景下利率债市场开放与货币国际化的内在逻辑（如图0-1所示），同时认为，在整个利率债市场开放中既有政府推动型，也有外需拉动型，利率债市场开放在货币环流中的中枢地位如图0-2所示。

图0-1　本书提出的利率债市场逻辑链条

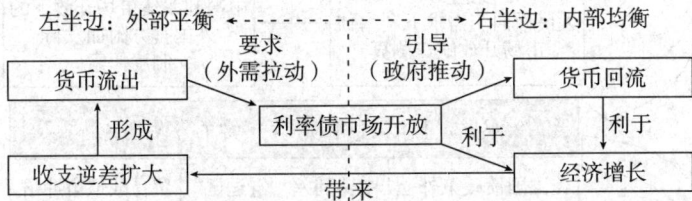

图0-2　本书提出的利率债市场开放在货币环流中的中枢地位

本书分为理论借鉴、中国实践、金融风险和安全处置四篇，研究路径的结构安排如下：前三章为理论借鉴篇：第一章探究利率债市场开放的理论，旨在厘清货币流动在一般范式下的利率债市场开放逻辑；第二章和第三章分别聚焦债市开放和货币回流的美国经验。之后是中国实践篇，共有三章：第四章是中国债市开放和人民币回流问题的实践与研究动态；第五章是该动态中人民币回流需求下的中国利率债市场开放缺口测算并指出了中国与其他新兴市场不同的地方；第六章则指出上述情形下该采用"外国官方附加发行"的方法进一步拓宽人民币回流机制。再之后是金融风险篇：第七章、第八章和第九章分别从美国国债政策外溢风险、中美利差"舒适区"问题和中美贸易战下的债市冲击角度探讨中国债市开放的潜在金融风险。最后是安全处置篇：第十章和第十一章则分别从中长期稳定性角度和短期情绪角度构建了两大指数，用以实时预警中国债市的金融安全问题。第十二章是全书的总结和政策建议。全书的逻辑框架如图 0-3 所示。

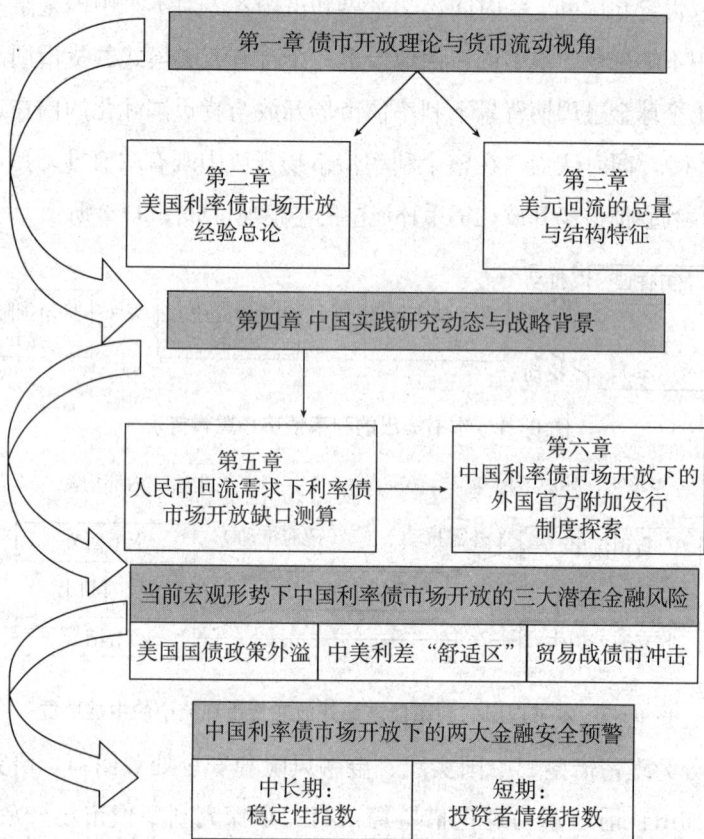

图 0-3   全书的逻辑框架

第三节　研究方法与学术创新

（一）研究方法

本书拟采取理论联系实际、规范分析与实证分析相结合的研究方法：

一是金融史研究方法。本书在系统地整理美国利率债市场开放的各类数据的同时，还给出了比较翔实的历史背景资料，这些来源主要有：（1）美国参议院和众议院的听证会资料；（2）已经解密的美国国家档案馆（National Archives）资料；（3）美国政府部门的相关报告、公报或年鉴；（4）20 世纪 70 年代美国多份主流报纸；（5）国际组织（尤其是国际货币基金组织）的会议记录和年鉴。我们以数据为骨架，以史料为血肉：（1）将每个阶段美国利率债市场如何促进美元地位刻画了出来；（2）展现出在利率债市场开放初期的中国国内和国际博弈；（3）在此过程中挖掘到一项极其重要的微观制度——"官方附加发行"。

二是符合经济学研究国际惯例的理论模型和计量方法。利用这些模型和方法，可以构建现实符合性高的模型来进行实证分析，提升研究的科学性与规范性。这些方法包括：（1）中国利率债市场开放缺口估算；（2）GVAR 模型下的全球金融周期对债市开放影响分析；（3）TVP-VAR 模型的时变效应分析；（4）断点回归模型下的中美利差"舒适区"情景分析。

三是数值模拟方法。我们建立了一个在一般情形下的利率债市场开放对货币国际化影响作用的宏观模型，这里设置了国际金汇兑本位制和信用货币体系两种场景，以厂商、政府和家庭构建起一个内部的一般动态均衡，又以国际收支和国际储备构建起一个外部均衡，然后令二者达到均衡（即内外均衡）。我们考察了内外均衡各自的稳定状态，并通过数值分析（numerical analysis）模拟了各变量达到稳态的动态轨迹，进而区分基准、更高储蓄率、更高借债率和劳动密集型等四种情形，给出了利率债市场开放对各宏观变量的影响结果。

（二）学术创新

一是弥补金融史研究的不足，梳理美国国债开放历史以提供借鉴。大多数研究者都知道"美国利率债市场的境外持有程度很高"这一观点，却未研究过美国利率债市场究竟是怎样开放的。是一步到位的还是渐进的？美国政府又在该进程中扮演了何种角色？另外，关于美国政府向石油出口国开放在岸国债市场一事，坊间有许多传闻，而国内学术文献大都引用这些"阴谋论"式的传闻，缺乏基于一手资料及数据的挖掘和认识。本书可能是首部系统地梳理了自布雷顿森林体系以来美国利率债市场开放的进程、特征和机制，以翔实的统计数据和历史文献证明了美国利率债市场是如何渐进且有序开放的著作，填补了国际金融史（尤其是金融市场开放史）的这项空白。

二是探索创新性分析逻辑，发掘债市创新产品工具。将债市开放置于全球金融周期的创新性剖析。Helene Rey（2013）首次提出"全球金融周期"的概念，此后引起了国际学术界的巨大反响，并受到国际货币基金组织的高度关注。然而，国内缺乏对该概念和现象的深入探讨，更没有将新一轮金融开放下的利率债市场开放的理论和实践问题置于该理论框架中进行的分析，本书在这方面做出了创新性工作。在创新产品开发方面，本书在美国国会听证会记录中，挖掘到一项引导美元回流的关键制度——"外国官方附加发行"（foreign add-ons，该中文名为本书课题组翻译）。我们摸清了该项制度的来龙去脉和设计细节，并从美国联邦储备系统的《资本市场发展统计公报 H.16》（Statistical Release H.16 Capital Market Developments）和美国财政部的《财政公报》（Treasury Bulletin）中收集实验数据，使用标准计量方法做出一些定量研究，以探讨美国财政部的发行时机和境外主体的参与特征。这项制度对中国当前的国债市场开放具有较为直接的借鉴意义。

三是在债市风险分析和监测指数构建的方法论上进行创新尝试。基于债市跨境冲击影响，采用 GVAR 模型和 TVP-VAR 模型分析主要货币债市的联动影响，重点剖析中美两国之间国债隐含政策因素和中美贸易战等的风险冲击。在研究数据选择方面的创新在于，发现了 10 年期品种在分析两国冲击方面的学术研究价值，在中美利差分析中选择 2 年期和 10 年期美国国债利率为政策替代变量，并弥补了之前相关研究的缺失。本书借鉴国内外成熟研究方法构建利率债市场金融稳定性指数（Rate Securities Financial Stable Index，RS-FSI）和利率债市场投资者情绪指数（Rate Securities Investor Sentiment Index，RS-ISI），具有创新性，其学术研究实证结果优于现有指数，具有很强的实际应用价值。

理论借鉴篇

第一章

债市开放理论与货币流动视角

第一节　债市开放问题的研究视角

国内外论及"国债市场开放"问题的文献一般具有三个视角：一是由国债市场改革切入；二是由财政筹资需求切入；三是由货币国际化切入。下面予以分述：

一、由国债市场改革切入讨论国债市场开放

（一）发达国家的经验

Mendoza 等（2009）指出：金融发展水平高的国家的对外负债也倾向于较高，而其对外资产却主要是高风险、高回报的资产，且其自身市场有一定的安全港功能。从发达国家角度进行研究，Jones 和 Fabozzi（1992）是较早和较经典的文献。该文献从收益率计算、清算和托管入手，然后选取国债市场最国际化的 8 个国家（美国、日本、德国、英国、法国、荷兰、加拿大、澳大利亚）进行详尽的考察，再提出抵补外汇风险和构建资产组合的策略。美国国债的发行及流通与其历史上的博弈策略密不可分（Kenneth，2013：26-37），接受了学者"小规模定期化举债"的建议（Friedman，1960：65；Gains，1962：77）。英国的金融"大爆炸"（Big Bang）经验则可以参考"金边债券"市场重要的一级自营商 Credit Suisse First Boston（1988）的专著，意大利的负债率一度是美国的两倍（Clayton，2000：138），其对债务可持续方面的处理和市场微观机制详细见于 Alesina 和 Tabellini（1990）以及 Conti

等（2012）。对于法律层面的外国投资者参与国际债券市场的探讨主要见于 Parry 等（1999）。

当然，发达国家的国债市场开放经验表明：债券的持有期一般较长，投机性较弱，反映出投资者对发行主体的信任，国际投资者持有某国国债就体现出对该国货币的信心（龚刚，2013：51）。作为全球投资者（债权人），应更多关注他国国债产品，而避免非国债类债券，因为国债具有低信用风险、高流动性和操作便捷性。"准政府债"（semi-government bond），如地方政府债、企业债、抵押债券市场中的债券，虽然能提供较高的收益，却同时具有较高的信用风险，而境外投资者最不能接受的就是该国难以捉摸的信用风险及其低的流动性（Jones and Fabozzi，1992：4）。

（二）新兴市场的经验

对新兴市场本币标价的国债，全球投资者起先比较谨慎（Eichengreen and Mody，2000；IMF，2004；González-Rozada and Levy-Yeyati，2008），后来出于资产配置的考虑情况发生转变（IMF，2011），这也许与汇率行为有关（Burger and Warnock，2007；Turner，2012）。新兴市场国家也逐步改进了国内机构、宏观政策和市场设施，吸引了全球资本（BIS，2002，2012a，2012b；Claessens et al.，2007；Gagnon，2014；Goldstein and Turner，2004；Montoro and Rojas-Suarez，2012）。

BIS（2002）很早发现了新兴市场国家本币债券市场开放的动态，并指出对拉丁美洲和亚洲国家的分析最为典型。拉丁美洲基本都是发展中国家，这方面的贡献来自 Eduardo 等（2008：247 - 289）的努力，三位作者专门分析了在跨国角度下的拉丁美洲债券市场，他们分别为加州大学伯克利分校的教授、联合国贸易和发展会议的研究者和国际货币基金组织的研究员。亚洲既有货币已成为国际货币的日本，也有规模较大的新兴市场中国和印度，还有在 20 世纪末经历过金融危机的东南亚国家，于是情况更加复杂。Arner 等（2006）则全面论述了亚洲债务资本市场的前景和发展策略。Klassen（2004）观察到在亚洲金融危机后，亚洲各国以本国货币计价的国债发行有所增加，仅 1999—2003 年就增加了 40%（Fernandez and Klassen，2006）。另外，研究者指出国家对财产权的保护是吸引外国投资亚洲国家债券的重要因素（Bae et al.，2006）。中国香港的香港金融管理局官员 Tsang（1998）在亚洲金融危机后曾呼吁建立亚洲债券市场，指出了在人口老龄化的形势下链接政府债券和养老金的重要性，也直接指出了亚洲国家的国债流动性低、发行规模小、发行无规律间隔、定价无基准、托管系统低效等沉疴宿疾。耐人寻味的是，其大力倡导的发展以东京为中心的亚洲日元债券市场的主张在今天看来是非常错误的判断，人们对人民币国际化迅猛势头的关注远超对日本经济衰退的担忧。中国台湾地区的情况也值得重视，其路径是先推行利率市场化和汇率市场化，而后开放债券市场，但规模并不大（中国台湾证券交易所，2001）。上海证券交易所研究中心（2006）的研究则肯定了这种债券市场向外资开放后对金融市场和经济结构转型双方面带来的积极作用。Asian Development Bank（2008）也从分散投资者角度做出了一些定性分析。

最值得注意的是 Burger 和 Warnock（2006，2007，2009）的文章，他们通过对 40 个国家的外国参与进行分析后指出，吸引外国人参与本地并以本国货币计价的债券市场对该国带来利益的规律在发展中国家和发达国家中都适用。虽然发展中国家的债券收益都具有高方差与负偏度的特征，但可被用来分散非系统风险，而且这些国家可以通过减少宏观经济的不稳定性来提高国债市场的外资参与。

虽然国债若以本币计价，不存在 Eichengreen 和 Hausmann（1999）所提的"原罪"（original sin）问题，但向外举债本身具有更高的波动性、周期性和中断的可能（Calvo，2005）。更值得关注的是，近年来大量新兴市场本币标价的国债被纳入全球重要债券指数的计算[①]，全球金融体系委员会看好这种趋势（Committee on the Global Financial System，2007）。

---

① 例如，花旗全球国债指数（Citigroup World Government Bond Index，CWGBI）包含了 23 个国家的国债，其中包括波兰（2003 年）、新加坡（2005 年）、马来西亚（2007 年）、墨西哥（2010 年）和南非（2012 年），但权重都在 0.4%~0.6%，远低于美国、日本等国家国债的权重。

二、由财政筹资需求切入讨论国债市场开放

长期以来，筹措社会福利资金是政府的重要义务（Clayton，2000：4），其中又以养老金和医疗承诺的额度最大（Eisner，1995：89 - 119；Miller 和 Roberds，1992；Francis，1996：79）。不过，IMF（1998：204）曾预期随着老龄化，公共部门和私人部门的储蓄率都会上升，但事实上恰恰相反。而且人们广泛注意到，与之相伴的是以美国为代表的"消费主义"的崛起和"节俭主义"的没落（Tucker，1991：137 - 139）。在此背景下，反对加税也反对减支的民众使政府赤字及其举债的不可持续性（unsustainability）成为饱受争议的对象，增发新债的做法被认为只是制造出了"财政幻觉"（fiscal illusion）（IMF，1996；Hahm et al.，1995：183 - 197）。然而，政府没能直面该问题，于是 Stein（1996：454）指出，预算平衡只是一种"礼仪性的尊重"（ritual obeisance）和"图腾式的目标"（totemic goal）。

在经济增长趋缓的背景下，化解这种困境的唯一出路就是向境外投资者开放国债市场，当然，前提是币值稳定。也就是说，资本市场全球化帮助了低储蓄率的发达国家向外举债（Posner and Bovbjerg，1996：137）。一方面，这提升了货币的国际地位；另一方面，这等于以外国经济实力维持了该国高水平的消费和社会保障需求，同时该国国内储蓄率、利率和通货膨胀率都能处在较低的水平上（Warnock and Warnock）。这种做法似乎对这些发达国家从未产生过负面后果（IMF，1996；Evans et al.，1996）。Vito 和 Demenico（1995）指出这个问题是在工业化国家中普遍存在的，但美国尤为突出。美国国债的购买者往往担心有汇率风险的发展中国家，而这些国家正是 MacKinnon（2009）提出的"不成熟债权国"（immature creditor），即不能将本币借给外国人以平衡其积累的经常账户顺差的国家。石巧荣（2010）注意到这个问题，认为中国应推动人民币离岸金融市场使人民币国际化来化解中国的困境。值得注意的是，在 2008 年金融危机之后，以中国为代表的发展中国家持有美国国债的金额及美国国债境外投资者持有占比都达到了空前的高度（Cline，

2010；孙兆东，2010；袁涛，2013）。其实，美国财政的持续恶化，在美国政府通过开动印钞机和制造通货膨胀以减轻债务的做法下，通过多渠道传导至外国，国际金融市场一旦认清这种现象，必然选择减少美元资产而增加人民币负债（余永定，2011）。这对中国来说，更应被看作一种开放国债市场的机会。

三、由货币国际化切入讨论国债市场开放

在一般意义上，学者倾向于认为国际投资者持有某国国债就体现出对该国货币的信心（龚刚，2013：51）。也有一些学者主张用一国流出的国债债务在国际债券市场中所占的份额作为衡量货币国际化程度的指标（Detken and Hartmann，2000；Kenen，2011）。

然而，外文文献很少深入探讨这些话题，稍微接近一些的是关于美国国债境外持有对宏观变量的影响（Beltran et al.，2013）以及境外投资者参与一级市场和二级市场的微观机制（Jones and Fabozzi，1992）。Cooper（2000）认为美国高流动性、大规模发行的国债市场正是维持美元成为国际储备资产的最重要力量。Forbes（2010）也指出了美国国债市场对境外开放的成功正是外国人愿意投资美国的最重要原因。Block（1977）论及"国际货币政策"（international monetary policy），但仍旧缺乏对第二次世界大战结束至今（尤其是在布雷顿森林体系瓦解以后）美国国债市场开放的长序列通史性考察，这无疑是一项学术空白。国内的叶荷和岳星（2015）注意到在本次金融危机后，美元汇率在量化宽松政策下趋软，但其国际储备占比却不降反升。

从外需角度看，美国国债的购买者往往担心有汇率风险的发展中国家，而这些国家正是前文所提的"不成熟债权国"，即不能将本币借给外国人以平衡其积累的经常账户顺差的国家。有意思的是，余永定（2011）提出了在美国财政恶化情形下，"国际金融市场上减少美元资产和人民币负债、增加美元债务和人民币货币资产的需求将会越来越旺盛"的看法。

值得注意的是，国内学者在探讨"日元国际化短板"时却偶有涉及该话题。于学伟（2011）在以美国经验类比时，注意到日本国债市场的开放度同日元的国际地位不相称。然而，随着近年来全球安全资产供给的减少，日本国债也变得富有吸引力。李晓（2017）在分析日本银行量化宽松"新政"时观察到自 2008 年金融危机以来，日元的避险作用日益凸显，并进一步认为日本央行对收益率曲线的干预就是以提高收益率为激励来销售国债的，但日本国内吸收度有限，将国债留给了外国投资者，这便推高了日本国债市场的开放度。

巴曙松等（2016）在讨论债券市场开放问题时，尤其注意借鉴美国和日本的经验。他们认为美元国际储备货币的强势地位增强了美国国债的吸引力。然而，这经不起推敲：若说境外投资者愿意持有美国国债与美元的强势地位密不可分，难道投资者会根据美元占比从危机前 2006 年的 65.04% 下跌到 2009 年的 62.05% 而减持美国国债，然后又随着占比上升到 2016 年的 63.95% 而增持美国国债吗？这显然是违背常识的！我们便有了一个疑问：这恰恰是不是本末倒置了？

本书认为现有文献中缺乏美国经验研究的原因有三个方面：一是资料难得。对美国国债市场开放量化研究的数据主要散见于美国财政部的《财政公报》（1983 年起改为季报，之前都为月报），而这些早期数据并不见于任何数据库，史料性资料大都见于各类国会听证会。二是数据保密。美国曾长期向外保密石油出口国对美国国债投资的国别数据和细节信息，但在多方呼吁下，美国财政部于 2016 年 5 月 16 日公布了相关保密数据（Wong，2016），才令研究成为可能。三是口径不一。静态上的境外持有占比有多种分子和分母可供选择，动态上由于时间跨度较大，美国财政部几次调整各类统计口径，要统一起来研究着实不易。

四、研究视角文献评述

通过文献分析，我们发现：（1）国外研究中讨论本币利率债市场开放的文献主要是针对新兴市场的（研究境外持有对其金融稳定性的影响），而针对发达经济体的回顾或探讨非常少；（2）就算存在一些提到发达经济体利率债市场开放的文献，也主要是境外投资者持有水平和波动对其内部均衡的影响分析；（3）从货币国际化角度切入国债市场开放的理论研究和实证研究都比较缺乏。美国利率债市场开放令全球依赖美元，似乎是我们都熟悉的结论，但却找不到有理有据的证明，这是本书希望突破的方面。

另外，我们认为存在一些亟待消除的误解，即认为美国是世界货币，所以其国债才具有吸引力，或认为美国正是依靠"金融霸权"强制外国官方购买其国债（为其高消费买单）。然而本书希望论证的恰恰同此相反：正因为美国利率债市场在政府推动和外需拉动下不断开放，才令美元回流渠道通畅，促进了美元国际化地位的提升。

第二节　货币流动理论的文献评述

在整个国际金融领域中，国债市场开放问题同国际货币体系变迁、境外货币回流、支持该国货币国际化及金融危机中风险管理等都有着密切的联系。显然，一种货币流出并流回该货币的发行国，是一个动态的过程，若在金本位制且无国际金融市场时，货币的流动只是国际贸易的"硬币的反面"。

表1-1总结了走向世界货币的美元实现境外货币回流的四个时段：时段Ⅰ就体现出这种特征。在1913年底美联储成立后，以其自有资金竭力为商业票据贴现（Beckhart，1924；Beckhart et al.，1932），有效地促进了美元跨境流动，但在"大萧条"中戛然而终（时段Ⅱ）。直至第二次世界大战后的布雷顿森林体系才以黄金为回流对价物，我们进入了美元回流新阶段（时段Ⅲ），但由于该货币体系的内在缺陷，在其瓦解后美国国债市场终于以极大的开放之势发挥出前所未有的国际金融功能（时段Ⅳ）。

图1-1给出了在第二次世界大战后美国国债境外持有的长时间序列，我们发现直至20世纪50年代末，其占国债总额的比例都非常低（约在3%以下），但在近年来达到50%左右。我们不禁要问，美国国债市场是如何走向开

放的，是"大爆炸"式一步到位，还是渐进有序？其在 20 世纪 60 年代美元危机中、布雷顿森林体系瓦解前后、两次石油危机中乃至最近一次全球金融危机中是如何配合境外货币回流的？国债市场开放是出于美国政府的主动引导还是市场的自发需求？

表 1-1　　　　　　　　　　美元回流的四个时段

时段	时段 I 1879—1913 年	时段 II 20 世纪 20 年代	时段 III 1945—1971 年	时段 IV 1974 年至今
国际货币体系	金汇兑本位	金汇兑本位	国际金汇兑本位	信用货币
美元国际地位	非国际化	不断国际化[①]	世界货币	世界货币
国际金融市场	美国无，他国有	美国有，他国有	美国有，他国有	美国有，他国有
美元跨境流动特征	缓慢流入	双向快速流动	先流出，后流入	双向快速流动
美元回流的对价物	货物和资源	商业票据	黄金	美国国债

注：①Karmin（2008）和 Eichengreen（2010）都认为在第一次世界大战后，美元实际上已经取代英镑，美联储成为全球的最后贷款人。

资料来源：经笔者整理所得。

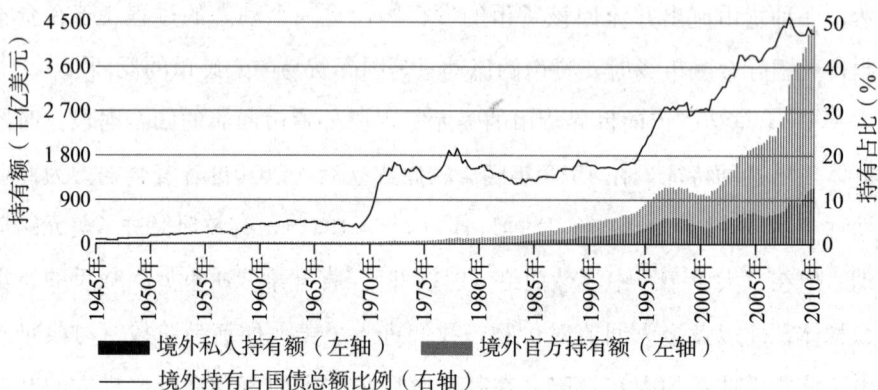

图 1-1　在第二次世界大战后美国国债境外持有总量及占比情况

注：自 2011 年起美联储 Statistical Release Z.1 不再披露外国持有的结构，故这里的数据截至 2011 年第一季度，这里的境外官方包括国际和区域组织，这里的国债总额包括付息、不付息和到期未赎回债券，而付息债券中包括政府账户、美联储和其他主体持有。

资料来源：美联储，Statistical Release Z.1 Flow of Funds Accounts of the United States：Flows and Outstandings，Level tables L.209（2010 年前）和 L.210（2010 年后）。

然而如前所述，外文文献很少探讨这些话题。从国内对"国债市场开放"问题的讨论来看，王洪（1985）、吴晓灵（1987）和郑文平（1995）所论及的"国债市场开放"实为对内开放，真正触及对外开放的时段共有三个：一是高坚（1995）提出"国债外资化"，可惜随着在金融危机中亚洲国家暴露外债弊病而不了了之。二是2001年中国在加入世界贸易组织前后的"适格性自省"，郝联峰（2000）所主张的先一级市场后二级市场的次序，同中国的实践相反。宾建成（2001）虽主张渐进开放，但他把引入外资仅仅作为对国内融资的补充，与货币回流无关。贾康和李大春（2001）以及桂荷发（2003）都未突出国债市场的独特性，前者所提模仿B股市场"在人民币自由兑换前，开办美元国债市场"的建议，在人民币日益国际化的当今形势下未必合宜，后者把发行市场的开放简单认作境外主体在中国承销或分销债券，忽略了参与国债拍卖甚至一级自营商等重要问题。三是在人民币国际化提速背景下的中国债市战略性开放前后的"市场呼声"，以姜超等（2015）和巴曙松等（2016）为代表，但他们很少针对国债市场，尤其以人民币国际化为背景进行讨论，且缺乏量化分析。

当前，中国在岸债券市场面临扩容和开放两大挑战，随着十九大报告明确"主动参与和推动经济全球化进程，发展更高层次的开放型经济"以及《中华人民共和国国民经济和社会发展第十三个五年规划纲要》提出"境外机构境内发行、投资和交易人民币债券"的具体要求，市场对中国债市更大规模的开放充满期待。从境外投资者的"显示性偏好"来看，不论是在持有金额、外资占比还是在资产配置方面，境外投资者都表现出对中国国债的极大兴趣。[1] 另外，近期学界和业界都认为人民币国际化需要从投资渠道有所突破。于是，对发达国家国债市场开放经验的借鉴及对中国该如何开放的讨论刻不容缓，显然以境外货币回流为视角细看美国国债市场开放历史尤为重要。本书首次分阶段、分市场论述了美国国债市场开放的进程、特征和机制，以翔实的统

---

① 根据中国债券信息网中对主要券种投资者结构的统计，2017年10月境外机构持有中国国债5 591.19亿元，占比为4.71%，但其债券类资产中国债配比达到62.00%，三个指标相较政策性金融债、企业债、次级债、二级资本工具、普通债和中期票据来说，都具有绝对优势。

计数据和历史文献证明美国国债市场是如何渐进有序开放的，填补了国际金融史（尤其是金融市场开放史）的这项空白。本书指出，国债市场开放具有"政府推动"和"外需拉动"两种类型。同时，本书还有助于从经济史角度理解境外货币流动的一般规律，以及在岸国债市场开放同货币国际化之间的关系。

第三节　境外货币回流的一般范式

随着一国货币国际化程度的加深，其将在国际贸易和国际金融中被更频繁地使用，无论是经常账户项下还是资本和金融账户项下都可能流向非居民，形成境外货币。我们以 Kindleberger（1973，1986）"霸权稳定理论"（hegemonic stability theory）为框架，提出境外货币回流的一般范式，如图 1-2 所示。当"中心国"（center country）货币在"外围体"（periphery country）因为"贸易顺差＋资本输出"而形成流动性过剩时，若未及时形成回流通道，则会严重影响该币种的国际地位。不失一般性地，境外货币共有五种模式。

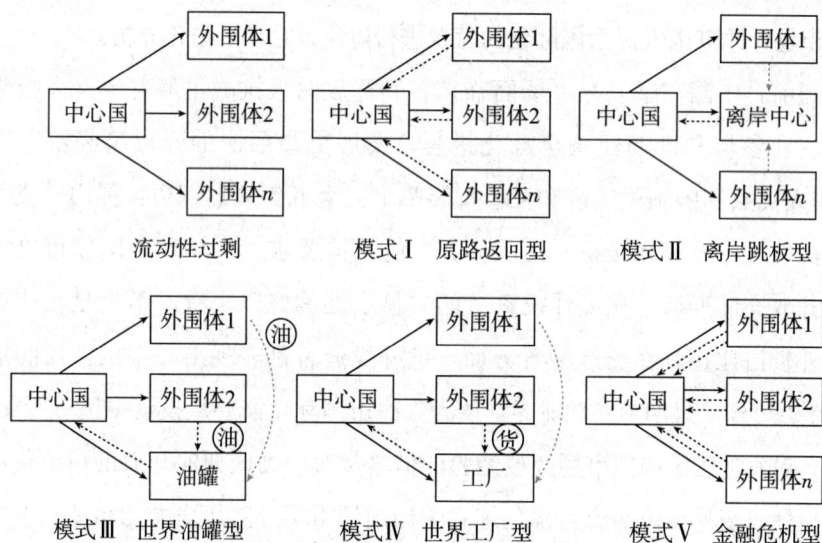

图 1-2　境外货币的回流模式

注：实线表示货币流出，灰线表示外围体间环流，虚线表示货币回流；外围体可以表示境外的主权国家、地区或欧洲货币市场；图中仅以三个外围体为抽象的例子，在实际中数量可以更多；⑩和⑯分别代表因石油购买和经常账户下商品及服务购买而发生的货币流动。

资料来源：经笔者整理所得。

　　模式Ⅰ是"原路返回型"，即各外围体之间很少发生中心国货币的流动，富集的流动性必须通过中心国在"双边投资协议"框架下发生直接回流（direct reflow）。这种回流模式有赖于各外围体的配合，即以中心国开展有效的国际协调为前提。模式Ⅱ是"离岸跳板型"，即外围体手中的货币通过一个离岸中心这个跳板绕道回到中心国，这是一种金融驱动的间接回流（indirect reflow）。值得注意的是，虽然离岸中心进行中心国货币的创造，但这并不"挤占"回流，因为外围体是其贷款侧，而中心国是其存款侧，只是最终在货币回流的国别统计中记在离岸中心所在国名下。[①] 模式Ⅲ是"世界油罐型"，即因单一商品或资源的垄断供应而引发外围体间的经常账户失衡，继而由这个"油罐"通过与中心国间的双边协议，令资源驱动的货币回流到在岸市场。模式Ⅳ是"世界工厂型"，可以说是模式Ⅲ的一般情形，即因外围体间国际分工而引起收支失衡，再由生产驱动的贸易顺差通过投资回流到中心国。模式Ⅴ是"金融危机型"，即因受全球金融危机的影响，外围体间的资本和金融账户项下的往来明显增加。

　　有五点值得推敲：第一，模式Ⅱ、模式Ⅲ和模式Ⅳ中的货币虽然都经历了体外循环而后发生间接回流，但其隐蔽性渐弱。模式Ⅱ中的离岸中心为一个市场。"油罐"同中心国间的货币流动也可能不十分明显，然而一旦形成世界工厂，其储备的流向、流量和流速都将为全球所关注。第二，货币回流的发生动机有两面性，可能是出于自身的需求，也可能是受到货币当局的开放政策的引导。第三，五种回流模式在某一时段是可以叠加的。例如，模式Ⅱ可能与模式Ⅲ叠加，而令油罐将一部分流动性借道到离岸中心发生"再跳板性"回流（尽管这可能并不为油罐国家所关心）。又如，模式Ⅳ可能与模式Ⅴ叠加，世界工厂担心手中外汇在金融危机中难以保值，而对其储备进行币种管理，降低非中心国货的配比而愈加猛烈地发生中心国货币的回流。第四，

---

　　① Mishkin（2016）指出，虽然美国账户的存款被转移到伦敦银行，但伦敦银行又将把其回存到美国银行，故而欧洲美元的创造并没有减少美国银行的存款规模。无独有偶，Krugman（2009）也曾以一个涵盖三个商业银行资产负债表变化的国际交易系列说明：虽然欧洲美元不断膨胀，但并未导致任何美元流出美国。

这五种模式的稳定性不尽相同，例如，模式Ⅲ中油罐国家对中心国的投资可能在规模上不可持续，并有切换币种的撤资可能。又如，模式Ⅴ在金融危机过后，外围体国家间投资恢复频繁，至少在回流的边际量上可能发生折损，甚至总量出现萎缩。因此，这五种模式有一定的交替性和演进性。第五，货币的流出和各种模式的回流构成了境外货币的环流（recycling）。

第二章
美国利率债市场开放经验总论

第一节 美国利率债市场开放的阶段划分

在上一章中我们研究了三类国债市场开放所对应的美元回流特征，我们知道非流通国债市场的开放属于模式Ⅰ"原路返回型"；而国库券市场的开放包括了三种模式（Ⅰ、Ⅱ和Ⅴ）；中长期国债市场也具有三种模式（Ⅲ、Ⅳ和Ⅴ）。然而，我们若将这三个市场合起来考量则会发现，整个美国国债市场的开放呈现出两个阶段：阶段Ⅰ为 1960—1983 年，三个分市场先后打开，可谓美国国债市场开放的初熟期；阶段Ⅱ为 1990—2014 年，可谓美国国债市场开放的成熟期。

一、"两个阶段"而非"三个阶段"

需要指出的是，20 世纪 80 年代美国国债的开放度经历了瓶颈期，文献中所提出的美元回流"三个阶段"论并不妥当［持该观点的文献如李青（2012）、吴永红（2013）和任书丹（2014）］，该观点：（1）直接忽略了始于 20 世纪 60 年代的"政府主导"的美元跨境流动历史，似乎对布雷顿森林体系瓦解前的资本流动认识不足；（2）认为 20 世纪 80 年代是美国通过利率和汇率政策吸引美元回流的阶段，但事实恰恰相反，整个 20 世纪 80 年代实际上是一个"退潮期"；（3）主张的 20 世纪 90 年代的"网络＋衍生品"并不是该阶段美元回流的核心，那只是美国经济本身的特征而已，而真正的本质是模式Ⅳ"世界工厂型"回流的形成；（4）主张的始于 2001 年 3 月的"房地产＋衍生品"

也不是回流的核心，只是美国基本面的新特征，真正的关键是模式Ⅴ，即全球金融危机下的避险资金回流；（5）主张的三个阶段完全连在一起，中间毫无间隙，作者们似乎并未关注 20 世纪 80 年代以来的美元回流强度的变化。

二、第二阶段的终点问题

1983 年第二次石油危机结束，模式Ⅲ"世界油罐型"回流退出，美国国债市场开放的第一个阶段（即初熟期）也随之告终，这是比较明显的。然而，本书将第二个阶段的终点设为 2014 年底，需要进行一些解释。

2008 年夏天成为人类历史上主权国家国债的海外持有率的巅峰，高达55.68%。还需要注意的是，在金融危机后较长的一段时间里，回流美国国债市场的流动性退潮缓慢，国债海外持有率一直到 2015 年才发生实质性的下滑（如图 2 - 1 所示）。因此，我们把美元回流美国国债市场的第二阶段的终点定在 2014 年底是合适的。

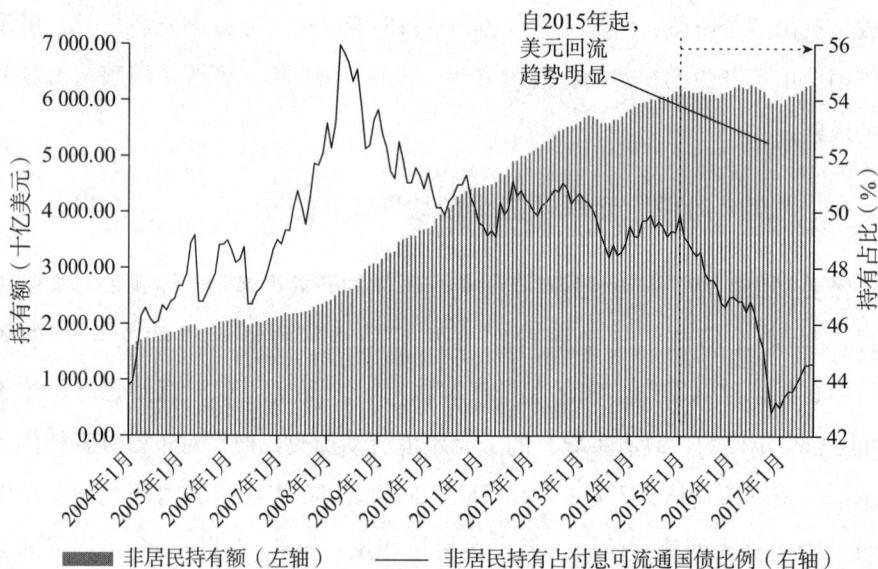

图 2 - 1 美元回流美国国债市场的第二阶段终于 2014 年底

注：这里的"非居民"包括区域和国际组织。

资料来源：历年美国财政部《财政公报》和《财政部国际资本流动报告系统》。

非常有意思的是，2015 年是人民币汇率的转折点。这说明人民币汇率趋软，央行在外汇市场上的公开操作消耗外汇储备托起汇率，这带来美国国债海外持有的边际减弱，此时国债余额的上升仅反映内部均衡的需要。外需萎缩带来国债市场开放度下滑，这将伴随美元国际地位的下滑和美元指数的走弱，我们有较强的理由相信美国国债市场的开放度又如 20 世纪 80 年代那样，进入了一个"盘整期"。是否会存在第六种回流模式？目前尚不明朗。当然，这种下滑和走弱是相对于 2008 年金融危机后很长一段时间来说的，与美国本身基本面的关系不大。

三、"两个阶段"中的回流模式配合

本书因此认为，美国国债市场开放总体来说分为两个阶段，依据前文所述的货币回流的一般范式，总结如表 2-1 所示。我们认为美国国债市场开放具有两面性，有时主要由政府推动，有时则主要由外需拉动，并在整个市场开放中交替出现。当政府有意推动开放时，也应注意与外需激励相容。其具体内容将在第四章和第五章中详述。

表 2-1　　　　　　美国国债市场开放的时间、模式和类型

分市场	非流通国债市场			国库券市场		中长期国债市场		
外国主体	以外币计		以美元计	官方	私人	石油出口国	私人	官方
	官方	银行	官方					
开放时间	1961—1979 年	1978—1983 年	1963—2012 年	1970 年至今	1982 年至今	1974 年至今	1984 年至今	20 世纪90 年代至今
重要事项	鲁萨债券	卡特债券	工业国＋拉美三国	布雷顿森林体系瓦解前夕	石油危机	石油危机	石油危机	全球收支失衡＋金融危机
重要机制	定向发售		定向发售	货币市场基金	欧洲美元市场	外国官方附加发行	全面开放	
开放模式	模式Ⅰ		模式Ⅰ	模式Ⅰ	模式Ⅱ	模式Ⅲ	模式Ⅱ＋模式Ⅴ	模式Ⅳ＋模式Ⅴ
开放类型	政府推动型			外需拉动型		政府推动型	外需拉动型	

资料来源：经笔者整理所得。

　　理论上，在本书提出的这五种模式下的货币回流都有一定的背景要求和局限，而且我们也认识到在单一模式下的国债市场开放仍然陷入一种"新特里芬两难"。传统上，"特里芬两难"是指美国作为中心国的两难，但实际上布雷顿森林体系的"双挂钩"安排也是对外围体的两难：其持有的美元流动性过少则不足以支持其经济发展的需要，但其流动性过多则因美国黄金的有限性而难以通过兑换来实现价值。作为过渡性策略，外围体开始自发地在其内部将美元过剩国家引导至美元短缺国家，这就是欧洲美元市场形成的本质。当美元危机发生时，虽然在短期出现美元汇率的暴跌，但在中长期则因流动性贬值并难觅价值栖息地反而导致外围体增持美元。这就是在布雷顿森林体系瓦解前夜工业国疯狂增持美元流动性并通过美国银行系统流入其国库券市场现象的解释。在布雷顿森林体系瓦解后，美元不再与黄金挂钩，但"特里芬两难"并未相应消失，尤其是各类经济体仍旧以美元为安全资产的需求不减。进一步，由于这种安全资产是以美国国债为主体的，故而这种外围体和中心国间形成了一种"新特里芬两难"①：全球外汇储备需要的源源不断的美国国债将把美国拖入更深的债务水平，而这又将折损其作为外汇储备的信心（Lago et al，2009）。

　　然而，这里需要指出三个容易被忽略的事实，也可能是这种"新特里芬两难"至今尚未爆发的解释：首先，美国国债市场开放度的不断提高，是一个多种模式组合和交替下的历史进程，通过主体和成因的切换，其境外持有结构一直发生着结构性变化，各外围体并无激励去关心他国的福祉。其次，外围体并未真的显示出对美国政府清偿国债违约的担心，只是在美元币值走低时，表现出对其外汇资产贬值的忧虑。反过来说，在美元升值时，它们是否会因资产升值而抛售美国国债？答案是否定的，故此这种盈亏只是一个

---

　　① 如果我们认为"特里芬两难"在当今国际货币体系中需要修正，那就需要在与布雷顿森林体系比较下分析已经变化和尚未变化的内容，参见欧洲央行执行理事会洛伦佐·比尼·斯马吉（Lorenzo Bini Smaghi）在纪念特里芬教授百年诞辰时的讲话（Smaghi，2011）。

"会计性"的账面数字，只要没有抛售，就不会实现。[①] 最后，从最近一次全球金融危机来看，自 2014 年底至今，外国对美国国债市场的参与度"退潮"，换言之，至少现在并未达到前文所说的"更深"的债务水平。

实际上，与传统特里芬两难类似，"新特里芬两难"虽然是中心国的潜在危机，但也是外围体的某种陷阱：若放任本国货币升值，则会带来出口的价格竞争力下降和持有的美元资产缩水；克制本国货币不升值（或在货币战争中竞相贬值），则令干预汇市所得的外汇储备高企，不断被动地增持美国国债，在美元指数走低的大趋势下，也将发生资产缩水。大部分外围体选择后者，让损失在日后发生，这便助长了美元的地位。然而，笔者相信，更有金融责任担当的大国应该选择前者，以质量优势取代价格优势，以内涵式增长取代外延式增长。简言之，内部均衡的结构调整是摆脱"美元陷阱"（dollar trap）的必由之路和先决条件。[②]

第二节　三类利率债市场的开放进程

美国国债市场按照品种可分为非流通国债市场、国库券市场和中长期国债市场，三个市场的开放各有背景和特征，而且三者互相配合，非流通国债市场先驱性地迎接了最早的境外美元回流，之后是涌入式的流动性打开了国库券市场，最后是财政部引导石油美元回流中长期国债市场。

一、回流的先驱：非流通国债市场开放

（一）美元危机下的非流通国债发行

在布雷顿森林体系建立初期，随着"马歇尔计划"的推进，美国大力输

---

① 在危机中，美元资产升值具有至少两个机制：（1）债券利率下行，债券价格上扬，美国国债持有者的资产升值；（2）美元升值，其资产侧增值。根据 Gourinchas 等（2012）的测算，仅 2009 年第一季度，美国对外转移财富就高达 2.2 万亿美元。

② 此处特别感谢匿名审稿人的建议，让我们有机会对"新特里芬两难"的应对问题展开更深入的探讨。

出美元，以"解决战后欧洲的美元短缺问题"。[①] 虽然政府单方面转移占其资本净流出的比例在 1957 年已经降到了 44.24%（如图 2-2 所示），但 1948—1960 年的流出美元金额已累计高达 152.04 亿美元。"美元短缺"已悄然转为"美元过剩"，即第一章中的图 1-2 所示的五种模式的初始状态。直到 1960 年 10 月伦敦黄金市场价格猛涨到 41.5 美元/盎司，超过官价 20%，美元大幅贬值，史称"第一次美元危机"，美元回流迫在眉睫，这拉开了美国国债市场开放的序幕，即"鲁萨债券"（Roosa bond）的发行。

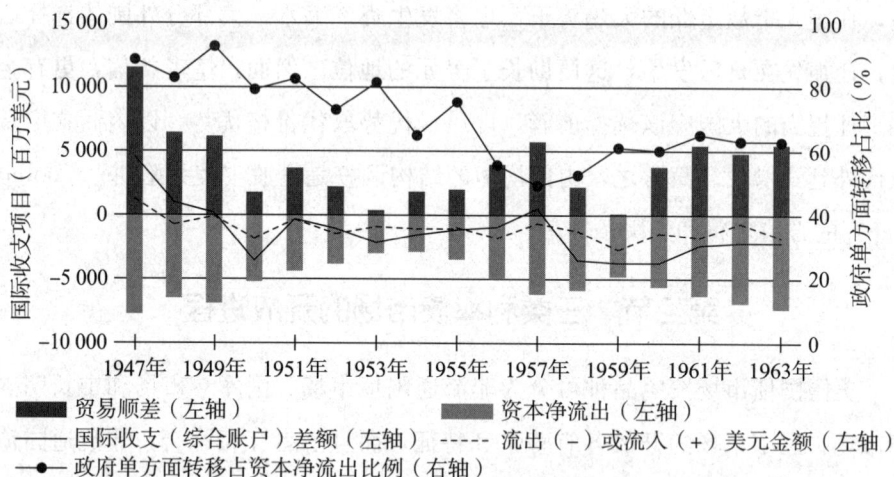

图 2-2 布雷顿森林体系早期美国的国际收支及美元流出

注：这里的"贸易"不含军火项目，"资本净流出"为私人汇款、私人长期投资和政府单方面转移三项净额之和。流出或流入的美元金额由综合账户口径（overall approach/liquidity approach）的国际收支扣除三类储备（黄金、IMF 储备和其他可兑换货币）之后的差额估计而得。

资料来源：美国财政部 *International Financial Statistics* 以及各期 *Survey of Current Business*。

肯尼迪政府主管国际货币事务的副财长罗伯特·V. 鲁萨（Robert V. Roosa）观察到[②]：强势货币的国家发现自己积累了大量美元，实际上就是一种美国的债务，其价值实现要么通过从美国进口商品完成，要么通过兑换

[①] 这是 1947 年 6 月 5 日马歇尔在哈佛大学毕业典礼上发言的核心内容。

[②] 见 Mayer（1964）对鲁萨的采访，鲁萨债券的起源讨论还可见 Bordo（1999）和 Meltzer（2010）。

黄金完成；但那些货币走强的国家往往伴随工业的崛起，故其对进口商品的需求未必很大，而黄金又十分有限（虽然欧洲已经将 1/3 美元换回了黄金），这些国家可能乐意投资美国国债，虽然货币与国债从本质上都属于国家债务，但国债因有资本利得而更具吸引力。

　　鲁萨兼顾境外美元回流和黄金储备枯竭两大难题，力排众议[①]，于 1961 年 10 月向外国央行开放以外币计价偿付但却以美元投资的国债，其过程如图 2-3 所示：1961 年 3 月美国重启《1934 年黄金储备法》（Gold Reserve Act of 1934），是在第二次世界大战后首次动用外汇平准基金（exchange stabilization fund，ESF）以克服美元危机；但因规模亟须扩大，美联储则与他国央行签订货币互换协议，在还款前夕美国财政部又向外国官方以外币计价发行中期非流通国债（nonmarketable foreign currency-denominated medium-term security），其所得款项再换给美联储清算互换协议。[②] 这样的安排有三个方面的优点：一则清偿货币互换款项，二则回流过剩美元，三则减缓黄金外流，勾连了货币、国债和黄金三大市场。[③] 先后有五个国家接受了这种发行方式：德国、瑞士、意大利、奥地利和比利时。值得注意的是：这些都是西欧国家，且法国不在其中，代表其并不同意以投资美国国债的方式回流其手中的美元，而持续要求兑换黄金，这正是当时盛行的"戴高乐主义"

---

　　① 当时的美国国会对寻求外部改革还是采取开放政策发生了严重的分歧：前者以副国务卿乔治·鲍尔（George Ball）为代表，主张美国与欧洲达成某种补充性的财政安排，改革国际货币体系，特别反对开放美国国债市场；后者以财长道格拉斯·C. 狄龙（Douglas C. Dillon）和副财长鲁萨为代表，捍卫固定汇率制，主张打开国债市场，并将国债管理和公开市场操作相结合（Roosa，1952），反对外部妥协，见：Memorandum for the Record. Meeting with the President，April 18，1963，10：00 A. M. to 12 Noon，Balance of Payments. April 24，1963 及 National Security Files. M&M：Meetings with the President，4/63，317，Kennedy Library，Memorandum from George Ball to the President. The Possible Restriction of the Sale of Foreign Securities in United States Markets. April 16，1963，Ball Papers，box 15b，Kennedy Library。

　　② 详情见美国财政部说明：https：//www. treasury. gov/resource-center/international/ESF/Pages/history-index. aspx。

　　③ 货币互换、鲁萨债券的发行和伦敦黄金总库（London gold pool）的建立也正是 20 世纪 60 年代外国央行参与的用来缓解美国财政赤字负的外部性的三大工具。而鲁萨债券是这三个方面的枢纽，将货币、国债和黄金巧妙而有效地进行了对接。

所主张的。[1]

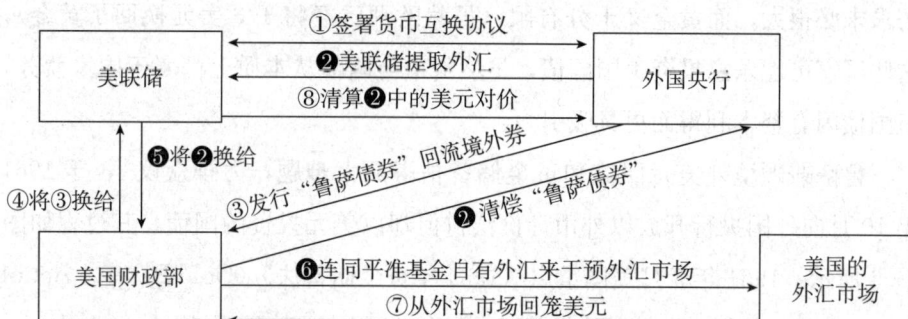

图2-3 鲁萨债券、货币互换与外汇平准基金配合下的美元回流
注：黑圈白字表示涉及外汇转移。
资料来源：文字描述见 Kindleberger（1968）及美国财政部网站信息：https：//www.treasury.gov/resource-center/international/ESF/Pages/history-index.aspx，而 Bordo 等（2012）也追踪了一笔特定的鲁萨债券交易，笔者整理得到该图。

我们对鲁萨债券安排下的国债市场开放做出如下评价：第一，它既是最早的中长期资本账户下对国际收支失衡的"基础调节"（basic adjustment）[2]，也是美国政府出于境外货币管理需求而开放美国国债市场和以国债作为美元回流对价物的最早的实践；第二，该设计既考虑回笼过剩美元，也考虑对外国官方的投资吸引力（Kindleberger，1968）；第三，这种美国政府推动的国债市场开放属于图1-2中的模式Ⅰ"原路返还型"，因其有赖于国际协调，Makin（1971）就曾证明参与货币互换和鲁萨债券发行的各国所顶住的压力与美元计价的黄金指数有相关性，故而这种模式是不可持续的，需要设计出更为激励相容的开放机制；第四，这里的外币仅是计价货币，而非结算货币。如果说在货币国际化初期可以先计价而非结算（余永定，2011），那么当美元这样的世界货币的国际地位走低时，则可以用"结算但不计价"的策略收回

---

[1] 狄龙曾引用法国官员的话，指出法国倾向于把其手中的美元储备不仅当作"经济问题"，更当作"政治问题"，见：Memo from Dillon to the President，May 25，1962，National Security Files，Departments and Agencies，Treasury，Box 289，Kennedy Library；而戴高乐的经济顾问雅克·卢夫（Jacques Rueff）也发出强烈呼吁，主张美元贬值以及黄金与美元脱钩（Rueff，1972）。

[2] 与之相对的概念是"准调节"（quasi-adjustment），是指短期资本流动对国际收支失衡的调节，二者的细分和调节成本的分析可见 Williamson（1965）和 Cohen（1966）。

流动性，以临时支持其国际地位。

（二）其他三波非流通国债市场的开放

除了鲁萨债券外，美国的非流通国债市场还经历过三波对外开放，如图 2-4 所示：一是始于 1978 年以外币计价发行"卡特债券"（Carter Bond）；二是 20 世纪 60—80 年代向一些工业化国家或美国同盟发行鲁萨债券；三是自 20 世纪 80 年代末开始对拉美三国发行美元计价国债。

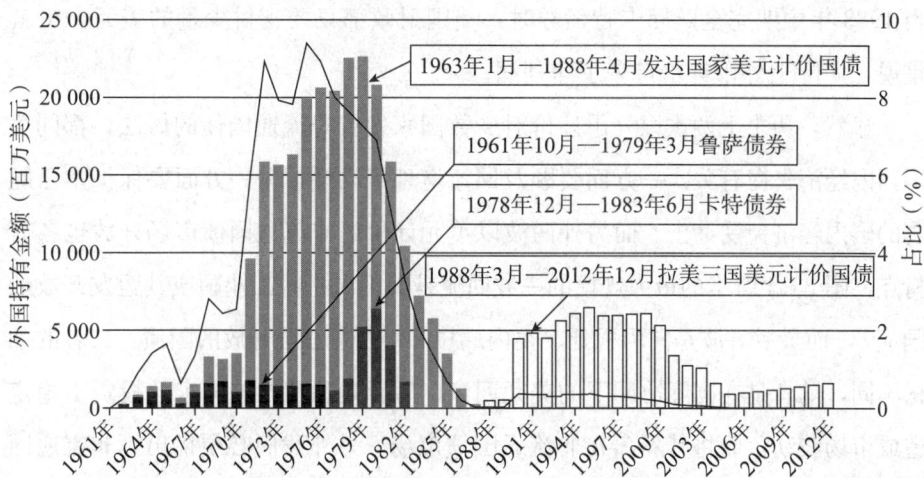

图 2-4　美国非流通国债市场的开放历程

注：这里的"占比"指外国持有占非流通国债余额的比例。这里的"外国"不包括区域和国际组织。

资料来源：各期《财政公报》中的发行给官方机构和其他外国居民的 IFS-4.-Nonmarketable U. S. Treasury bonds and notes。

卡特债券始于 1978 年 12 月，美国财政部允许官方以外的其他外国人（主要是德国和瑞士的银行）持有非流通的美国中长期国债，而且都是以外币计价的。其发行背景是卡特以"松货币，松财政"治理通货膨胀，却不承想 20 世纪 70 年代末美国陷入"滞胀"，又恰逢美元开启贬值通道①，政府决定

---

① 1977 年 6 月，卡特政府的财政部部长 W. 迈克尔·布卢门撒尔（W. Michael Blumenthal）居然说美元走弱是为了刺激美国出口，这引发了之后数月美元的恐慌性暴跌。11 月美国政府从国际货币基金组织提取了相当于 20 亿美元的德国马克和日元以购入美元，形势方得以缓解。

以 300 亿美元的外汇平准基金干预汇市。[①] 这使财政部只得以德国马克和瑞士
法郎计价向此二国的非官方各发行 42 亿美元和 10 亿美元的非流通国债
(Karmin，2008)。价格本已经趋近于零的外币计价国债，因 1978 年 12 月向
外国非官方开放而重新走高，恰好接上鲁萨债券。不过，随着美国流通国债
市场对该主体的开放，至 1983 年 6 月以德国马克计价的国债被清偿完而消失
在历史中。另外我们应当注意，由于发行后美元汇率很快稳定并持续升值，
当 1983 年中期完全赎回卡特债券时，美国财政部只要支付少量的美元，也就
是说，实际上外币计价带来了净利润。[②]

　　显然，历史上两次以外币计价对少数国家发行非流通国债的做法，都同美
国国内经济失衡有关：一方面要顾及回流境外流动性，另一方面要保护本已脆
弱的国内经济免受冲击。而另外两波以美元计价的非流通国债市场开放也各有
特点，图 2-4 所示的最大规模的一波回流是美国向一些工业国或其盟友开放的
国债[③]，而最后一波是向阿根廷、委内瑞拉和墨西哥三国开放的国债。二者的动
机不同，前者是在国际协调下的美元回流，后者是恐怕拉美国家的投资不稳定
造成市场波动，而将其隔离在非流通国债市场。另外我们必须指出，非流通国
债开放下的债券是被发售的，换言之，其利率并不是由市场决定的。可以说，
从 20 世纪 80 年代末开始，非流通国债市场对整个美国国债市场开放的"过渡
性"功能成为历史，此后的非流通国债完全被各类政府账户所持有。

二、涌入式繁荣：国库券市场开放

　　相较于非流通国债市场，美国国库券市场的开放呈现出截然不同的样
貌，图 2-5 给出了其始于 20 世纪 60 年代末的开放历程。虽然早期已经有

　　① 在 300 亿美元中，150 亿美元来自与其他央行的互换协议，20 亿美元来自从国际货币基金组
织提取的储备头寸，但仍有缺口，"卡特债券"便应运而生。
　　② 有关卡特债券的更详细描述可见：Transcript of the Federal Open Market Committee Meeting,
Federal Reserve Board，July 9，1980：2 以及 Marston (1988) 和 Henning (1999)。
　　③ 共 11 个经济体：比利时、加拿大、丹麦、意大利、韩国、瑞典、中国台湾、泰国、德国、瑞
士和日本。

外国投资者将流动性回流美国国内货币市场并以国库券形式栖息的实践，但其规模较小（在 10% 以下）。美国国库券市场真正的开放一共有三个波峰：一是布雷顿森林体系瓦解前后；二是第二次石油危机前后；三是 2008 年金融危机后至今。在这三个时期中，外国人持有国库券流通额的占比都持续超过 30%。

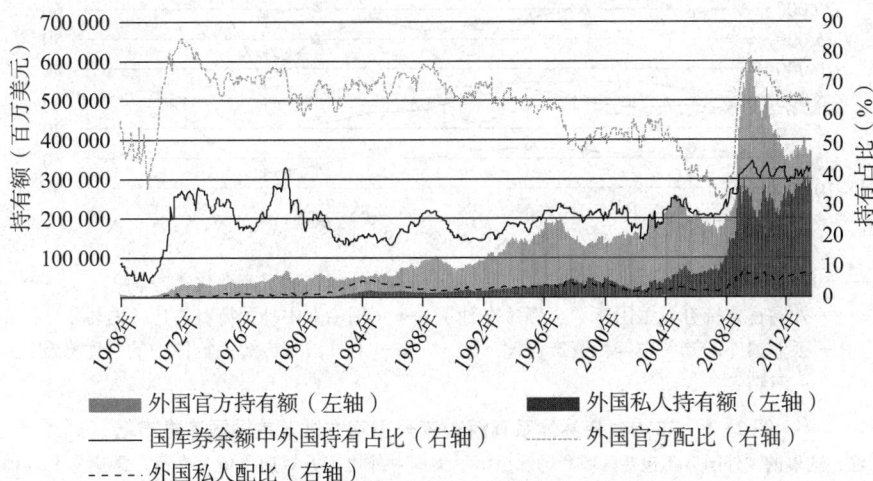

图 2-5　美国国库券市场的开放历程

注：这里的"外国"不包括区域和国际组织。"外国私人"指外国银行和其他外国人两类之和。这里的"配比"指美国对外国主体短期负债（存款、国库券和其他短期负债三类）中国库券的占比，

资料来源：国库券存量和配比数据来自历年美国财政部《财政公报》CM-I-2 short-term liabilities by type；国库券余额来自《财政公报》debt outstanding。

（一）布雷顿森林体系瓦解前夜的"奇怪回流"

当美国政府主动引导境外美元回流非流通国债市场时，虽然此时美国的国际收支持续恶化，但在布雷顿森林体系瓦解"前夜"（1970—1972 年）出现了一个奇特的现象（如图 2-6 所示）：外国对美国资产增加，其主力是外国官方将手中美元回流至美国货币市场中的国库券，以致就其配比来说，国库券在各类短期工具中的配比由 1969 年的 35.45% 上升到 1972 年的 79.02%；就国库券市场开放度来说，外国持有占国库券余额的比例由 1969 年的 4.93% 提拉到 1972 年的 30.35%。耐人寻味的是，工业国外汇储备中美元资产占比

从下行趋势中猛然抬头，由 1969 年的 58.30％飙升到 1972 年的 86.00％。经过查察，我们发现这些外国官方持有中联邦德国、日本和英国的回流总和占七成左右。

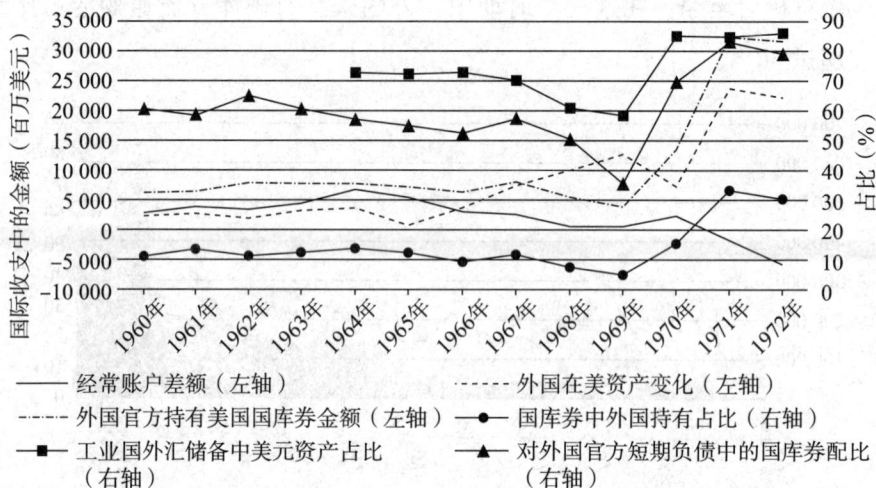

图 2-6　布雷顿森林体系瓦解前夜外国官方进入美国国库券市场

注：这里的"外国"不包括区域和国际组织。美国对外国官方短期负债为存款、国库券和其他短期负债三类。这里的外汇储备中美元占比的分母包括美元、英镑、法国法郎、瑞士法郎、荷兰盾、德国马克、日元和不明币种 8 种。

资料来源：外国在美资产变化和经常账户差额来自美国经济分析局历年美国国际收支表统计；国库券存量和配比数据来自历年美国财政部《财政公报》CM-I-2 short-term liabilities by type；国库券余额来自《财政公报》debt outstanding；外汇储备币种结构数据来自 IMF, International Financial Statistics, Supplement on International Reserves, Supplement Series No. 6, 1983：117-118。

实际上，这种现象和国内货币市场自发的"去管制化"创新息息相关，换言之，美国的资本管制面对汹涌的境外回流潮失效。肯尼迪政府针对当时的国际收支状况对外实行前文所述"黄金＋货币互换＋鲁萨债券"的组合拳，对内则求诸利息平衡税（interest equalization tax）。其背景如下：美国政府在开放国内债券市场之前，出现了以美元计价的外国债券（即"扬基债券"）的井喷式发展。当境外美元囤积形成过剩问题时，伦敦又一跃发展成欧洲债券的中心，甚至造成美国国内资本外流。美国政府高度警觉这种因发行国和币种灵活性带来的资本逐利行为，从 1963 年 7 月起征收利息平衡税，以限制美元外流。当境外主权货币形成相当规模时，如果该国政府仍旧坐视不理，将对该货币币值产生巨大的挑战。利息平衡税的征收虽然限制了资本外流（Rolo and Nelson，1968），却非激励金融市场的长期发展的永久性策略，希望规避这种高达 15％税率的资金活动从未停止[①]，史称"华尔街的自主性"（the autonomy of Wall Street）。在衰退和通货膨胀双重压力下，越来越多的国内和国外流动性开始寻觅价值栖息地，亨利·B. R. 布朗（Henry B. R. Brown）和布鲁斯·R. 本特（Bruce R. Bent）于 1971 年发明了货币市场基金（money market fund）以逃避《Q 条例》对银行存款利率的管制，即以共同基金的形式将客户存款投资于商业票据、国库券和可议付存单等短期货币市场工具。[②] 外国官方存放在美银行存款开始大量以短期国债形式存在，当然都是通过商业银行的这种货币投资工具制度安排进行的，也就构成了上述涌入性的"奇怪回流"。于是 1974 年 1 月 29 日，利息平衡税被暂停征收，这也正吹响了美国中长期国债市场开放的号角。可以说，美国短期国债市场的开放也属于模式Ⅰ，但显然是外国自发形成的，同美国政府主动出面的国际协调有所不同。

（二）第二次石油危机下的"离岸回流"

国库券市场的第二个开放高潮来得很快，国际货币体系动荡未定，两次石油危机便接踵而至。"石油美元"（petrodollar）对问题的核心不是高油价本身，而是重塑了全球各国国际收支格局，并继而对国际金融体系产生了深刻的影响，其中最核心的部分无疑是"石油美元环流"（petrodollar recycling）。[③] 石油美元从石油出口国流出后，面临两大类选项：一是通过国际或区域组织被间接分配给其他国家，二是直接流向其他国家或市场。历史上前者的实践有：经济合作与发展组织（Organization for Economic Co-operation and

---

　① "What's News," *Wall Street Journal*，July 3，1967：1.

　② 除了他们发明的"储备基金"（reserve fund），当时比较著名的货币市场基金还有富达和德雷福斯、德雷福斯流动资产基金以及美林资产信托，这些描述可见 Markham（2002）。

　③ 广义的"石油美元"指石油出口国的贸易盈余，而狭义的"石油美元"则指扣除内部吸收后的可投资盈余，本书关注后者。

Development，OECD）曾想建立"金融支持基金"（Financial Support Fund），国际货币基金组织曾想直接向石油输出国组织（Organization of the Petroleum Exporting Countries，OPEC）国家分配特别提款权或建立"维特芬贷款"（Witteveen Facility，或称 IMF oil facility），而世界银行则想以"附加世行债券"（Additional World Bank Bond）吸收石油出口国款项用以贷款。[①] 后者则大致分为四种，即直接环流至欧洲美元市场、直接环流至非美国的其他传统工业化国家、直接环流至发展中国家以及直接回流至美国。表 2-2 给出了在第二次石油危机期间石油美元的流向与流量，这同 2016 年披露的 12 个石油出口国加总数据是吻合的。我们发现其流回美国国债市场的比例和金额都不算太高，且流入国库券市场的比例更低，而流向美国之外的发达国家和欧洲美元市场的比例达 44.5%。

表 2-2　　　　　　　　第二次石油危机中石油美元的流向与流量

	1979 年（十亿美元）	1980 年（十亿美元）	1981 年（十亿美元）	1982 年（十亿美元）	1983 年（十亿美元）	1979—1983 年 金额（十亿美元）	比例（%）
投资于美国小计	7.0	15.0	15.0	10.1	−8.4	38.7	19.7
短期美国国债	3.3	1.4	−0.5	0.4	−1.1	3.5	1.8
中长期美国国债	−1.2	8.2	10.9	6.9	−5.5	19.3	9.8
其他美国债券	0.4	3.5	3.5	−0.8	−1.2	5.4	2.8
美国股票	0.7	1.2	1.2	0.4	−0.8	2.7	1.4
商业银行票据	5.1	−1.2	−2.1	4.7	0.7	7.2	3.7
直接投资	0.0	0.3	2.9	0.8	0.7	4.7	2.4
其他	−1.3	1.6	−0.9	−2.3	−1.2	−4.1	−2.1
投资于非美国小计	47.8	79.0	42.1	−10.3	−1.5	157.1	80.2

① Federal Response to OPEC Country Investments in the United States, Part 1-Overview, Hearings before a subcommittee of the Committee on Government Operations, House of Representatives, 97th Cong., 1st Sess., September 22 and 23, 1981：868.

续前表

	1979 年（十亿美元）	1980 年（十亿美元）	1981 年（十亿美元）	1982 年（十亿美元）	1983 年（十亿美元）	1979—1983 年 金额（十亿美元）	1979—1983 年 比例（%）
欧洲市场ᵃ	29.0	32.0	2.7	−25.5	−14.5	23.7	12.1
英国ᵃ	2.5	3.5	1.0	0.5	0.0	7.5	3.8
其他发达国家市场	8.3	28.7	21.7	3.7	1.0	63.4	32.3
发展中国家ᵇ	8.5	10.3	12.7	8.5	7.3	47.3	24.1
国际机构	−0.5	4.5	4.0	2.5	4.7	15.2	7.8
投资于全球总计	54.8	94.0	57.2	−0.1	−9.9	196.0	99.9ᶜ

注：a. 在伦敦的外币存款是计入欧洲市场的，而未计入英国。

b. 对发展中国家的投资包括对其援助。

c. 不为 100.0，包括上述各项和不等于小计是由四舍五入导致的。

资料来源：美国财政部 the Office of International Banking and Portfolio Investment，且与 The Indebtedness of the Developing Countries，Bank of England Quarterly Bulletin，Dec 1982：492 公布的数据相吻合。

事实上，我们若仔细观察美国国库券外国持有的国别分布，就能发现端倪：在第二次石油危机中，中东石油出口国的持有比例同英国持有额有着极高的相关性，且这种现象在第一次危机中尚不明显（如图 2-7 所示）。记在石油出口国头上的流量变化显然受其可投资盈余影响，但记在英国头上的流量变化则反映出欧洲美元市场的动态，换言之，这在很大程度上包含了直接或经由其他发达国家兜兜转转流入欧洲市场的石油美元流动性的变化。这就是第一章第三节所提的模式Ⅱ"离岸跳板型"回流。这证明了模式Ⅱ的隐蔽性，石油美元回流美国国债市场的金额因此被低估，而英国的金额因此被高估。值得注意的是，这种离岸中心所在国被高估而"绕道回流"的国家持有被低估的现象广泛存在于债券的国际持有中。在 2012 年之前由于 TIC SHL（A）年底存量调查结合 TIC S 的月度流量所得估计存在上述偏差，故自 2012 年 1 月起采用 TIC SLT 月度头寸统计以减少这种高估或低估（Bertaut and Judson，2014）。

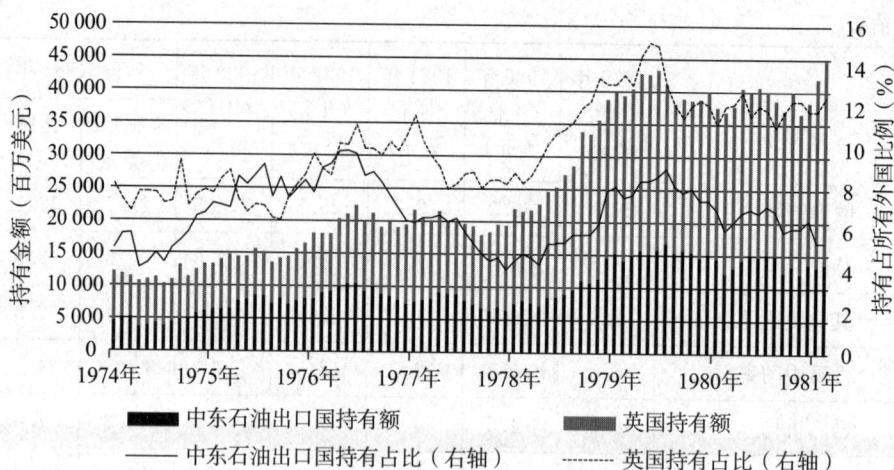

图 2-7　在石油危机期间中东石油出口国和英国持有美国国库券的金额与占比

注：这里的"英国"包含了在伦敦的欧洲美元市场。

资料来源：美国财政部《财政公报》International Financial Statistics，Table CM-I-3。

三、石油美元回流：中长期国债市场开放

如果说在布雷顿森林体系瓦解前后的境外美元流动性涌入国库券市场是市场对资本管制的自发性响应，那么美国中长期国债市场开放则是美国政府一手推动的，当然其同境外主体的期限需求是激励相容的，那就是始于第一次石油危机的石油美元对长期栖息地的寻觅。石油美元回流中长期国债市场的意义深远，国际经济和金融史专家 Harold James（1966）在其著作《布雷顿森林之后的国际货币合作》（*The International Monetary Cooperation since Bretton Woods*）中曾评论道："在石油危机后，石油美元追求购买更安全的外国资产，也就是美国国债，使得美国从此成为国际资本流入的接受方。"尽管之前非流通国债市场和国库券市场的开放为美国政府积累了丰富的经验，但美国政府仍非常谨慎地开放了中长期市场。

事实上，美国在向沙特阿拉伯王国开放中长期国债市场之前，对日本已经有过尝试，但日本的持有量在 1973 年 9 月达到高峰（59.5 亿美元）后就出现了明显回落。故此，真正以汹涌之势撞开中长期市场大门的，还是以沙特阿拉伯王国为代表的石油出口国手中的美元流动性。美国通过与沙特阿拉伯

王国建立"联合经济委员会"（Joint Commission on Economic Cooperation）这种政治性的平台来实现其经济目的，即引导石油美元回流。谈判由总统指定的时任财政部部长威廉·E. 西蒙（William E. Simon）牵头，该项目的实质并非传统的对外援助，而是货币管理。证据如下：1978 年 3 月美国总审计署应国会要求调查该委员会，其发布的报告把回流石油美元列为设立该委员会的三大目标之一，并指出该委员会的另一个重要功能是帮助沙特阿拉伯王国在美投资其巨额且不断增长的储备资产。①

可惜坊间常将石油美元回流美国国债市场同石油的美元计价联系起来②，并认为美国"胁迫"沙特阿拉伯王国购买国债为政府赤字寻求外部融资，这并不是历史的全貌。尽管沙特阿拉伯王国的外汇储备可能被低估③，但我们必须认识到：沙特阿拉伯王国将石油美元投资美国中长期国债市场是基于双边协议的，而从美元储备回流美国国债市场的安排来看，其性质与今日的央行间货币互换协议相同。这是出于沙特阿拉伯王国方面的主动要求④，而且美国财政部事前在媒体方面公开报告了此事⑤，美联储也公开表示将参与该项目⑥，这些信息都得到了沙特阿拉伯王国方面的肯定⑦，并受到当时金融市场的高度欢迎和赞许⑧，

---

① 审计报告见：U. S. General Accounting Office. The United States-Arabian Joint Commission on Economic Cooperation. ID-79-7. Washington D. C.：U. S. Government Office，March 9，1979：2。

② 国内学界也多有这类认识，如管清友和张明（2006）、管清友（2010）、李晓等（2015）、北京师范大学金融研究中心课题组（2007）。

③ 在 IMF 于 1978 年 11 月 International Financial Statistics 中公布的沙特阿拉伯王国国际清偿力中，除了国际储备（包括黄金、在 IMF 的储备头寸和外汇）外，在 1975—1977 年 7 个季度出现了"沙特阿拉伯王国货币局其他资产"这一栏，金额高达 250.72 亿美元，但是从没见过有其他国家的数据。

④ Sulzberger，C. L. A New Red Sea Miracle. The New York Times，July 27，1974：29.

⑤ Haidenberg，H. J. Oil Dollar Flow into U. S. Expected. The New York Times，August 15，1974：45.

⑥ Treasury Weighs Saudi Investing. The New York Times，June 19，1974：61.

⑦ Simon Has Meeting with Saudi King on Investing in U. S. The New York Times，July 21，1974：2.

⑧ Of Oil and the West. The New York Times，October 3，1974：42；The Witteveen Facility and the OPEC Financial Surpluses. Hearings before the Subcommittee on Foreign Economic Policy of the Committee on Foreign Relations，United States Senate，95th Cong.，1st Sess.，September 21，23，October 6，7，and 10，1977：11.

且在后来的美国国会听证会上也站得住脚。[①] 然而，的确有两件事在当时引起了很大的反响，其一是美国财政部是否应当对石油出口国回流美国国债市场的数据予以保护，其二是外国人（尤其是外国官方）持有美国国债是否等于拥有了美国。美国的实践是通过一系列国会听证会，消除了政府各部门间的紧张，通过业界人士对社会舆论进行了各类回答。

当然，我们也必须注意到美国财政部是设计了一种名为"外国附加发行"的方法向沙特阿拉伯王国开放中长期国债"半级市场"的，其机制如下：美国财政部选择在某次国债拍卖中将本来由竞争性拍卖和非竞争性拍卖分享的发行额划出一部分分给石油出口国货币局，利率由那次竞争性拍卖的加权平均价决定，金额由外国官方在拍卖前认购，交易由美联储纽约分行代理。同时，由于这些国家货币局的投资策略大多是"买入并持有"（buy and hold），故而这些国债并不能在市场中流通，只能在需要抛出时由美联储按照二级市场的时价购入。换言之，美国财政部发明了一种与一级市场和二级市场既隔离又联系的"半级市场"。这种机制最先被专门用于美国同沙特阿拉伯王国的双边金融合作，然后在1975年迅速扩展到其他中东石油出口国，最后拓展到所有外国政府和央行[②]，直至1995年10月美国总统克林顿（Clinton）大规模降低国家债务水平的运动中才正式终结了这项制度。[③]

显然，这项制度所使用的利率既不是标售，也不是以优惠利率（preferential rate）发行的，也不属于非市场化的（unmarketable）发售[④]，但由于

[①] The Persian Gulf. Money, Politics, Arms and Power. Hearings before the Subcommittee on the Near East and South Asia of the Committee on Foreign Affairs, House of Representatives, 93rd Cong., 2nd Sess., July 30, August 5, 7, and 12, 1974.

[②] U. S. General Accounting Office. Are OPEC Financing Holdings a Danger to U. S. Banks or the Economy? EMD-79-45 (GAO, June 11, 1979): i-ii, 10-11.

[③] General Accounting Office. Debt Ceiling: Analysis of Actions During the 1995—1996 Crisis. GAO/AIMD-96-130, August 1996: 19.

[④] 时任美国财政部长特别用"非市场化"来指代完全脱离市场化运作的国债，见：Hearings before a Subcommittee of the Committee on Government Operations, House of Representatives, 16, 17, 18 and 26, July 1979。然而，有评论指出这是晦暗不明的措辞，这类国债的实质就是非流通国债，见：That Secret Agreement: Final Confirmation and Assessment of Its Long-time Importance. *International Currency Review*, March 1980, 12 (1): 7-20。

其的确具有不可流通性，故而美国在 2016 年披露的"12 石油出口国"美国国债持有数据的口径包括非流通国债，但事实上美国从未向这些国家发行过真正意义上的非流通国债。图 2-8 给出了这方面的证据。2016 年公布的国别加总数据与石油危机期间公布的两类期限国债加总数据吻合，排除了其持有典型的非流通国债的可能。1974 年伴随着"外国附加发行"制度的使用，以及阿拉伯国家对英国通货膨胀治理的担忧和对"福特美元"（Ford dollar）的信心，大量本来存放在伦敦的石油美元涌入美国，同时令英镑暴跌又推高了美元汇率。[1] 另外，图 2-8 也告诉我们在两次危机期间，石油出口国占美国中长期国债境外持有的比例都达到了 50% 以上，足见该项制度的成效。

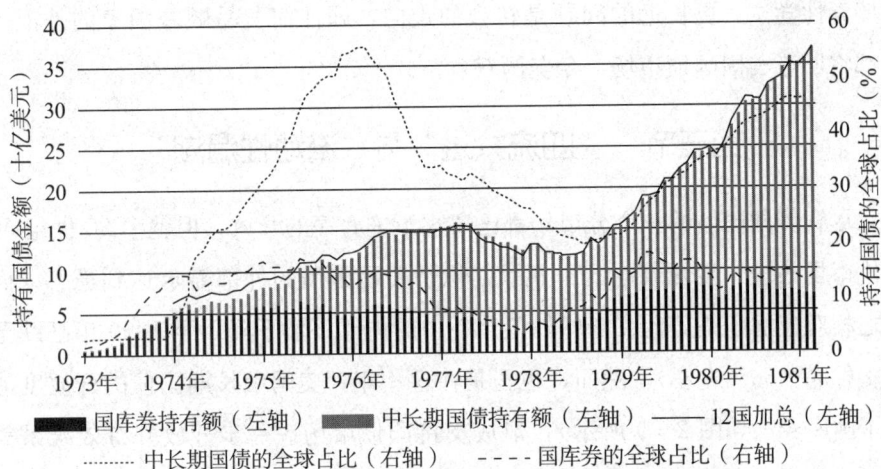

图 2-8　在两次石油危机期间石油出口国持有的美国国债

注：这里的"全球"不包括国际组织。国库券数据的口径为脚注披露的"其他亚洲国家"与"其他非洲国家"中石油出口国数据，中长期国债的口径为"其他亚洲国家"加上"其他非洲国家"。"12国数据"可追溯至 1974 年 12 月，这 12 国为：巴林、伊朗、伊拉克、科威特、阿曼、卡塔尔、沙特阿拉伯王国、阿拉伯联合酋长国、阿尔及利亚、加蓬、利比亚和尼日利亚，这三者口径一致。

资料来源：美国财政部《财政公报》International Financial Statistics，Table CM-I-4 and Table CM-V-4；12 国数据来自美国财政部 Treasury International Capital 数据网页，经笔者加总后对比得到。

① Arab Funds Leave Britain for U. S. *The New York Times*，August 17，1974：29.

石油美元回流下的美国中长期国债市场开放是典型的模式Ⅲ"世界油罐型"，但我们也应当注意到这种模式在规模上的不稳定性，最明显的例子就是1983年石油美元从国债市场的撤退①，这很可能是以沙特阿拉伯王国为主导的，这种撤退的根源是高油价政策的不可持续性。换言之，这些国家的国内工业化计划在经常账户转为赤字并得不到支持时，石油输出国首先考虑的是将外国资产的一部分变现以维持国内的流动性。因此，投资规模不可持续的根本原因是单一商品或资源推动的境外流动性回流模式不可持续。早在1974年石油危机高潮时，美联储主席伯恩斯（Burns）就曾提出当时的国会联合经济委员会（Joint Economic Committee of Congress）要跳出以国际金融合作解决大规模石油赤字的狭隘思路，因为通过石油美元回流仅是一种转型的过程和探索性尝试，更长远的问题是转型的走向，即任何贸易顺差国家的外汇储备都将回流美国国债市场，令美国获益。②

第三节　"四流共进"与"流动性潟湖"

尽管美国国债的三个分市场都已实现渐进有序的开放，但整个20世纪80年代市场的进一步开放遇到了瓶颈，似乎美国国债的外部需求达到稳态，而与之相对应的则是美元在全球外汇储备中的占比日益下降，至1990年已跌至历史谷底（50%左右）。然而，也正是在这一年，美国中长期国债的开放度追上了国库券（如图2-9所示），形成支持国债市场进一步开放并有效维系美元世界货币地位的强大推力。因此，我们称美国在1990年进入了美国国债市场开放的新阶段。

一、"四流共进"时代

刺激外国对美国国债更大规模需求的，是一种更有利于美元境外流动的

① 这被称为"OPEC的大撤资"（big OPEC pull-out），见：The Big OPEC Pull-out. *Euromoney*，July 1980：5。

② Federal Reserve Bulletin, December 1974：832-834.

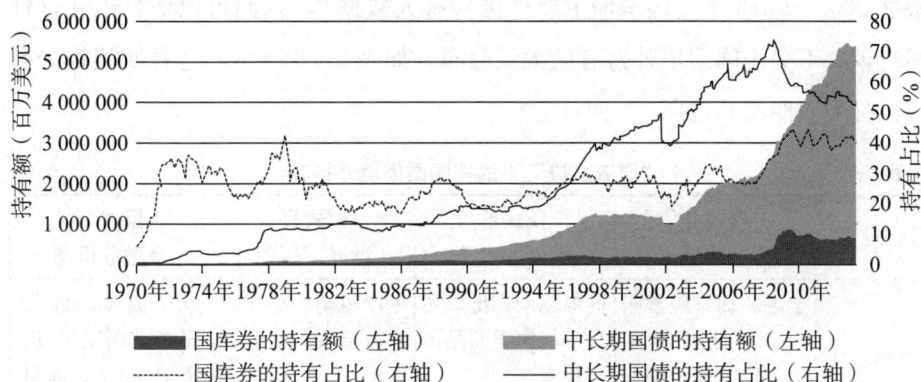

图 2 - 9　美国国库券和中长期国债市场开放比较

资料来源：国库券和中长期国债境外持有数额分别来自历年美国财政部《财政公报》CM-I-2 short-term liabilities by type 和 IFS-2 Selected U. S. Liabilities to Foreigners；国库券和中长期国债余额来自《财政公报》debt outstanding。

"消费国-资源国-生产国"的国际分工格局和生产国"雁行"[①] 内部的收支失衡，而其中最强大的力量则来自模式 Ⅳ "世界工厂型"的回流需求。这造就了一个饱受争议的现象：海外投资成为美国经常账户赤字的融资来源。学界对该现象的解释分为截然不同的两类：其一是从投资国内部均衡角度，认为这些"世界工厂"追求出口导向和吸引外资型发展，加以汇率低估有利于外延经济增长，而令其有动机积累外汇储备投资美国国债（Lizardo and Kelly，2014），其代表是时任美联储主席伯南克（Bernanke）；其二是从投资接受方角度，认为正是这个"中心国"的国内政策失当而引起了全球失衡，其代表是斯坦福大学教授泰勒（Taylor）。我们特别想强调这两类观点的一个共同点：一旦某国货币在境外形成富集，其必须以开放的在岸国债市场来为这些境外货币提供价值担保和流动性管理，这是目前国际货币体系中唯一的方法。

---

① 雁行模型（flying-geese model）又被称为产业结构的候鸟效应，1935 年由日本学者赤松要（Akamatsu）提出。它是指某一产业在不同国家伴随着产业转移先后兴盛衰退，以及在其中一国中的不同产业间先后兴盛衰退的过程。

根据 2005—2015 年美国国债主要外国持有人数据①，我们可以估算出在这种回流模式下美国国债境外持有的大致分布，如表 2-3 所示，这种回流格局被我们称为"四流共进"。

表 2-3　　　　　　　　　"四流共进"下的美国国债境外持有

回流模式	模式Ⅱ 离岸跳板型	模式Ⅲ 世界油罐型	模式Ⅳ 世界工厂型	模式Ⅴ 金融危机型
类型特征	金融驱动，经常账户赤字或基本平衡，资本和金融账户顺差较大	资源驱动，出口贸易中能源类商品占比较大	生产驱动，经常账户盈余较大	危机驱动，经常账户赤字，但因历史上遭受危机而储备较大
典型经济	中国香港、新加坡、开曼群岛、卢森堡、英国、瑞士、加勒比地区国家等	沙特阿拉伯王国、科威特、阿拉伯联合酋长国、阿曼、哈萨克斯坦等	中国、日本、韩国、德国、泰国、中国台湾等	巴西、墨西哥、智利、哥伦比亚、秘鲁、波兰、印度尼西亚等
分布占比	15%～20%	5%～10%	50%～65%	5%～10%

资料来源：经笔者整理所得和估计。

与此同时，"四流共进"下的国债市场的高开放度也对美国国内货币政策有效性造成了某种困扰，统计上的美国长期利率（十年期国债收益率）变化对短期利率（联邦基金利率）变化作回归所得的 R^2 从 20 世纪 90 年代初期开始一直保持为零，这导致了著名的"格林斯潘难题"（Greenspan's conundrum）②，即美联储加息对远端利率无效。Warnock 和 Warnock（2009）以及

---

① "美国国债的主要外国持有人"（major foreign holders of treasury securities）统计是基于《国际资本流动报告》（Treasury International Capital，TIC）统计系统的报告，最早可追溯至 2000 年 3 月，又可细分为两段：第一段至 2011 年底为止，第二段始于 2012 年 1 月。前一段采用每年 6 月 TIC SHL（A）存量数据累计叠加 TIC S（TIC 统计系统）交易数据，因此个别国家可能具有比较明显的误差；后一段由于直接采用了 TIC SLT 表格汇总，故而误差较小，披露的国别数目也从 31 个增加到 44 个。TIC SHL（A）和 TIC SLT 等对应系统内不同口径的系统报告。历史上的国别数据只有 1982 年 2 月前的《财政公报》中表 CM-V-4 "美国中长期国债的外国持有"（foreign holdings of marketable U. S. government notes and bonds）以及 CM-I-4 "美国短期债务分类别国别持有"（Short-term Liabilities，by Type and Country）中的国库券统计。

② 2005 年 2 月 17 日，格林斯潘在美国国会的听证会上称，即使联邦基金利率提高了 150 个基点，10 年期国债收益率仍不会变化。

Beltran 等（2013）的研究都证实了美国长期利率持续被中长期国债的境外持有而压低。

二、金融危机中的"流动性潟湖"

虽然 2008 年的全球金融危机发源于美国，但世界主要金融市场的流动性却蜂拥至美国国债市场，这个"资本洼地"在危机中成为"流动性潟湖"[①]，以致其表现出一种"台风眼效应"，即危机中央呈现出一片晴天，外围的云墙却危机重重。我们可以从以下几个方面刻画这种景象。

第一，中长期国债的收益率同市场恐慌程度呈现很强的负相关，我们可以用 10 年期国债的收益率同标准普尔 500 波动率指数（VIX 指数）进行实证分析，其结果足以证明市场越恐慌，外资对美国长期国债的旺盛需求越会降低远端的利率。

第二，在危机期间及之后的国债一级市场外国投资者参与度明显活跃，2009—2016 年 10 年期国债发行额中的 21.68％被分配给了外国人，26 周国库券的这个指标更是高达 27.57％。[②] 同时由于回流需求高企，一级自营商所代理的认购数额也居高不下，这令一级市场的中标收益率走低，而超额认购率（bid-to-cover ratio）很高。有些海外投资者更是在二级市场增持美国国债，2008 年该金额高达 70.86 亿美元，占当年净发行额的 56.44％。[③]

第三，美国国债虽被降级但仍旧以其比较优势吸收着全球涌入的流动性。2011 年 8 月 5 日，标准普尔将美国国债评级从 AAA 降到 AA＋，并维持负向的长期展望。然而此后居然出现了信用违约互换价格上升幅度大于美国国债价格的情况，足见在危机中市场高度信赖开放的国债市场。

第四，通过横向比较美国、日本、英国等主权国家的国债海外增持规模

---

① 也就是文献中所说的"安全港效应"（safe haven effect），但我们认为"流动性潟湖"更为形象地反映出金融危机期间全球流动性的动态。

② 各期限国债的发行分布数据见美国财政部 Investor Class Auction Allotments。

③ 净发行额数据来自美国证券业与金融市场协会（Security Industries and Financial Markets Association）。

变化（如图 2-10 所示），不难发现从 2008 年第四季度开始，外国人对美国国债的增持同对日本国债的抛售有较高的相关性，除了 2011 年 7 月受到美国国内"债务上限"问题僵持影响外，美国国债市场都保持了很高的境外资本流入。更为重要的是，这些国际货币的在岸国债市场海外持有存量（图 2-10 右轴）较美国都相去甚远。[①]

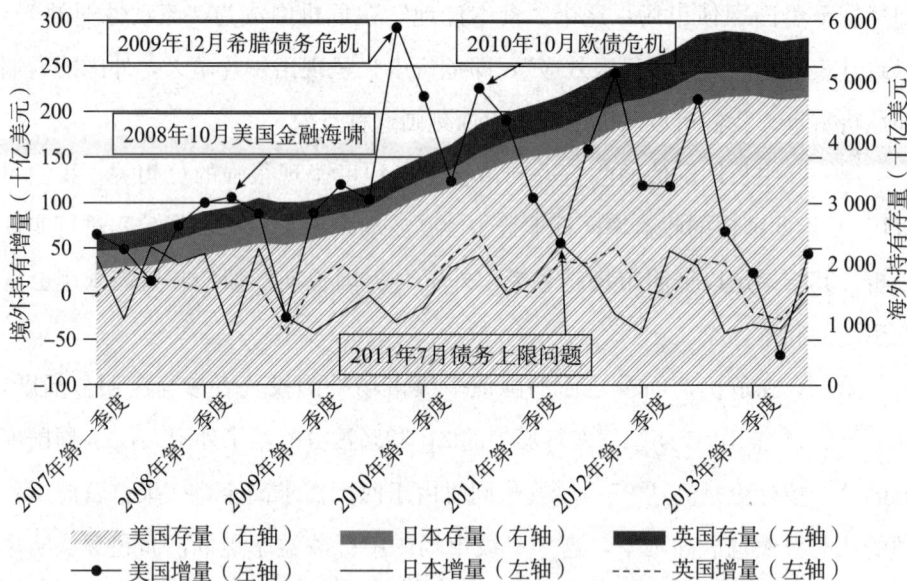

图 2-10 金融危机期间美国国债市场开放的国际比较

注：由于英国只披露中长期国债的海外持有，故这里三个国家国债的口径都是中长期（其中日本采用 Central government securities and FILP bonds）；汇率按照期末值折算。

资料来源：美国的数据来自各期《财政公报》中的 IFS-2 Selected U. S. Liabilities to Foreigners；日本数据来自日本央行 Flow of Funds 统计；英国数据来自 Office of National Statistics（ONS）和英格兰银行。

这里需要指出的是，对金融危机下国债市场表现的认识，还须置于国际货币体系中来认识。其一，既然在牙买加体系中的货币是以一国信用担保的，那么货币回流时的对价物也同政府信用相联系；其二，由于信用货币的发行

---

① 瑞士截至 2016 年底的开放金额也仅为 211. 58 亿美元，故可忽略，见：Federal Treasury Activity Report 2016。

量不受储备限制，因此只有在数量上不受储备限制的国债可以充当其对价物；其三，在危机时，黄金数量的刚性导致流动性挤兑时难以实现兑付，并无危机缓冲功能，但国债余额的弹性带来境外流动性寻找栖息地时的自由准入，实现流动性潟湖功能。综上，20 世纪 90 年代进入开放新阶段的美国国债市场在 2008 年金融危机后，凸显出模式Ⅴ "金融危机型" 回流下的更高程度的开放，那些本来在外围体之间发生的货币流动在危机中一并汇入了这个 "缓冲湖" 以求避险。

第三章

美元回流的总量与结构特征

第一节 美元回流的总量特征

一、经验事实：美元回流的总量数据

基于上一章美国国债开放的历史进程，我们可以进一步从总量数据上认识美元回流同国债市场开放的密切相关性。

如图 3-1 所示，若以外国人持有占比衡量美国国债市场开放度，该指标在战后持续保持低位，直至 1960 年美元危机下通过非流通"鲁萨债券"引导美元回流略有抬升。而真正的大规模境外美元回流，始于 1971 年和 1974 年美国国库券市场和中长期国债市场相继对外开放[①]，创造了外国人持有美国国债比例的第一个高峰，在 20 世纪 70 年代末超过美联储持有占比。第二次石油危机过后，这种境外主体的市场参与程度回落后企稳，直至 1994 年底。经历了东南亚金融危机后，亚洲出口导向型经济体确定资本账户有序开放和汇率缓慢上升的发展策略，其外汇储备不断累计，其中美元占有绝对比例，这类储备以美国中长期国债市场为主要栖息地，外国人持有占比加速上扬，并于 2008 年金融危机时摸高到极值。下面从存量和流量两个角度分析这种国债市场开放下的美元回流事实。

[①] 根据美国《财政公报》的月度数据：在短期国债方面，1970 年底三类外国人（不含国际和区域组织）对美国国库券的持有额为 134.99 亿美元，占比为 13.34%，而 1971 年底则飙升至 324.15 亿美元，占比达 28.44%；在中长期国债市场方面，1974 年底向沙特阿拉伯王国等国的石油美元开放，这就是 2016 年 5 月披露的 12 个石油出口国的美国国债持有数据追溯至 1974 年 12 月的原因。

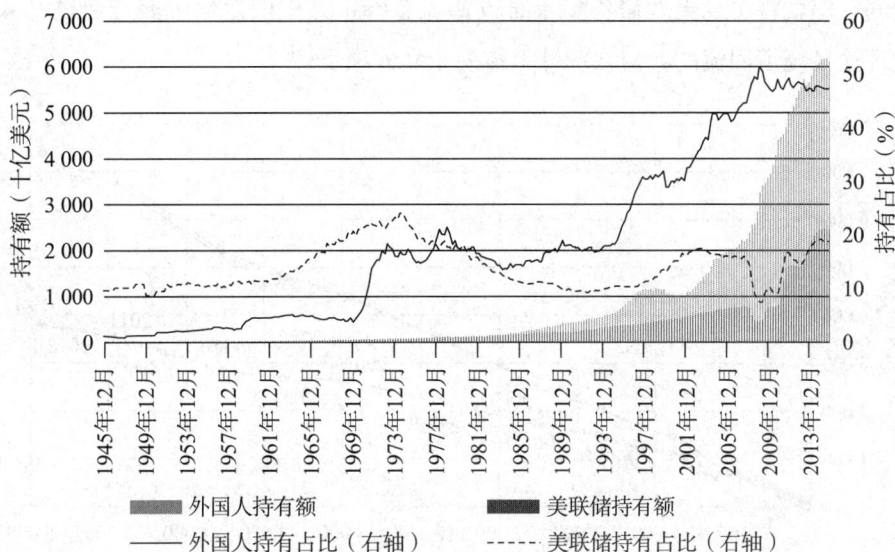

图 3 - 1　1945 年第四季度—2015 年第三季度美国国债为外国人和美联储持有情况

注：口径与 Treasury Bulletin 中的 OFS-2 Estimated Ownership of U. S. Treasury Securities 一致。

资料来源：美联储，Z. 1 Release，Level tables L. 209（2010 年前）和 L. 210（2010 年后）；经笔者整理所得。

二、存量角度：美元储备的回流

　　海外主体不论是主动还是被动地积累美元储备，这种境外美元一旦富集，就需要想尽方法寻觅一个"安全至上"的价值保障，而且这种工具的金额可以随着世界经济增长需求同步增长。就目前来看，只有美国国债市场符合这种要求；而官方储备最具这种需求的典型性。从长期数据方面表现为，美国对外国官方负债（即境外美元回流的主要渠道）同全球官方的美元储备在规模上相当。图 3 - 2 给出了在三种场景下这两组时间序列的相关性，我们可以清晰地发现如下特征：（1）不论在何种场景下，全球美元储备额同通过货币市场和国债市场回流的美元金额呈现极高的相关性，并在 21 世纪都呈现出较大的增长（表现为散点更疏）；（2）场景 1（即储备中不明币种的美元比例为零）在 2007 年前，这两组序列金额相当接近；（3）而在金融危机时，回流强度增大（表现为曲线斜率变小）；（4）真实情况很可能是介于场景 1 与场景 3

之间，那就将出现美元储备多于官方回流金额，其中的差额可能是通过私人代理途径绕道回流的，但在统计上被列于私人项下。①

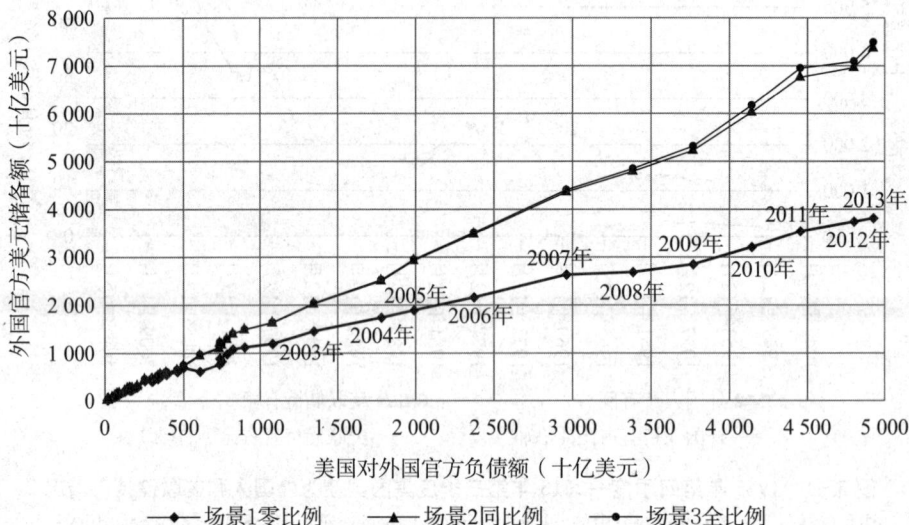

图 3-2　1964—2013 年在三种比例场景下外国官方美元储备同美元回流的关系

注：图中的"零比例""同比例""全比例"分别指储备中不明币种部分的美元比例为零、与币种明确部分比例相同以及比例为 100%。

资料来源：储备数据来自各期《国际货币基金组织年报》（IMF Annual Report），回流数据来自各期《财政公报》。

如果我们再细看货币市场和国债市场的回流结构（见图 3-3），即区分三类国债（国库券、中长期国债和非流通国债）、存款和其他负债②，不难发现这三种渠道中规模最大的还是国债市场。并且在 2007 年前，存款和国债两大渠道基本保持"四六开"的格局，即官方储备每回流 10 美元，就有 6 美元是通过三类国债市场回流的，另外 4 美元则通过存款安放。然而，在金融危机爆发后这种局面发生了极大的改变，国债渠道迅速拓宽，同存款渠道呈现

---

① 美国国债市场的境外主体持有数据的统计是基于系列调查的，且"交易误差"（transactions bias）和"托管误差"（custodial bias）常会高估离岸中心和私人部门，而低估那些委托私人交易的官方主体。

② 按照《财政公报》划分，对外官方负债分为由银行报告的短期负债（可再细分为存款、国库券和其他短期负债）、可流通中长期国债、非流通国债和其他负债。

"八二开"的比例。这正是前文所述美国国债市场实际上成为全球"流动性潟湖"的明证。①

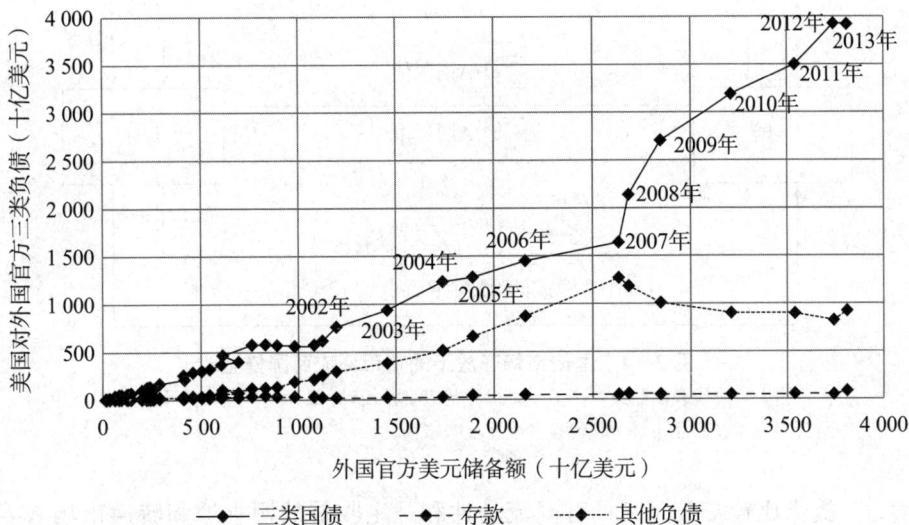

图 3 - 3　1964—2013 年外国官方美元储备同三类回流的关系

注：这里给出的是不明币种中美元比例为零的场景，其他两种结论相仿；"三类国债"指国库券、中长期国债和非流通国债。

资料来源：储备数据来自各期《国际货币基金组织年报》，回流数据来自各期《财政公报》，经笔者整理所得。

三、流量角度：失衡的"基础调节"

若从流量角度考量这种美国国债市场开放下的货币回流，则必须考察以流量统计为基础的国际收支，全球国际收支格局的失衡正是这种货币回流模式的证据。这种国际收支分析尤其适用于对比美国与各种收入类型的国家。如果抽象来看，自 20 世纪 80 年代以来，美国同全球的关系可由图3 - 4 总结。

从货币环流的角度（图 3 - 4 中的虚线）来看，1. a、2. b 与 3. b 共同构成了货币环流，其中债市场开放的核心是为不断国际化的货币（具有国际清

---

① 在这三类国债中，又以中长期国债为主力，其次是国库券，最后是非流通国债。此处由于篇幅所限，不再展开。

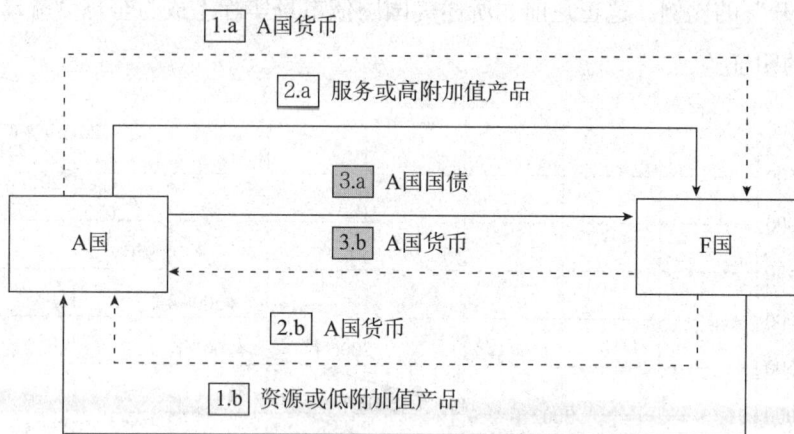

图 3 - 4　国债市场开放下的货币环流两国模型

注：图中实线代表商品或资产流动，虚线代表货币流动。每个序号下的 a 和 b 同时发生，其中□代表发生在商品市场，▨代表发生在金融市场。

偿力）提供比较安全而又具有高流动性和一定收益的栖息地和转换市场（姜波克，2012），而这将反过来促进 A 国货币的进一步国际化。换言之，如果只有 1 和 2 发生，而没有提供 3，大量 A 国货币将在境外失去保值增值手段。当美国发生逆差时，1. a 项必须大于 2. b 项，将导致 A 国货币的净流出，境外 A 国货币的积累形成资金池，构成回流需求，同时伴有美元贬值，并获得国际铸币税收益。[①]

美国在 20 世纪 80 年代一改之前"贸易顺差、资本逆差"的长期态势，一路扩大赤字，在 1987 年达到极值后逐渐回落，甚至在 1991 年出现了微小顺差的情况，但此后逆差扩大至国内生产总值的 5.82%。而与其经常项目赤字波动同步的，是全球中等收入和中等偏上收入国家，是这些国家（而不是收入较低的国家）的贸易顺差匹配了输出美元维持贸易逆差的"美元霸权"

[①]　然而，资金池并不必须以经常项目逆差为前提，因为在现实中，尤其是当 A 国货币正处于国际化进程中，有许多因素会造成 A 国货币在境外的富集。例如，货币当局鼓励企业选择用 A 国货币作为贸易进口结算货币，而此时 F 国出口商抱有 A 国货币对 F 国货币升值的预期，便乐得赚取这种汇兑收益。不过，余永定（2011）也曾指出采取"先把人民币送出去，再考虑流回来"的策略，选择贸易进口结算为突破口，这必然会带来环流僵化。

模式（如图 3-5 所示）①，美国形成"货物净输入、服务净输出、贸易赤字、投资盈余"的格局，这是对前文所述 20 世纪 90 年代后美元回流加剧的一种解释。

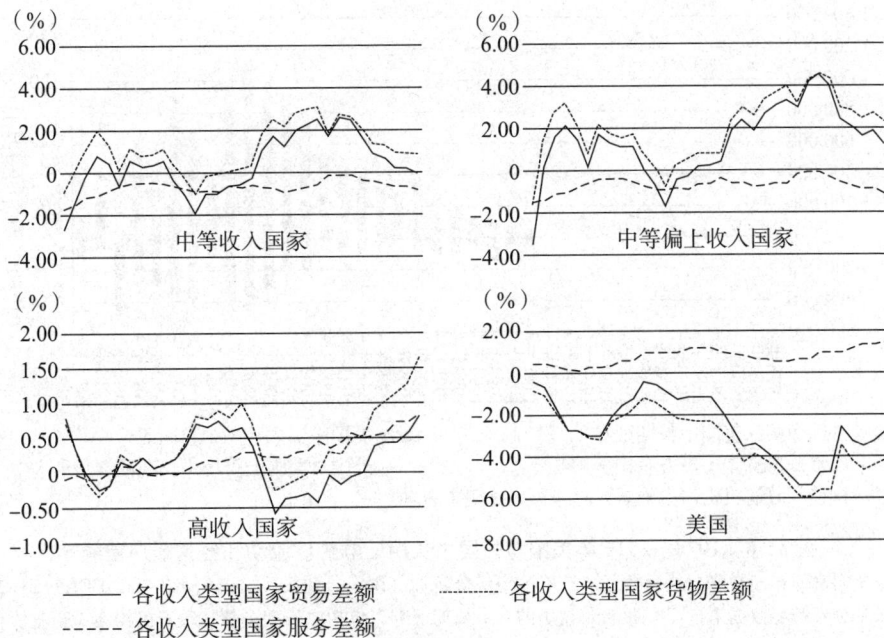

图 3-5　1981—2013 年全球四类国家的贸易差额、货物差额与服务差额

注：收入类型划分按照世界银行标准；图中横坐标对应年份，纵坐标为每个序列各自占其国内生产总值的比例。本图主要用于观测样本期趋势变化。

资料来源：世界银行数据库；经笔者整理所得。

这种模式的年流量形态是，美国不断引导境外美元回流，以资本金融项目顺差消除贸易赤字（如图 3-6 所示），是一种"基础调节"（basic adjustment）。②

① 中国的贸易顺差峰值晚于美国的逆差峰值，是与高收入国家走势互补的，可见中国的外贸策略正转向培养多元化的贸易伙伴。另外，除了德国之外的欧元区国家呈现出经常账户赤字的态势，而与之相反的力量来自德国、日本和石油出口国，这种表现则能恰当地解释高收入国家贸易差额徘徊于零点附近的现象。

② 最早关注到以中长期债券来平衡国际收支实践的学者是詹姆斯·C. 英格拉姆（James C. Ingram）教授，他研究了波多黎各的国际收支调节机制，并把长期资本账户的调节称为"基础调节"，而把短期资本流动的调节称为"准调节"（quasi-adjustment），并观察到波多黎各银行在贸易顺差时累计美国国债，在逆差时抛售之，见 Ingram（1962）。

首当其冲的便是国债市场，在 1978—2015 年这 38 年中，外国净买入美国中长期证券中的国债和政府机构债的比例往往很高，仅 2011 年低于 50%。这还反映为国债规模不断扩大和国债市场境外参与度创新高。

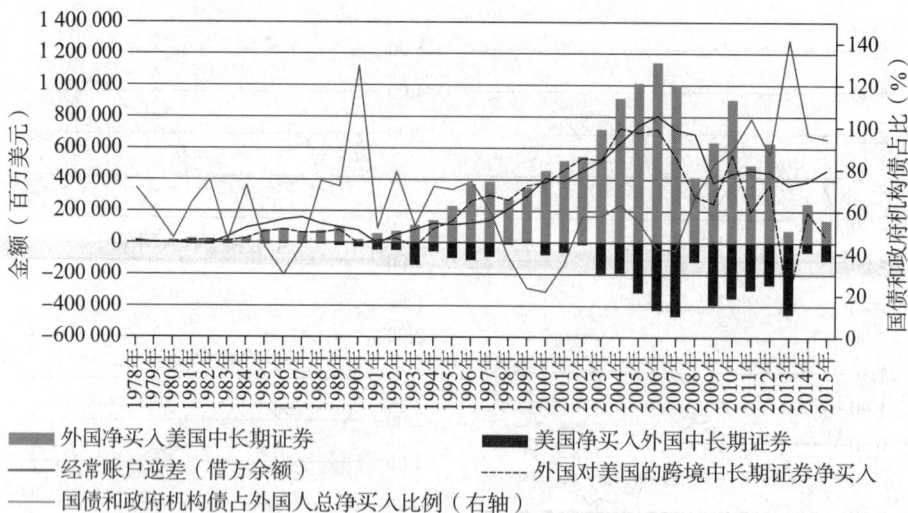

图 3-6　1978—2015 年美国与外国中长期证券跨境流动和经常账户差额

资料来源：经常账户差额数据来自美国经济分析局（Bureau of Economic Analysis，BEA）T1.2，中长期证券跨境数据来自 TIC 报告。这里的"中长期证券"包括中长期国债、政府机构债、企业债和股票四个部分。

第二节　美元回流的结构特征

我们除了考量美国国债市场开放下的美元回流在长期的总量特征外，还必须以细分数据探究其结构特征，尤其要厘清在 2008 年金融海啸中这种"避险性"回流的几个方面的结构性变化。

一、持有人结构

通过美国国债市场回流的海外主体，自然是美国的债权人，从地理分布来看，虽然亚洲国家占比一直约有七成，但事后来看，该比例在 2008 年 6 月处于历史低谷；而后的金融危机促使亚洲国家不断加快增持美国债务的节奏，最高达 78.25%，随后回落（如图 3-7 所示）。如果再进一步细看亚洲官方的结构，我们不难发现其中的主要力量来自中国和日本（如图3-8所示）。自2000年11月中国跻身全球第二大美国国债持有国后，美国国债持有份额伴随中国对美国贸易顺差不断加大而持续上升。及至2008年9月，中国持有美国国债的份额首次超过日本：从占外国持有美国国债的比例来看，中国为22.06%，日本为22.03%；从占美国国债总额的比例来看，中国为6.17%，日本为6.16%。此后，两国持有美国国债的差距一直较为明显，但中国的美国国债持有额于2011年7月到达极值后回落，直至2015年2月当月出现了中国持有额略低于日本持有额的情况。目前，在外国持有额中，两国各占20%左右，在美国国债总额中各占6%~7%。

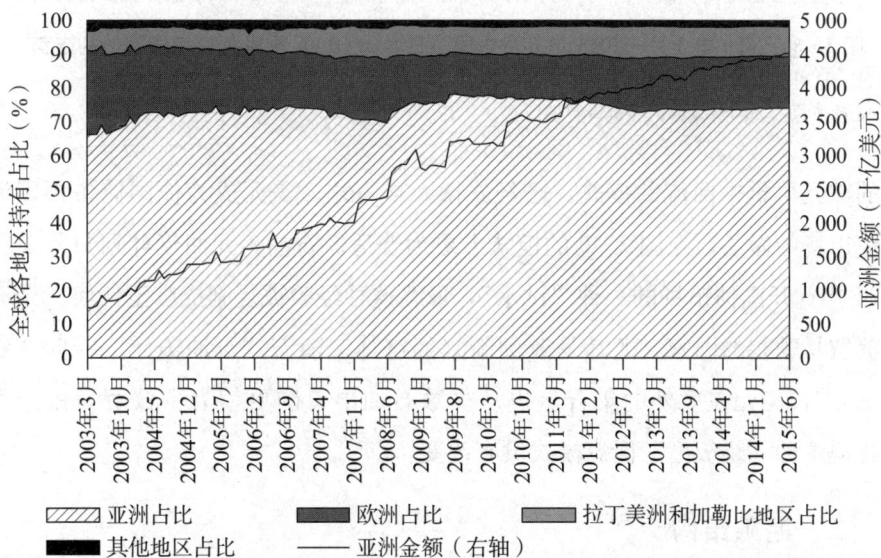

图3-7 2003年3月—2015年6月美国对亚洲官方的债务金额和占比
资料来源：美联储国际统计摘要；经笔者整理所得。

这里值得注意的是，在第三波油价上涨中，虽然石油出口国通过美国国债将石油美元回流债券市场的金额也在上升，但同第一次和第二次石油危机期间的情形①相比，这种通过单种商品或资源提价，而临时性集结境外主体手

① 迄今为止，人类历史上发生过三次石油价格上涨，分别是1860—1880年、1973—1984年和1997—2008年；这些石油出口国的收入被称为"石油美元"，狭义的石油美元就是收入的可投资盈余。

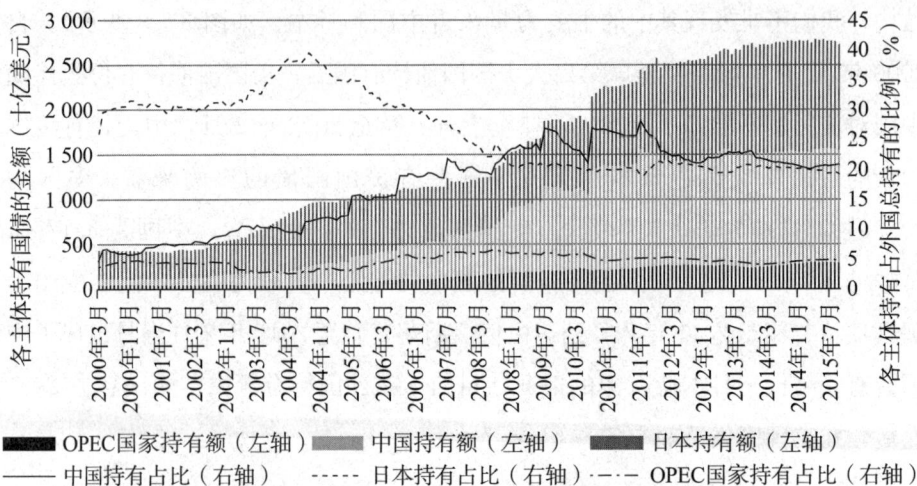

图 3-8　2000 年 3 月—2015 年 6 月中国、日本和 OPEC 国家持有美国国债的走势
注：这里的国债包括短期国债和中长期国债。
资料来源：美国财政部；经笔者整理所得。

中的美元再集中回流的模式，已经式微。换言之，美元成为他国储备再回流
国债市场的做法，在图 3-6 的模式中更为普适。石油美元回流计划只是美国
1974 年打开国债市场的一种"试水"，最终这种经验被复制推广至任何一个有
对美贸易顺差的国家，尤其是亚洲新兴经济体。随着"石油美元"转向"贸
易美元"，美元在境外的集合点也从少数石油出口国更替为少数贸易盈余大
国，但这种"跳板型"回流模式没有改变。

二、期限结构

境外主体回流美国国债市场的资金的期限结构是具有长期趋势的，图
3-9 给出了外国持有中长期国债占其三类国债总持有比例的时间序列。不难
发现，在 20 世纪 70 年代早期，海外回流美元非常钟爱货币市场工具，但由
于两次石油危机而延展了资金栖息的期限结构。我们必须从供需两方面理解
这个现象：在需求侧，在初期出于对资金安全和灵活性的优先考虑，石油收
入更偏好短期的投资工具（例如银行存款、大额存单、国库券），但其很快开
始寻求更长期的工具（Mattione，1985），并在 1982 年发生的从伦敦市场和东

京市场切换到纽约市场的"资金大迁徙"中疯狂增持中长期国债[①]；在供给侧，美国财政部和美联储很早就识别出了这种期限偏好[②]，并积极设计美元回流美国国债市场的机制，以期既打开国债市场又降低大额资金进出的负面影响。[③] 最终，1974 年底美国财政部向沙特阿拉伯王国以"外国附加发行"的创新机制开放了中长期国债市场。

图 3-9　1970—2012 年外国持有两类国债金额及其在各自余额中的占比

注：这里的"外国"不包括国际组织。

资料来源：各期《财政公报》；经笔者整理所得。

---

① 当年撤出非美国地区（含国际组织）的资金额为 10.3 亿美元，涌入美国的 10.1 亿美元中有 6.9 亿美元流向中长期国债市场。另外，这种迁徙又在马尔维纳斯群岛战争中加剧，委内瑞拉基于与阿根廷同盟的关系，为了避免资金被英国冻结，其于 1982 年 3 月对美国商业银行的存款为 51.4 亿美元，而 5 月则增加至 94.4 亿美元，见：Department of the Treasury. Treasury Bulletin, September 1982，p. 80，and October 1982：71。

② 早在 1974 年的一次众议院听证会上，美联储的亨利·C. 华利奇（Henry C. Wallich）就曾预言：石油美元将转向寻找更长久的栖息地（more permanent lodging），或许是美国国债的特别发行，而这恰是欧洲美元市场不能提供的，见：International Petrodollar Crisis. Hearings before the Subcommittee on International Finance of the Committee on Banking and Currency，U. S. House of Representatives，93rd Cong.，2nd Sess.，August 13，1974：99-100；而后参与设计美国国债开放机制的财政部官员杰拉德·L. 帕尔斯基（Gerald L. Parsky）在 1975 年 7 月的另一次听证会上也肯定了 OPEC 国家投资的长期工具偏好，见：Foreign Investment and Arab Boycott Legislation. Hearings before the Subcommittee on International Finance of the Committee on Banking, Housing and Urban Affairs, 94th Cong.，1st Sess.，July 22-23，1975：84-86。

③ Federal Reserve Bulletin，November 1974：759，761.

从长期来看，这种结构特征趋势并不为石油美元所独有，而是后来各类持有美元储备的外国官方所普遍具有的"情结"。然而这种常态在 2008 年金融危机时发生了突变，外国主体虽然同时增持美国短期国债和中长期国债，但却迅速调低了后者的配置比例，偏好流动性更高的货币市场工具以便随时进行流动性管理。当然，这也是美联储"扭曲操作"（operation twist）的成果。同时，我们发现美国对流通中国债的期限结构进行了明显的调整，2009年 3 月后外国以几乎同样速度增持中长期工具，但减持了国库券，以致配比反弹；但却出现外国持有占美国中长期国债余额比例急剧下降的局面，可见美国财政部在让分母不断扩大。其手段正是调整新发行国债的期限结构，2008 年以后出现短期国债发行占比降低，幅度约为 10%，这改造了美国流通中国债的平均期限，从一级市场的供应角度间接影响了期限结构，造成中长期国债余额激增（如图 3-10 所示），尤其是中期国债的余额在两年内翻了一番。

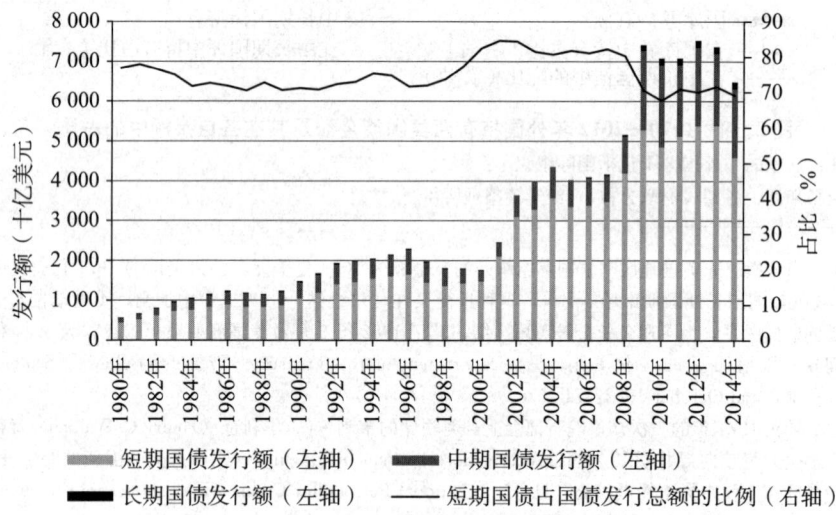

图 3-10　1980—2014 年美国三种期限的国债发行额及短期国债占比

注：实际上除了短期国债、中期国债和长期国债外，美国自 1997 年 2 月和 1998 年 4 月起分别开始发行中期通货膨胀保值债券（Treasury Inflation-Protected Securities，TIPS）和长期 TIPS，至 2015年 6 月中期 TIPS 累计发行 10 711.88 亿美元，长期 TIPS 累计发行 2 600.79 亿美元。

资料来源：美国财政部；经笔者整理所得。

三、结构特征的综合考察

在非金融危机期间，新兴国家美元储备以微薄的利率回流美国国债市场的现象，为学术界所关注，被称为"资本流动怪圈"（capital doubtful recycling）[①]；从劳均资本角度看，又是从穷国流向富国，即"卢卡斯之谜"（Lucas，1990）。然而，在危机时则出现了一种令人更难以置信的"台风眼效应"（typhoon eye effect），即危机中央一片晴天，外围的云墙却危机重重。其综合考察可总结为表3-1。

表3-1　　　　　危机时不同主体持有不同期限的美国国债的金额和占比

特征		海外									美联储	美国政府自身
		外国官方			外国私人			外国官方加私人				
		短期	中长	各期	短期	中长	各期	短期	中长	各期		
金额		↑	↑	↑	↑	↑	↑	↑	↑	↑	↓	不变
占比	主体内部	↑	↓	NA	↑↑	↓↓	NA	↑	↓	NA	↓↓	↓↓
	总体内部	↑↑	↓↓	不变	不变	不变	不变	↑↑	↓↓	NA		

注：单、双箭头各表示一般的程度和较大的程度，NA表示占比恒为100%，"不变"表示趋势不变。

资料来源：美国财政部Treasury International Capital Reporting System；经笔者分析整理所得。

第一，公众持有的"挤出效应"。政府和美联储持有的占比都显著下降，以让位于海外美元的回流需求，以致2008年10月公众持有美国国债的增长率高达8.51%。其中，美联储更是减持国债，以推行多轮"量化宽松"政策。

第二，外国官方与外国私人期限配置的差异性。虽然二者在危机期间都增持了各类期限的美国国债，但通过私人渠道回流的美元更偏好短期工具（如图3-11所示）。而且外国官方在危机过后很快恢复了本来的期限配比，更多倚重中长期工具，但外国私人却并未回到危机前的水平，而是保持在15%～20%。另外，在各类国库券工具中，6月期最受追捧。这种热情甚至导

[①] 也被称为"斯蒂格利茨怪圈"，见：Stiglitz, Joseph E. Boats, Planes and Capital Flows. *Financial Times*，March 25，1998。

致一级市场上海外投资者金额占比从危机前的 10%～15%上升至目前的 25%～30%。

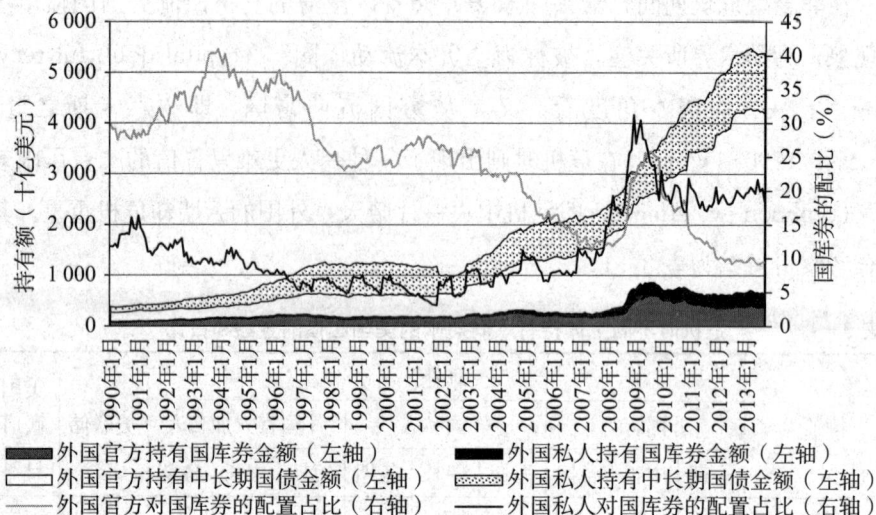

图 3 - 11　1990—2013 年外国官方和外国私人渠道回流美国国债的金额和配比
资料来源：各期《财政公报》；经笔者整理所得。

　　第三，中长期国债仍是回流美元的主要栖息地。从回流规模上看，外国官方持续补入中长期工具，仅在 2013 年后稍有减持；但外国私人在危机后适当下调了存放于国债市场的头寸，其实这是在危机期间境外流动性从海外各金融市场回流在岸国债市场寻求"避险需求"所致。中长期国债的境外持有成为近年来整个国债市场境外持有在 50%左右的最主要因素（如图 3 - 11 所示），也是中国美元储备投资的关键特征。在危机前，日本的投资行为主导了亚洲乃至全球的投资特征，但危机后中国替代了日本。

中国实践篇

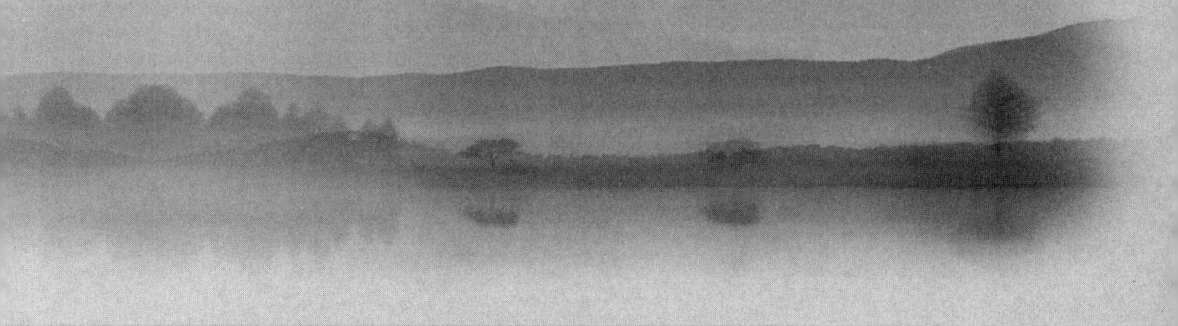

第四章
中国实践研究动态与战略背景

第一节　人民币回流研究动态

近年来，尤其是 2009 年 7 月跨境贸易人民币结算试点启动后，中国学者发表了大量专著和文章来讨论人民币国际化问题，并且越来越广泛地认为人民币国际化"不可强求"，需要"水到渠成""顺其自然"（龚刚，2013：191；易纲，2009；陈道富等，2010）。换句话说，学界开始越来越关注货币国际化之合理进程（或言道路、路径、路线图）（李稻葵，2013：1）。事实上，国际上对于度量货币国际化的指标尚存在分歧（Detken and Hartmann，2000；Eichgreen and Mathieson，2000；Chinn and Frankel，2005，2008；Guonan and Robert，2013；Jianxin Wang，2014），我们的研究之路还非常漫长。

一、对人民币国际化的推动

"国际化是一个进程"是基于两点考虑的：第一，一种货币的国际化不是依靠当局宣布的，而是一种事实。[1] 第二，就算做出了某种宣布，在实践中仍会遇到各种困难，甚至损失惨重，也就是"揠苗助长"的后果。具体来说，当前人民币国际化有以下两大瓶颈。

一方面，经常项下以人民币计价结算尚无充足的谈判资本，也就是缺乏

---

[1]　事实上，"国际货币"与"自由兑换货币"不同：前者须为国际认可（基于国际货币基金组织的标准，目前仅有美元、欧元、日元、英镑和瑞士法郎五种）；后者是当局自己宣布的（除了 OECD 成员国外，仅亚洲就还应当包括港币、新加坡元、韩元和台币等）。

以核心技术为支撑的定价权。发达国家间的贸易实践满足"格拉斯曼法则"
（Grassman，1976），即以出口方货币为计价单位，后经 McKinnon（1979）、
Carse 和 Wood（1981）、Page（1977）以及 Mundell（1983b）的拓展探讨，
我们基本可以得知：若产品不升级，停留在初级产品（常为大宗同质产品），
美元仍将持续地成为计价货币。虽然环球银行金融电信协会（Society for
Worldwide Interbank Financial Telecomm，SWIFT）发布的国际贸易融资货
币数据显示了人民币的喜人表现，但当我们仔细分析时，不难发现有两个细
节：一是货币当局鼓励选择贸易进口结算为突破口的做法，且必然因此新增
大量美元储备（余永定，2011）；二是国际市场对 2009 年以来的人民币一直
抱有单边升值的预期，外国出口商当然愿意赚取这种汇兑收益（冯孝忠，
2010；何帆等，2011），甚至即便是具有真实交易基础的结算也可能具有投机
性，并影响国内经济（Garber，2011）。可见，在以技术为核心的产品未真正
发生国际贸易的格局下，依靠经常项目推行人民币国际化很有可能会遇到
瓶颈。

　　另一方面，资本项下的推进国际化往往涉及核心问题，即"资本项目开
放"。我们必须注意到近年来学界和国际组织就此问题进行了深刻反思[①]，国
际货币基金组织在多次金融危机后进行了一系列实证研究，改变了原本对发
展中国家开放资本账户的建议（魏尚进，2009）。甚至，国际货币基金组织的
报告指出，一旦中国开放资本账户，国内将有大量储蓄外流，并对其他国家
发生存量的调整（IMF，2013）。在测算方面，Kaminsky 和 Schmukler
（2003）在考察 28 个发达和新兴市场 20 世纪 70 年代以来的实践后得出，在
开放后的五年内，对外资产的持有量将达 GDP 的 19%，Forbes（2010）对中
国此项数据的测算乐观一些，为 10%。同类的观点还见于 Sedik 和 Sun
（2011）、Bayoumi 和 Ohnsorge（2013）、林毅夫（2013）以及 He 等（2013）。
而谢平（2013）、金中夏（2013）和王曦（2015）却都认为中国打开资本账户

---

　　① 仍有学者如 Andrews（2006）和 Kenen（2008）等认为本币国际化的第一步便是对所有市场
参与者开放资本账户。

的时机已经成熟。耐人寻味的是，Gwartney 等（2012）指出以美国为代表的发达国家的资本流动正在事实上受到管制，其资本项目开放度与 20 世纪 90 年代的中国相当，难怪有学者称之为"开放式金融保护主义"（陈雨露，2007）。这就要求我们找到当今中国国内市场中发展较薄弱、难以在开放后对接国际市场的环节，以此为突破口打开一条渐进的开放之路。

二、人民币回流的必要性分析

我们在关心如何安全、渐进地推进人民币国际化的同时，发现还有一个情况正悄然发生，即境外人民币的激增。至 2014 年初就已经形成了 1.5 万亿元的资产池，并且除了中国香港以外的离岸市场已经开始用飞机把人民币现钞运回中国，如 2014 年 7 月 9 日，中国-新加坡人民币首次跨国调运在广州启动（时代金融，2014）。离岸人民币存款在人民币贬值预期强烈时有所减少，但人民币贷款业务却创历史新高。需要注意的是，目前境外人民币的主要形式尚是人民币存款而非债券（徐奇渊，2014）。根据 Subacchi 和 Huang（2010）的调查，人民币国际市场已经形成了"人民币在岸市场-人民币离岸中心-人民币离岸区域枢纽"三个层次的交易网络，这在空间上与"上海-香港-其他离岸中心"对应。自然地，打通人民币回流渠道已成为促进人民币在境内外构成环流的重要内容；同时，回流机制不畅也必定成为阻碍人民币国际化的一大症结。值得重视的是，没有顺畅的人民币回流机制也必然抑制境外人民币存量的增长（孙杰，2013），并不是"先把人民币送出去，再考虑流回来"那么简单（余永定，2011）。在此背景下，不少研究者总结了回流的渠道与机制（李华青，2011；王世光，王大贤，2012；刘晓勇，2012），有些更是从循环或环流的视角探讨（钱小林，2011；时东，2012）或是借鉴美元日元经验理解循环（张纯威，2008；郝宏展，2012；吴永红，2013）。回流大致可分为两大渠道。

就经常项目下的渠道来说，从占比上看，跨境人民币收付总额占整个涉外收付款总额非常有限（国家外汇管理局，2012）；从结构上看，经过中国香港的结算量占据了全国跨境贸易人民币结算量的绝对比例。学者指出这种国际化模式是不可持续的（孙海霞，2011）。龚刚（2013：191）认为当前推动人民币国际化有"重交易，轻资产"的倾向，由此可见经常项下推动回流的局限性。

就资本账户下的渠道来说，龙泉和刘红忠（2013）认为出于维护内地资本市场稳定的考虑，中国的资本账户严控仅仅把离岸人民币计价债券和人民币合格境外机构投资者（RMB qualified foreign institutional investor，RQFII）作为两种最主要的促进离岸人民币回流的形式。这是因为其他的渠道都或是人为管制或是天生局限。例如，虽然 2010 年 8 月 17 日中国人民银行发布《中国人民银行关于境外人民币清算行等三类机构运用人民币投资银行间债券市场试点有关事宜的通知》，且 2011 年起获准的机构越来越多[①]，但投资金额仅限于其从人民币贸易结算中获得的资金数量，并且在进行投资之前要向中国人民银行申请配额[②]，这是人为管制（黄泽民，2013）。又如，对于跨境人民币国际直接投资（foreign direct investment，FDI），其在投资上天生受到资本金要求的限制。杨小海等（2017）利用动态随机一般均衡（dynamic stochastic general equilibrium，DSGE）模型对"中国应加速推进资本账户开放"进行了开创性研究，但在处理中国金融市场出清条件时，只考虑了股权市场，却因资产规模太小而忽略了债券市场部分，以"减少不必要的噪声"，这是十分可惜的。张春生等（2017）则从资本市场开放次序上有所探讨，认为"货币市场→外汇市场→短期国债市场→长期国债市场→企业债券和股票市场→资产支持证券与衍生品市场"是比较理想的。

---

① 三类机构是指境外中央银行或货币当局（简称"境外央行"），中国香港、中国澳门地区人民币业务清算行（简称港澳人民币清算行）以及跨境贸易人民币结算境外参加银行（简称"境外参加银行"）。

② 自 2011 年 1 月 28 日起，中国人民银行金融市场司陆续在中国债券信息网登出关于人民币合格境外机构投资者进入银行间债券市场的公告，宣布人民币合格境外机构投资者获准进入银行间债券市场。2013 年 3 月 10 日，中国人民银行发布《中国人民银行关于合格境外机构投资者投资银行间债券市场有关事项的通知》，细化了申请材料及手续。

三、人民币回流研究评述

上述人民币回流和人民币国际化相关文献，具有两个明显的短板：（1）未把开放的资本市场同货币国际化联系起来；（2）将利率债市场当作债券市场甚至整个资本市场的一部分，并未突出其政府担保方面的独特性。学者有两个"混同"倾向：其一是把在岸市场与离岸市场混同在一起，比如王增武和范丽君（2011）；其二是把利率债市场与其他债券市场混同在一起，比如朱孟楠等（2009）和高坚（2017）。

我们要问如下三个关键的问题：第一，一国货币在境外已经形成富集，甚至在离岸市场开始了货币创造业务，但该国资本市场迟迟不开放，这将影响其国际化程度吗？第二，如果我们将资本账户开放仅聚焦于流入开放，那么在各类细分市场中，除了开放次序上可能存在优先性外，最能支持货币国际化的市场究竟是哪一个？第三，这些细分市场的境外参与者的持有动机都一样吗？

为了弥补以上两个短板，并回答上述三个问题，本书认为最先研究的应该是一国的利率债市场，并从金融历史角度回顾一国利率债市场开放对该国货币国际化地位支持的独特性。

第二节　利率债市场开放与人民币国际化

中国利率债市场重启于 1981 年，当初只是一种临时措施（杨大楷，2000：7），而今转向与整个国民经济运转休戚相关的重要部分（Fink，2003），它与货币政策有着紧密的关系，且作用于经济增长（Abbas and Christensen，2007；Patara et al.，2013）。然而，中国债券市场在广度和深度方面都与股票市场不匹配，因此中国的资本市场被学者喻为"跛足"的（桂荷发，2003）。那么，在货币回流和货币国际化视角中，中国国债市场如何从"财政"职能走向"财政＋金融"职能，再走向"财政＋金融＋国际金融"职能？

一、国内对"国债市场开放"讨论的三个时段

从国内对"国债市场开放"问题的讨论来看，王洪（1985）、吴晓灵（1987）和郑文平（1995）所论及的"国债市场开放"实为对内开放，真正触及对外开放的时段共有三个：

（一）1995 年的"国债外资化"讨论

发出先声的为时任财政部国债司司长高坚（1995）的论述，他直截了当地指出应当把外资参与国债市场同 FDI、吸收各种国外贷款或在国际市场上举借外债一起形成利用外资渠道。值得注意的是，笔者的意思是将外资在中国境内兑换为人民币后再进入国债一级市场和二级市场，但要禁止其参与央行的公开市场操作，并注意兑换对货币供应的影响。可惜这些讨论的数量和质量都很有限，而且随着在 1997 年金融危机中亚洲国家因打开债市而"自招报应"的反省而不了了之。

（二）2001 年中国入世前后的"适格性自省"

中国在 2001 年底加入世界贸易组织（WTO）时承诺将逐步开放国内的金融业。郝联峰（2000）曾提出如下国债国际化路径，他把境外主体分为机构投资者和一般投资者，同时把开放操作分为如下步骤：通过国债投资基金投标、对投标的国债投资基金参股、直接投标、通过国债投资基金投资二级市场、直接投资二级市场。换言之，他主张先一级市场后二级市场的次序，这同中国目前的实践是相反的。宾建成（2001）和孟令国（2001）都认为渐进开放，引入外资是对国内融资的补充。贾康和李大春（2001）则把国债市场作为金融业的一部分置于入世后满足《服务贸易总协定》的框架下来讨论外资如何进入国债市场。今天看来，其关于"中外合作基金、外资参股证券公司、外资参股保险公司、外资银行、三资企业以及外国投资者等六类外资进入中国国债市场"以及"外资机构将日益成为一级市场的重要参与者"的预测是落空的，当然，其对主体多元化后提高市场效率也可能削弱货币政策效果的定性分析是准确的。另外，他们所提出的模仿 B 股市场"在人民币自

由兑换前，开办美元国债市场"的建议，在人民币日益国际化下的当今形势下未必合宜。桂荷发（2003）指出了中国资本市场重股权轻债券的"跛足"现象，认为债市开放有两个方面的含义，即允许境外主体到中国市场发行和投资债券。他把发行市场的开放聚焦于境外主体在中国承销或分销债券，显然没有关注国债市场的特殊性，以致忽略了非居民或外资机构参与国债拍卖甚至以一级自营商配合央行公开市场操作这些长远的内容。

（三）人民币国际化背景下的中国债市开放

这些战略包括在岸市场、离岸市场和参与国际货币体系改革方面的动作，例如，人民币加入特别提款权（special drawing right，SDR）货币篮子、"债券通"北向开放以及港交所推出中国财政部五年期国债期货合约等，这次讨论的主力来自市场，姜超、朱征星和张卿云（2015），廖慧（2015），巴曙松等（2016）。

财政部财政科学研究所课题组（2012）肯定了允许相关境外机构投资银行间债券市场对人民币国际化所具有的里程碑意义，但就在岸市场如何打开缺乏讨论。廖慧（2015）虽然聚焦中国债券市场的开放问题，但丝毫没有谈及国债市场，显然是很狭隘的。巴曙松等（2016）认为，中国国债本身的收益特征和汇率双向浮动也是境外投资者持债动机不足的重要原因，这与近年来外资不断涌入在岸国债市场的现象并不协调。或者说，境外投资者在汇率风险下对高对冲收益率并不稳定的中国国债仍如此感兴趣，这就说明他们持有中国国债的动机并不是投机性的，而是乐意长期"看多"中国。显然，这些研究很少针对国债市场，多以人民币国际化为背景进行讨论，且缺乏量化分析。

二、由中国国债市场改革切入讨论市场开放

针对中国国债市场的分析就显得比较缺乏，主要见于一些专著的"展望式尾声"或一些评论性文章。肖宇（1999：323 - 332）在最后一章提出"国债市场的国际化"，认为它有两个层次：首先是允许海外投资者（包括政府、

机构与个人）持有、购买和交易中国政府发行的国债——专门面向境外发行的国债；其次是内债的对外开放，海外投资者可以参与内债的一级市场、二级市场。他提倡渐进开放模式，先是允许外资银行进入国债市场，进一步发展成国债一级自营商，再是设立封闭式中外合资基金，使外资可以间接投资国内国债和股票，但仍比较狭隘地认为应以"国内投资为主、外资吸收为辅""国债外资不得参与央行公开市场操作""实行严格审核制度"为原则，且没有给出量化分析，缺乏实证支撑。曾任上海市人民政府发展研究中心主任的肖林（2003：348-373）也描述过中国债券市场对外开放的战略，认为国债市场就其初具规模、政策环境和入世要求方面来说已经具有了开放的客观条件，在对外开放步骤方面的建议为：先开放国债市场投资主体（按照银行业、保险业、养老金社保金的顺序），再开放企业债券市场投资主体，进而引进外资债券市场中介机构，最后引进外部债券发行主体。肖林进一步提出在银行间债券市场和交易所债券市场引入相同的主体和建立转托管以实现重组，并令内地市场和香港市场互动以期实现双赢合作。中央国债登记结算有限责任公司的马晨（2005：216-233）曾在专著结尾处专门论述"中国债券市场的国际化"问题，扼要地概括出五种国际化的形式，即境外机构来中国发行人民币债券、合格境外机构投资者（qualified foreign institutional investor, QFII）、亚洲债券基金、中国到国际债券市场发行全球债券以及在国内发行美元债券。他比较可贵地提出实行 QFII 有利于提高交易所债券市场的流动性，其投资行为通过"跨市场交易"完成从交易所债券市场向银行间债券市场的传导，能加快这两个原本割裂的市场的融合，也能对资金供求和债券定价产生影响。事实上，这五种形式不能代表"国际化"的趋势，比如早在 1987 年中国就以德国马克发行外债，在某种程度上是出于对外汇的需求，而不是"防范汇率风险"或"消化过多的外汇储备"。

财政部财科所（2012）的研究曾坦言银行间债券市场需加大对外资的开放力度，理由是中国债券存量规模相较发达国家差距很大，"必须从供给和需求层面均衡推进，扩大境外发行主体和投资者群体"。该文进一步明确了目前中国的银行间债券市场中的境外投资者范围主要包括外资银行、保险机构和证券公司等非银行金融机构中的外资部分以及 QFII。其给出的数据证明了这个现状，与学界的感觉非常一致：截至 2009 年 12 月，外资银行在现券交易中仅占 7.2％，而在质押式回购交易中更是仅占 3.1％。该文承认境外机构的加入对于活跃银行间债券市场、增强市场流动性十分重要，且认为"长期来看将对市场形成利好"，同时更是"向国际准则、国际惯例靠拢的过程"。贾康（2012：237-239）在中国政府债券市场报告中也给出了拓展市场开放程度的建议。该报告认为除了探索以上海离岸市场和香港离岸市场为主导国债离岸市场以及加强与国外做市商平台的合作外，还应借鉴日本的经验引进外国投资者交易。现券交易中外资占比很低，质押式回购中更是稀少，指出引入外国投资者是扩大银行间债券市场交易主体的另一途径。

三、从人民币国际化角度提及国债市场开放

认为"人民币不断国际化，需要以开放的国债市场相配合"的文献可以分成两类：第一类相信自从人民币加入 SDR 货币篮子以来，"全球资产需要配置更多人民币计价工具"。例如，于恩锋和龚秀国（2017）从人民币加入 SDR 篮子的未来发展趋势角度，提出"随着人民币加入 SDR 货币篮子的正式生效，国外投资者对中国国债的需求提升……这就要求扩大国债市场的开放度"。第二类相信人民币同其他大国货币间保持合作双赢的利器是人民币国债市场开放。例如，叶荷和岳星（2015）认为中美双方在货币方面不应强调战争，而应走向合作，其中在探讨到"建设更加平衡的中美新型货币关系"时，指出中方在日后也应向美国打开国债市场，满足美国金融市场对人民币国债的需求，使中美间资本流动趋于平衡。

在智库层面，通过打开中国在岸国债市场促进人民币国际化的思想，被亚洲开发银行驻中国代表处高级经济学家庄健和复旦大学华民倡导。[①]

----

① 戚奇明. 人民币国际化再迈步. 上海金融报，2017-10-10：A08.

四、债市开放研究的文献评述

当前，中国在岸债券市场面临扩容和开放两大挑战，随着十九大报告提出"主动参与和推动经济全球化进程，发展更高层次的开放型经济"，以及《中华人民共和国国民经济和社会发展第十三个五年规划纲要》提出提高债券市场对外开放程度，并将境外机构在境内投资和交易人民币债券列为主要内容，市场对中国债市的更大规模开放充满期待。然而，从境外投资者的"显示性偏好"来看，不论在持有金额、外资占比还是资产配置方面，都表现出对国债的极大兴趣。[①] 另外，近期学界和业界都认为人民币国际化需要从投资渠道有所突破。于是，对发达国家国债市场开放经验的借鉴及对中国该如何开放的讨论刻不容缓，显然以境外货币回流为视角细看美国国债市场开放历史尤为重要。

第三节 利率债市场开放与"一带一路"建设

在 2008 年全球金融危机后，中国开始以更积极的姿态融入国际货币体系，担负起与经济大国相匹配的国际金融责任。自 2013 年习近平主席提出"一带一路"倡议以来，中国更是积极地发展与沿线国家的经济合作伙伴关系，共同打造政治互信、经济融合、文化包容的利益共同体、责任共同体和命运共同体。截至 2019 年 3 月 8 日，中国已经与 123 个国家和 29 个国际组织签署了 171 份合作文件，其中既有发展中国家、发达国家，也有国际组织，还有不少发达国家的公司、金融机构，与中国合作共同开拓第三方市场。本书聚焦在"一带一路"倡议下的"资金融通"问题，探讨"一带一路"倡议下债券市场对外开放的着力点，提出必须以货币回流利率债市场有序推进人民币国际化，并借鉴国际经验提出债券市场对外开放的新思路。

---

① 根据中国债券信息网中"主要券种投资者结构"统计，2017 年 10 月境外机构持有国债 5 591.19 亿元，占比为 4.71%，但其债券类资产中国债配比达到 62.00%，三个指标相较政策性金融债、企业债、次级债、二级资本工具、普通债和中期票据来说，都具压倒性优势。

一、成果回顾："一带一路"倡议下的人民币国际化进程

在 2008 年全球金融危机后，以美元为核心的国际货币体系缺陷日渐明显，作为第二大经济体的中国积极参与到全球金融治理中，人民币国际化程度不断加深。从国际货币职能角度看，人民币在贸易结算、国际投资和国际储备等领域都已取得一定成果，具体表现有：一是根据 SWIFT 的数据，2019年 1 月，全球贸易支付中人民币占比达到 2.15%，为全球第五位，仅次于美元、欧元、英镑与日元。二是投资人民币计价金融资产的通道不断拓宽，尤其是合格境外机构投资者制度（包括 QFII 和 RQFII）在境内证券投资中发挥了巨大的作用。随着 2018 年 6 月"锁定期"（lock-up period）的取消，2019年 1 月国家外汇管理局进一步将 QFII 总额度由 1 500 亿美元增加至 3 000 亿美元。三是根据国际货币基金组织公布的全球官方外汇储备统计，截至 2018年第三季度，人民币储备占比达到 1.80%，仅次于美元、欧元、日元和英镑等。

二、瓶颈制约：人民币国际化需要构建回流机制

习近平总书记曾指出，"一带一路"倡议源于中国，但机会和成果属于世界。"一带一路"建设跨越不同地域、不同发展阶段、不同文明，是一个开放包容的合作平台，是各方共同打造的全球公共产品。因此，人民币国际化在"一带一路"倡议下具有区域性和全球性的双重特征：区域性体现在"一带一路"倡议参与国家以人民币计价的双边或多边贸易与投资上，全球性体现在在岸和离岸人民币循环（回流机制）上。

（一）贸易项下的计价和结算货币存在上限

贸易项下的计价和结算货币对人民币进一步国际化的贡献有限：一是全球外汇仅 5% 左右的使用同国际贸易和直接投资有关，绝大多数是用于金融投资；二是由于人民币单边升值不再，贸易项下人民币计价和结算的表现实际上有所反映，且"8·11 汇改"当月正是其历史上的一个峰值，高度依赖汇率

走势的货币国际化显然是不可持续的；三是全球私人部门使用以美元为代表的霸权货币结算，形成货币使用的外部性，不断增强了美元的国际化地位。人民币作为大国经济货币的兴起，很难在短时间内打破这种"货币惯性"。

（二）建立回流通道实现金融市场融合才能打破瓶颈

从国际金融理论上说，一方面，一国货币的国际化程度是市场选择的结果；另一方面，该国必须打通货币的跨境流动渠道，才能有效支撑甚至推动货币国际化。如果人民币"走出去"却不能随时"流回来"，即在"一带一路"倡议下若只看重向外融资而忽略投资回到在岸市场，不但对货币国际化的推动作用非常有限，而且也会令"走出去"越来越难。必须为流出去的人民币提供一个比较安全又能有一定盈利的栖息地，并形成一种流动性管理机制，贸易或融资项下的人民币才会受到更广泛的接纳和欢迎。近年来，人民币作为投资货币取得了极大进步，但仍然存在很大的发展空间。主要的正向因素包括：一是在股市方面，自 2018 年 6 月起，A 股被纳入 MSCI 新兴市场指数和 MSCI 全球指数，纳入因子在 2019 年 2 月 28 日又进一步提高至 20%；二是在债市方面，自 2019 年 4 月起，中国国债和政策性银行债券被纳入彭博巴克莱全球综合指数。

三、发展机遇：中国利率债回流机制发展潜力评估

（一）利率债市场金融基础设施体系评估

1. 债券体量巨大，国债和国开债构建市场完整收益率曲线

截至 2018 年底，中国债券市场余额是 86 万亿元人民币，在全球债券市场规模中排在第三位。其在岸市场和离岸市场在服务实体经济、提高直接融资比例、支持供给侧结构性改革方面发挥着越来越重要的作用：在离岸市场上，以央票为代表的产品开通了管理境外人民币流动性的渠道，有助于稳定市场对人民币汇率的预期。在在岸市场上，国债和国开债无论从发行量来看还是从流动性来看均具有绝对优势，已经形成了市场上完整的收益率曲线，关键期限产品具有显著的基准特性。国家开发银行是全球最大

的开发性金融机构和中国最大的债券发行银行，截至目前，累计发行人民币金融债的总量为 17.8 万亿元，市场持有余额超过 8.9 万亿元。国开债是中国资本市场年交易量最大的证券品种，截至 2018 年底中债托管现券交易市场占比超过 44％。

2.“债券通”推进人民币利率债市场的国际融通机制建设

2017 年“债券通”的北向开通，标志着香港市场直通银行间债券市场的回流机制被打开。截至 2018 年底，“债券通”下的境外机构数量为 505 家，持债规模为 1 800.89 亿元。随着 2019 年 1 月“中国债券市场国际论坛”提出中国债市全球连通，彭博终端的客户可以通过代理模式（即直接投资银行间债券市场）与债券通模式进入中国市场，成为境外投资者。我们也注意到，英国在使用人民币的各国排名中位列第一，一度占人民币结算贸易交易的5.58％。我们有理由相信，未来中国在岸债券市场还将同全球各大人民币离岸金融中心展开更为紧密而深入的合作。

3. 优惠政策支持外资增持利率债，国开债具有巨大潜力

截至 2018 年底，人民币债券境外机构投资者数量为 1 186 家，持债规模为 1.73 万亿元。2018 年全年中国债券市场外资净流入规模约为 1 000 亿美元，约占新兴市场流入外资规模的 80％。同时，中国为了方便境外投资者在中国市场发行熊猫债券和境外投资者投资交易中国的债券，完善了多项政策安排，包括投资渠道、税收、会计制度、资金汇兑、风险对冲等。当然，我们也注意到，相对中国的债市体量，外资持有占比仍处在很低的水平，境外投资者持有中国的利率债占比只有 10％左右，主要参照有：一是美国国债在历史高峰期（2008 年）境外持有比例高达 55％（2018 年 11 月下滑到 40％），日本债境外持有比例在 14％左右；二是新兴经济体债券的境外持有比例一般在 10％以上。从增持情况来看，自“债券通”开通以来，境外机构不断增持利率债，其中国债的增持比例显著，占全年国债总增量的六成左右。随着境外机构对国开债市场认知度的提升，尤其是中国债券进入主流债券指数，国开债在境内银行间市场的基准特征影响逐步外溢。截至 2019 年 2 月，外资对

国开债的持仓量累计为 2 222.43 亿元，仅次于国债，自"债券通"开通以来累计增幅超过 30%，近三年接近 170%。

(二) 人民国际化和"一带一路"建设对利率债需求评估

1. 全球人民币外汇储备增加形成利率债存量需求

近年来，人民币汇率形成机制改革成效显著，汇率双向波动正态化，人民币更于 2016 年第四季度正式加入特别提款权货币篮子，且首日价值占比高达 10.92%。这直接令全球各国外汇储备中人民币份额不断上升，根据中国人民银行披露的信息，截至 2018 年底已有 60 多个国家和地区将人民币纳入外汇储备。中国已与 38 个国家和地区签署了双边本币互换协议。显然，人民币国际化进程正在不断加速。例如，欧洲央行早在 2017 年就开始增加买入人民币资产，而德国央行和法国央行也在 2018 年相继宣布将人民币列为外汇储备。此外，在 2018 年第四季度，日本央行与中国人民银行签订了货币互换协议，英国央行也与中国人民银行续签了货币互换协议。

2. "一带一路"项目建设形成利率债区域性增量需求

在"一带一路"倡议下，沿线国家的项目建设不断推进，人民币通过贷款、熊猫债券和贸易形成"一带一路"沿线国家的人民币货币沉淀。人民币持有国家和机构普遍认为人民币币值稳定，具有长期上升趋势，形成了人民币回流利率债市场的强大增量外需。主要的项目融资形成沉淀来源包括：一是直接融资。"一带一路"沿线国家发行人民币国际债券（熊猫债券），自"一带一路"倡议提出以来，熊猫债券累计发行 176 只，总金额超过 3 200 亿元人民币。国家开发银行累计承销的熊猫债券超过 300 亿元，发行主体包括国际金融组织（如世界银行，SDR 债）、区域性金融机构（如新开发银行，绿色金融债）和沿线国家（如匈牙利和马来西亚）等。二是间接融资。中资银行直接参与"一带一路"项目融资，其中的人民币贷款直接形成沉淀资金，其他币种贷款通过贸易和投资等衍生人民币资金往来形成间接的沉淀资金。2017 年 5 月 14 日，习近平主席出席"一带一路"国际合作高峰论坛开幕式并发表题为《携手推进"一带一路"建设》的主旨演讲，明确中国将加大对

"一带一路"建设的资金支持。中国国家开发银行、进出口银行将分别提供
2 500亿元和1 300亿元等值人民币专项贷款，用于支持"一带一路"基础设
施建设、产能、金融合作。

第五章
人民币回流需求下利率债市场开放缺口测算

第一节　亚洲金融危机后的新兴市场利率债市场开放动态

我们计算了亚洲部分国家及地区自 1990 年以来三个时段的年均边际举债倾向，如表 5-1 所示。显然，在 1997 年亚洲金融危机前，各主体的举债倾向较高，但危机后大都以积极引入 FDI 或股权债务（equity liability）替代了之前的举债方式，故而出现边际倾向减小，甚至转负。而在 2008 年金融危机后，又有回升趋势，但这次的特征是本币外债，而且主要是本币国债市场的对外开放。

表 5-1　1990—2014 年三个时段亚洲部分国家及地区年均边际举债倾向（%）

	中国（除中国香港外）	中国台湾	中国香港	印度尼西亚	泰国	马来西亚	菲律宾	韩国	越南
1990—1996 年	49.70	35.81	36.97	66.57	124.93	26.77	47.70	72.66	93.41
1998—2007 年	16.95	−36.93	13.62	23.51	−57.49	43.25	−28.16	−8.45	46.70
2008—2014 年	35.83	14.54	49.56	47.91	−3.25	37.57	2.60	67.44	46.64

注：这里的本年边际举债倾向＝本年举债额变化/本年总负债变化×100%，然后再取年平均；这里的国家负债共有四类，即 FDI、股权、举债和金融衍生品。

资料来源：年度国别举债和负债数据来自 Lane, Philip R., and Gian Maria Milesi-Ferretti. The External Wealth of Nations Mark Ⅱ: Revised and Extended Estimates of Foreign Assets and Liabilities, 1970—2004. *Journal of International Economics*, 73（2）: 223 - 250, 2007, updated and extended version of dataset（1970—2014）；经笔者计算所得。

首先，发展中国家的本币国债市场开放的背景同 20 世纪末的亚洲金融危机息息相关。由于亚洲国家深刻认识到币种错配和期限错配带来的危害，1997 年后它们避免了短期外债并积累了大量外汇储备。就国债市场而言，它们采取的策略往往是（1）延长举债的期限结构；（2）减少浮动利率债券发行；（3）减少外币计价债券发行。这些策略的结果往往令它们的财政资产负债对汇率和利率变化更有弹性，且有效降低了供给侧风险。故而，国际组织大力倡导培植本币计价的债券市场以克服对"硬通货"计价债务的依赖，并看好这种趋势（Committee on the Global Financial System，2007）。

其次，本轮发展中国家的国债市场开放是 2008 年金融危机后主要发达国家央行扩表的相伴性结果。如果说金融危机前外资进入新兴市场国家的国债市场仍表现出犹豫不决，那么自 2010 年起这些流动性就变得非常进取和统一了。这无疑同国债需求侧的两个因素有关：一是对新兴市场国家汇率走强的预期，故而它们倾向于在开放国汇率下行时进场；二是发达国家的零利率甚至负利率政策在客观上形成了较大的利差。故而全球资本乐意投资开放中的新兴市场国家的国债，获得当地币种收益和汇兑收益的双丰收。图 5-1 给出了金融危机后亚洲部分国家的国债市场开放规模，我们发现只有中国和日本市场的境外投资者持有额占国债比例在危机后未立即发生明显的提升。

最后，这种"相伴性"本币国债市场开放仍旧面临资本突然中断（sudden stop）的金融风险。虽洗脱了"原罪"（original sin），却无奈"本罪"（personal sin）犹存，换言之，就算以本币计价，只要是对外负债，新兴市场国家就会仍由于被迫面临资金的流入和流出而蒙受更高的波动性、周期性和中断的可能。根据国际货币基金组织的研究，只有低国债负担率、低总融资需求、更健全的金融体系和更大流动性的市场，才可对撤资不那么敏感（其代表就是波兰和墨西哥）。[①] 尤其是在 2013 年夏的伯南克（Bernanke）"缩减谈话"（tapering talk）后，这种波动性更为明显。可见"逐利性"的国债市场外资参与是不稳定的。在此过程中，我们必须认识到中国已经是一个非常特殊的新兴市场，图 5-2 给出了在 2008 年金融危机前、西方主要央行扩表后和"缩减谈话"后三个时段的净流入债市情况，我们发现除中国外的新兴市场国家对这种"全球金融周期"表现出强依赖，而中国则表现出"逆周期"的免疫性。

---

① "The Trillion Dollar Question：Who Owns Emerging Market Government Debt," https：//blogs. imf. org/2014/03/05/the-trillion-dollar-question-who-owns-emerging-market-government-debt/.

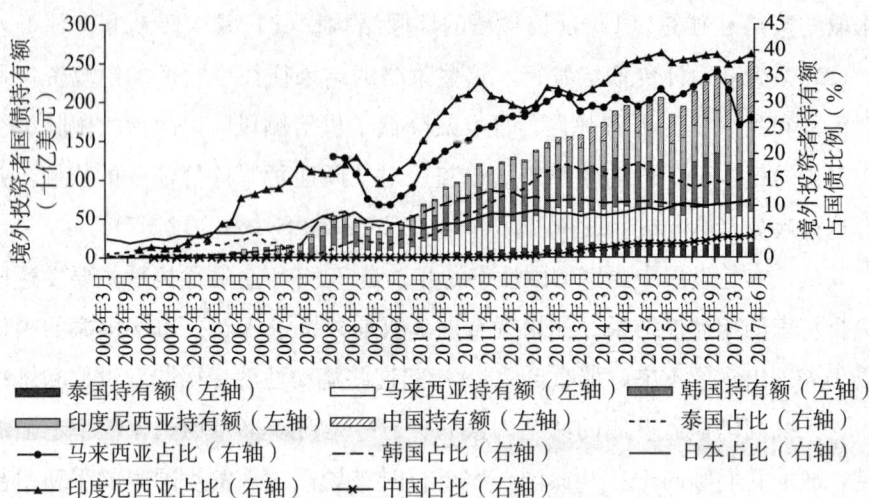

图 5-1 2003 年 3 月—2017 年 6 月亚洲部分国家国债市场开放情况

注：占比＝境外投资者的国债持有额/本币的国债余额×100%。

数据来源：中国境外投资者持有额占国债比例，2014 年 5 月前的数据来自 IMF，Sovereign Investor Base Dataset for Emerging Markets，created by Serkan Arslanalp and Takahiro Tsuda (Version：October 30，2016)；2014 年 6 月起来自中国债券信息网；其他亚洲国家数据来自亚洲开发银行 *Asian Bonds Online "Asia Bond Monitor"*，*Foreign Holdings of Local Currency Government Bonds in Select Asian Economies*，披露起点时间各不相同，经笔者整理所得；其中，美元金额按照期末汇率折算。

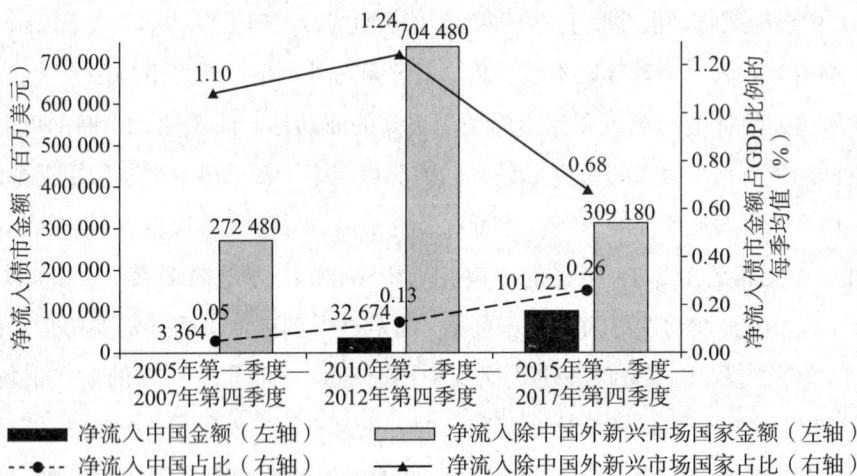

图 5-2 2013 年 5 月"缩减谈话"后外资流出新兴市场却继续涌入中国

注：这里的"新兴市场国家"指以下 34 个国家：阿根廷、巴西、智利、哥伦比亚、墨西哥、秘鲁、乌拉圭、委内瑞拉、印度、中国、印度尼西亚、韩国、马来西亚、巴基斯坦、菲律宾、泰国、白俄罗斯、哈萨克斯坦、保加利亚、俄罗斯、乌克兰、捷克、斯洛伐克、爱沙尼亚、拉脱维亚、匈牙利、立陶宛、克罗地亚、斯洛伐克、波兰、罗马尼亚、土耳其、南非、以色列。

资料来源：IMF，Balance of Payment Statistics.

第二节　汇率变动视角下的中国利率债市场开放特殊性

我们用三个维度给出全球 23 个新兴市场国家国债市场开放度的分析，以找到中国的"全球坐标"。

第一是开放度演进同该国货币汇率变动的关系。我们发现大多数经济体的国债市场开放是以同汇率变化正相关为背景的（如图 5-3 的上图所示），

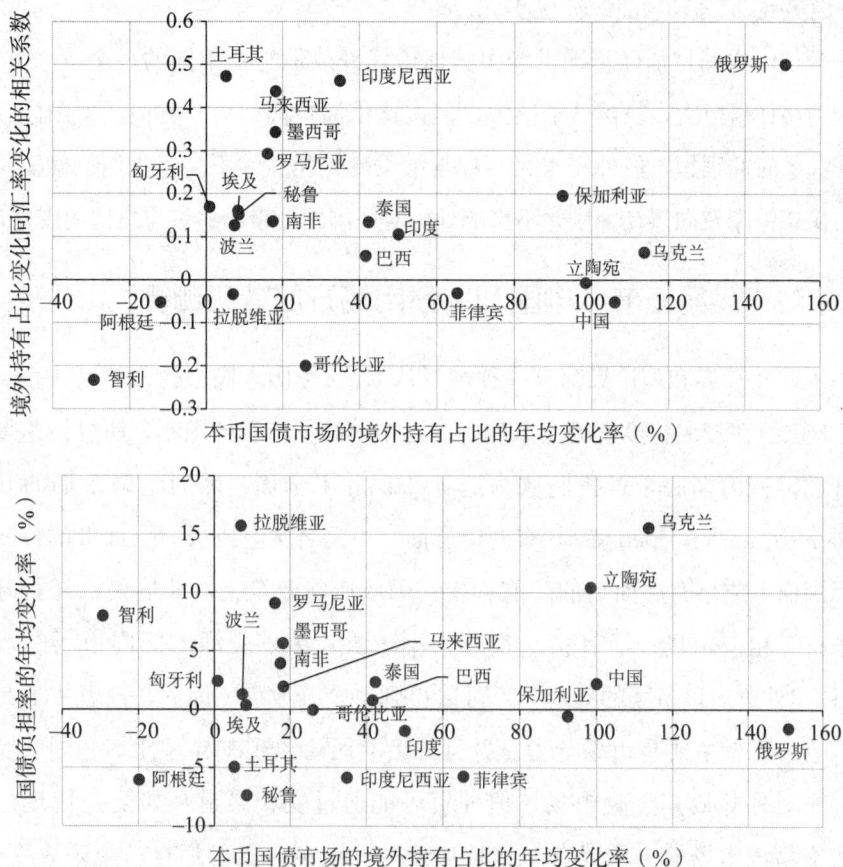

图 5-3　新兴市场的国债市场开放与其同汇率变动相关性、国债规模

注：为 2005—2015 年全球 23 个新兴市场国家情况。汇率取期末数值，相关系数计算样本为季度数据。国债负担率＝国债余额/GDP×100%，年均变化率为年度数据变化率的平均值。

资料来源：各经济体国债市场境外持有占比、期末汇率和国债负担率来自 IMF，Sovereign Investor Base Dataset for Emerging Markets，created by Serkan Arslanalp and Takahiro Tsuda（Version：October 30，2016）；经笔者计算成变化率。

即以潜在"汇兑"收益吸引外资进场。既不断开放又不依靠升值的有中国、立陶宛、菲律宾、拉脱维亚和哥伦比亚。

第二是开放度演进同国债规模变化的关系。我们发现上述五国中不以国债规模缩水的分母减小效应换得开放度提升的，还剩下中国、立陶宛和拉脱维亚（如图 5-3 的下图所示）。

第三是开放的绝对规模。截至 2016 年 6 月，这三国的境外持有额分别是479 亿美元、5 亿美元和 12 亿美元。

故而，中国是全球新兴市场中国债市场开放最与众不同的一个：一方面，中国经济体量巨大，虽然分子很大，但占比依旧不高；另一方面，中国国债市场开放的时间很短，但外需很大，且与汇率变化相关性不高，我们也确实见证了人民币汇率双向浮动加剧并不影响外资对中国国债市场的参与热情的现象。

第三节　中国利率债市场开放缺口测算

国内政策界和理论界都有一种声音认为，《中国人民银行公告〔2016〕第3 号》已经在较大程度上挪走了外资流入中国国债市场的限制，所以该市场已经开放得较为彻底了。我们认为这种认识并不全面，因为金融市场的开放（financial market openness）有两个层面：一是名义上或法律层面上的，二是实际层面上或事实层面上的。前者指一国政府在政策上对非居民已经打开或尚未打开相应市场；后者指从实际情况上看，由外资涌入国内市场的规模（或称"外资对该市场的参与"）可以得到一个开放度。因此，前者主要是政府行为，后者主要是市场行为。并且二者有时会出现差异，比如一国政府虽然并未对外开放其金融市场，但外资可能通过变相渠道（如委托代理）持有或交易该市场的金融资产，此时该金融市场在事实上是有一个开放度的，但名义上这个开放度却应该是零。又如一国已经彻底放开某个金融市场，甚至实现了资本账户完全开放，但外资参与的绝对规模和相对规模都可能很低（可能与地缘政治和当时的国内宏观经济基本面有关）。既然国债市场属于金融市场，其开放亦不外乎上述两个层面。我们注意到以下两个事实：

有时一国早已开放其资本账户，但外资对该国的国债市场的参与度却长期低迷（如日本）；也有时一国的国债余额非常稳健地增加，但在"避风港效应"特别奏效时，外资涌入令国债的境外持有比例显得很高（如 2008 年金融危机中和危机后的美国）。故此，我们有必要观测市场行为和市场需求，来反观我们的国债市场开放是否到位。若答案是否定的，我们又该如何进一步决策？

一方面，从市场行为看，中国国债市场开放尚未到位。非常引人注目的是，2018 年以来中国国债市场开放有所提速。截至 2018 年 5 月底，境外机构持有中国国债的存量数额已经达到 8 358.99 亿元，占国债余额的 6.74%（如图 5-4 所示），同时 5 月当月的 RQFII 额度已经提高到 6 158.52 亿元。若以境外持有占比作为市场开放度的衡量指标，2017 年下半年至 2018 年 5 月的一年多的时间是中国国债市场开放有史以来开放度提升最快、持续最久、达到水平最高的阶段。另外，外资不断调高固定收益类资产中国债的配比，从 2014 年 6 月的 39.43%一路升至 2018 年 5 月的 70.26%。我们还要指出，外资拥抱中国国债的趋势同人民币汇率波动、国内经济增速下行、美联储加息的关系都不大。这种"显示性偏好"证明了中国国债市场开放还远未到位。

另一方面，从市场需求来看，中国国债市场开放存在较大的缺口。换言之，相对境外人民币的回流需求来说，中国国债市场开放并未到位，在绝大多数时间里都存在加大的开放缺口。下面我们要对中国国债市场开放的潜在规模及其同实际规模间的缺口做出量化估算。我们注意到，在人民币"入篮"的当季末，国际货币基金组织便将人民币单独列示于"官方外汇储备货币构成"（Composition of Official Foreign Exchange Reserves，COFER）统计，此前虽已有一些国家明确表态将人民币资产纳入其官方储备，但人民币形态的储备仅混同在"其他货币"中报告。这就使得我们对全球官方对人民币国债需求乃至中国国债市场开放额缺口的估计成为可能。本书提出一种简便的估计方法，步骤如下：

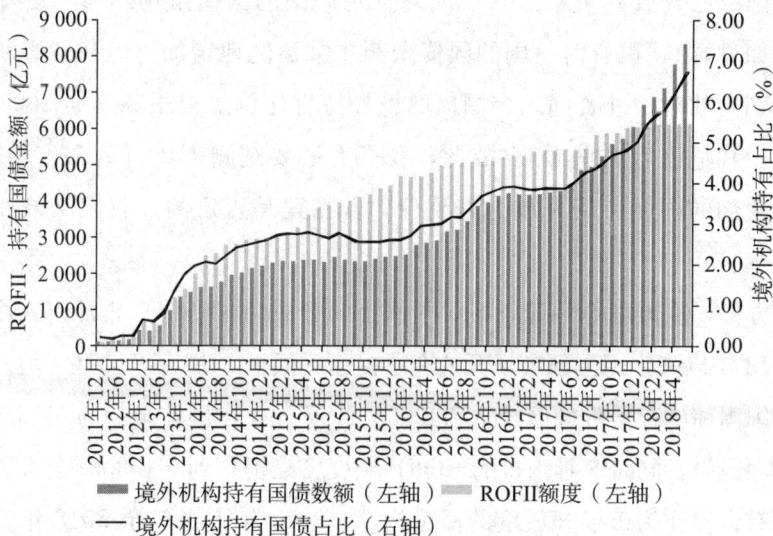

图5-4　2011年12月—2018年5月境外机构持有中国国债金额、占比和结构

注："配比"指境外机构对某项债券的持有占其各类债券持有的比例；"机构债"即三大政策性银行发行的债券；"其他债"包括次级债、二级资本工具、普通债和中期票据。

资料来源：关于境外机构持有，2014年5月前的数据来自 IMF，Sovereign Investor Base Dataset for Emerging Markets，created by Serkan Arslanalp and Takahiro Tsuda (Version：October 30，2016)；自2014年6月起的数据来自中国债券信息网；RQFII投资额度数据来自外汇管理局。

（1）确立外国官方对一国国债的持有额占其对该币种储备额的比例的一般经验值；

（2）估计人民币被外国官方作为外汇储备的金额；

（3）将（2）中所得金额乘以（1）中比例的经验值，得到外国官方持有中国国债的金额；

（4）对（3）中所得按照一定比例模拟出所有外国人（外国官方＋外国私人）持有中国国债的金额；

（5）将（4）中的结果与对应时刻的国债余额相比，可以得到国债市场潜在开放度，并将二者分别与实际开放额和实际开放度进行比较，可以进行缺口估计。

关于（1），有一个有关储备货币的经验：全球官方的美元储备约有50％是以国债形式存在的，后面我们会进一步说明。关于（2），若直接使用国际货币基金组织公布的"明确币种的官方外汇储备"中的人民币储备额估算上述潜在缺口，将会造成较大的误差，这有三个方面的原因：首先，漏算币种不明的全球官方外汇储备中的人民币储备将造成潜在开放度和缺口的低估；其次，若以国际货币基金组织在COFER中同时公布的全球官方外汇储备额估算，要扣去中国自身的外汇储备，从这个意义上说，目前COFER网页上的公开货币储备中的人民币占比必须通过分母调整，因为该分母已经包括了中国巨额的外汇储备①，而这些储备中没有任何人民币资产；再次，由于COFER所公开的人民币储备额是以美元为单位的，这造成当人民币升值时，折合的境外主体持有人民币储备的真实值（即人民币值）下行。这显然是违背对货币国际化与汇率关系的一般认识的。

下面我们进行详细说明。图5-5给出了明确币种的外汇储备占总外汇储备的比例。我们发现，自2005年第一季度以来，该比例持续低于70％，在

---

① 中国已于2015年10月正式采纳国际货币基金组织的数据公布特殊标准，为97个向国际货币基金组织报告外汇储备币种结构的国家之一，但这些国别数据是严格保密的。这97个国家的名单可以在IMF data的COFER网页中的"COFER Reporters"栏目中找到。

2014 年底下探到 52.52%。换言之，当时全球有几乎一半的外汇储备是不明币种的。如果直接采用明确币种的储备中某币种的金额，将发生严重低估。我们使用国际货币基金组织公布的季度数据做了以下实验：外国官方对美国国债的持有额对明确币种中的美元储备的比例，在 2008 年 9 月迅速攀升，在 2011—2015 年都超过了 100%！这显然是荒唐和可笑的。外国官方的美元储备形态可能是美国国债和美国机构债，甚至企业债和股票，但作为其中一部分的国债居然比总量还大？唯一的解释是，这种估算方法的分母被低估了。

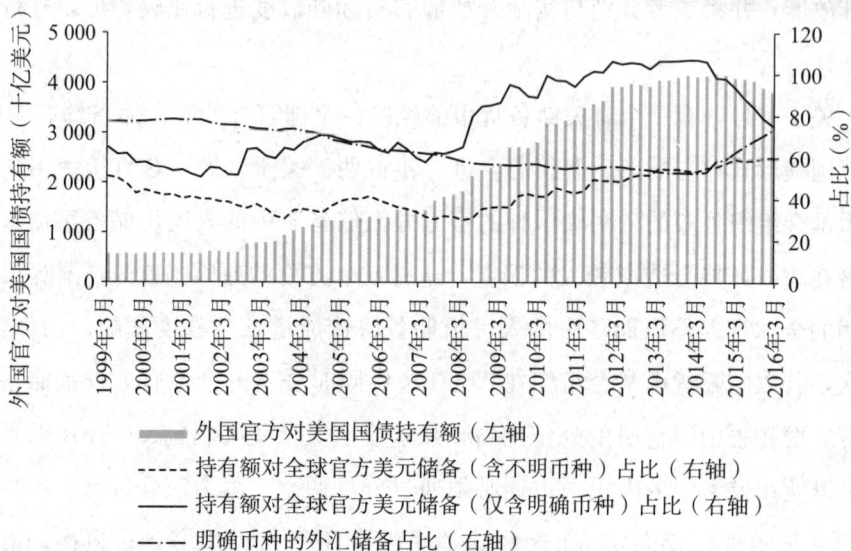

图 5 - 5　1999—2016 年全球官方的美元储备及其对美国国债的持有（季度数据）

注：右轴有两个比例序列，分子都是左轴的外国官方对美国国债持有额，但分母分别为"明确币种"的储备中的美元金额和美元储备总额（即明确币种与不明币种之和）。第一种分母由 IMF 公布，第二种分母需要估算，假设明确币种和不明币种的储备币种结构一致，则有美元储备总额＝外汇储备总额×明确币种的外汇储备中的美元占比。

资料来源：国债数据来自美国财政部《财政公报》，储备数据来自 IMF。

因此，我们将不明币种的外汇储备的货币结构等同于明确币种结构的外汇储备的货币结构，结果如图 5 - 5 右轴的虚线所示，自"互联网泡沫"后该比例缓慢下降，在 2008 年全球金融危机后又缓慢上升，但总体在 40%～60%

的区间内浮动，均值为 50％ 左右。为了稳健起见，我们还使用了国际货币基金组织所公布的年度数据进行估算，结果如图 5-6 所示。结论显示自布雷顿森林体系瓦解以来，美国国债占全球官方美元储备的比例也在 40％～60％ 的区间浮动，均值为 50％ 左右，同使用季度数据的估算结果一致。现在我们就可以进行中国国债市场开放数额的缺口估算①，结果如以下二表所示，其中表 5-2 是以外国官方占外国人持有 60％ 为例的估算过程，而表 5-3 则给出了该比例从 40％ 一直到 80％ 的数值模拟。

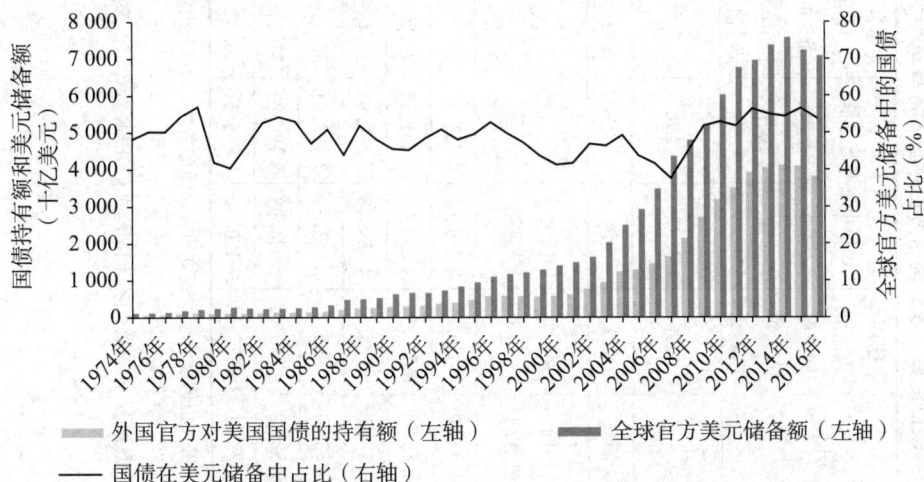

图 5-6　1974—2016 年全球官方的美元储备及其对美国国债的持有（年度数据）

注：这里"全球官方美元储备额"的估算方法如下：假设明确币种和不明确币种的储备币种结构一致，则有美元储备总额＝外汇储备总额×明确币种的外汇储备中的美元占比。

资料来源：国债数据来自美国财政部各期《财政公报》，储备数据来自 IMF。

① 更合理的是，我们应该再以日本和英国数据进行同样步骤的估算，以验证 50％ 这个经验值的普适性。然而，非常可惜，日本的海外主体持有国债数据并不披露外国官方或外国货币当局的情况，所以不能剔除私人的持有金额，见：日本央行 Flow of Funds 统计。英国的数据则只包括中长期国债（gilt）的海外持有数据，并不披露短期国债的情况，见：https://www.dmo.gov.uk/data/。

表5-2　中国国债市场开放金额的缺口估算（以外国官方占外国人持有60%为例）

明确币种中的人民币储备	除中国外全球外官方外汇储备	除中国外全球明确币种的外汇储备	全球官方人民币储备的美元估算额	期末汇率	全球官方人民币储备的人民币估算额	国债市场开放金额 实际	国债市场开放金额 潜在	全球官方储备中的国债比重估计值	开放额缺口估计	国债余额	国债市场开放度 实际	国债市场开放度 潜在
十亿美元	十亿美元	十亿美元	十亿美元	元/美元	亿元	亿元	亿元	%	亿元	亿元	%	%
(1)	(2)	(3)	(4)	(5)	(6)	(7)	(8)	(9)	(10)	(11)	(12)	(13)
(1)、(2)和(3)均来自 IMF的COFER			=(1)×(2)÷(3)	中国外管局	=(4)×(5)×10	中国债券信息网	=(6)×50%÷60%	=(7)÷(8)×50%	=(8)-(7)	中国债券信息网	=(7)÷(11)×100%	=(8)÷(11)×100%
90.78	7 547.22	5 251.99	130.45	6.937 0	9 049.52	4 236.51	7 541.26	28.09	3 304.75	107 861.65	3.93	6.99
95.42	7 889.72	5 824.23	129.26	6.899 3	8 917.99	4 203.03	7 431.66	28.28	3 228.63	107 861.55	3.90	6.89
100.00	8 063.16	6 200.11	130.05	6.794 0	8 835.51	4 489.48	7 362.93	30.49	2 873.45	112 288.75	4.00	6.56
108.16	8 185.68	6 534.25	135.50	6.636 9	8 992.72	5 261.74	7 493.94	35.11	2 232.20	116 662.35	4.51	6.42
123.47	8 310.47	6 880.09	149.14	6.534 2	9 745.07	6 064.92	8 120.89	37.34	2 055.97	121 962.27	4.97	6.66
145.67	8 460.75	7 259.34	169.78	6.288 1	10 675.81	7 120.39	8 896.51	40.02	1 775.62	121 798.27	5.85	7.30

（行首日期依次为：2016年12月、2017年3月、2017年6月、2017年9月、2017年12月、2018年3月）

注：这里"期末汇率"使用中间价，国债市场开放金额的潜在值假设为全球官方的人民币储备约50%以国债形式存在，以及外国官方的国债持有在所有外国人中占比为60%。因保留小数点后位数不同，计算结果存在误差。

资料来源：国债余额和国债境外持有额来自"中国债券信息网"，储备数据来自 IMF 的 COFER 统计，汇率来自中国人民银行，中国外汇储备来自国家外汇管理局。

表5-3 中国国债市场开放金额缺口估算（按不同外国官方占外国人持有比重模拟）

外国官方持有中国国债 在所有外国人中占比 (%)	实际金额估算 (亿元)	潜在金额估算 (亿元)	实际全球人民币储备中的国债比重 (%)	缺口估计 (亿元)	潜在国债市场开放度 (%)
根据2016年12月底数据模拟					
40	1 694.60	11 311.89	18.73	7 075.38	10.49
50	2 118.26	9 049.52	23.41	4 813.01	8.39
60	2 541.91	7 541.26	28.09	3 304.75	6.99
70	2 965.56	6 463.94	32.77	2 227.43	5.99
80	3 389.21	5 655.95	37.45	1 419.44	5.24
根据2017年3月底数据模拟					
40	1 681.21	11 147.49	18.85	6 944.46	10.33
50	2 101.52	8 917.99	23.56	4 714.96	8.27
60	2 521.82	7 431.66	28.28	3 228.63	6.89
70	2 942.12	6 369.99	32.99	2 166.96	5.91
80	3 362.42	5 573.74	37.70	1 370.71	5.17
根据2017年6月底数据模拟					
40	1 795.79	11 044.39	20.32	6 554.91	9.84
50	2 244.74	8 835.51	25.41	4 346.03	7.87
60	2 693.69	7 362.93	30.49	2 873.45	6.56
70	3 142.64	6 311.08	35.57	1 821.60	5.62
80	3 591.58	5 522.19	40.65	1 032.71	4.92

外国官方持有中国国债 在所有外国人中占比 (%)	实际金额估算 (亿元)	潜在金额估算 (亿元)	实际全球人民币储备中的国债比重 (%)	缺口估计 (亿元)	潜在国债市场开放度 (%)
根据2017年9月底数据模拟					
40	2 104.70	11 240.90	23.40	5 979.16	9.64
50	2 630.87	8 992.72	29.26	3 730.98	7.71
60	3 157.04	7 493.94	35.11	2 232.20	6.42
70	3 683.22	6 423.37	40.96	1 161.63	5.51
80	4 209.39	5 620.45	46.81	358.71	4.82
根据2017年12月底数据模拟					
40	2 425.97	12 181.34	24.89	6 116.42	9.99
50	3 032.46	9 745.07	31.12	3 680.15	7.99
60	3 638.95	8 120.89	37.34	2 055.97	6.66
70	4 245.44	6 960.76	43.57	895.84	5.71
80	4 851.94	6 090.67	49.79	25.75	4.99
根据2018年3月底数据模拟					
40%	2 848.36	13 344.76	26.68	6 223.87	10.96
50%	3 560.45	10 675.81	33.35	3 554.92	8.77
60%	4 272.53	8 896.51	40.02	1 775.62	7.30
70%	4 984.62	7 625.58	46.69	504.69	6.26
80%	5 696.71	6 672.38	53.36	-448.81	5.48

注：国债市场开放额的潜在值假设为全球官方的人民币储备约50%以国债形式存在。估算方法见表5-2。灰色底纹部分是外国官方的国债持有在所有外国人中占比为60%。

资料来源：经笔者计算所得。

一方面，以 2016 年 12 月为例，若外国官方与外国私人的国债持有占比的比例为 6∶4，那么中国国债市场的潜在开放度为 6.99％，比实际开放度 3.93％高出 3.06 个百分点，而中国国债市场开放金额的缺口达 3 301.94 亿元，可见中国国债市场开放具有很强的外需基础。同时我们发现，即使按照外国官方持有对所有外国人占比达 100％来估算，中国国债市场仍存在开放缺口。另一方面，从动态角度看，从 2016 年第四季度开始，不论外国官方持有量占所有外国人的比率的高低（图 5 - 7 中给出了 40％~80％的 5 个场景），缺口总会存在。自 2017 年第四季度开始，由于境外主体对人民币储备增多，缺口不断走高。换言之，目前国债市场的开放金额不及海外主体增持人民币头寸的金额，故而形成缺口，至少为 2 394.76 亿元。

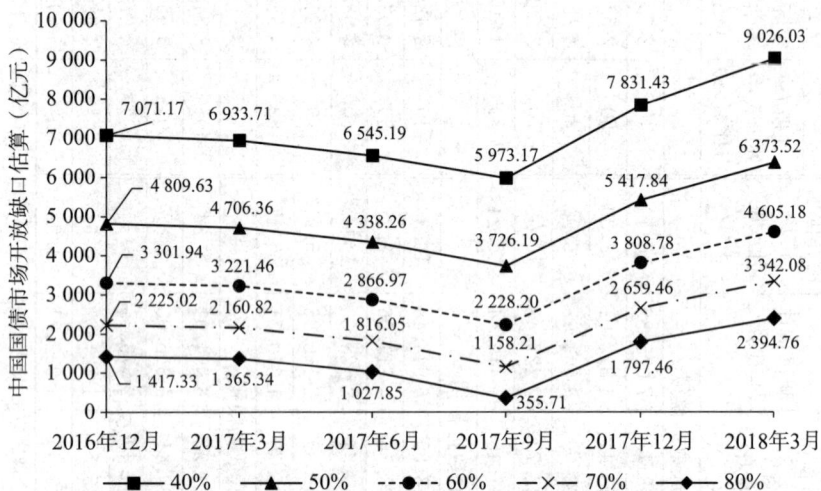

图 5 - 7　本书在多情景下对中国国债市场开放缺口的估算

以上估算结果说明：在当前人民币国际化的事实下（并未融入发展性预测因素），中国的国债市场开放具有两个方面的短板。第一，一些外国官方已经持有人民币流动性，可能其是以存款的方式存在的，却未能切换成更优的国债形式，这并非由于这些主体不愿意，而是由于中国当前的国债市场开放之门还太小；第二，虽然这些外国官方按照国际经验回流了手中的人民币流动性至中国在岸国债市场（可能是直接回流，也可能是间接回流），但中国尚未给予外国私人以足够的配额。究其原因，中国当前的国债市场开放并未"分市场"，而是全都回流至银行间债券市场，但又担心对国内既有金融市场的冲击，故 RQFII 的回流"并不解渴"；也未"分主体"地设计出一些回流机制，促进境外主体对人民币的持有。故而，当务之急是要设计出一些既与境外货币预防需求激励相容，又对国内金融市场冲击最小的回流机制，以配合人民币国际化的趋势性发展。

第六章
中国利率债市场开放下的外国官方附加发行制度探索

在 2008 年全球金融危机后，人民币国际化进程加快。尤其是自 2009 年人民币跨境贸易结算试点以来，贸易项下人民币的国际地位显著提升，其全球贸易支付占比从 2011 年底的 0.29% 攀升至目前的 1.78%，一路超越了 11 种货币[①]，人民币国际地位的跃迁成为"中国经济奇迹"的又一个维度。然而我们也不能忽视，随着 2015 年 8 月起人民币汇率双向浮动加剧，其作为贸易计价和结算货币的全球使用明显回落，换言之，经常项下的人民币国际化程度的衡量往往与其汇率水平易呈现出较高的相关性。

此外，自 2016 年 10 月 1 日起，人民币正式加入特别提款权货币篮子且首日权重达到 10.92%。[②] 各国官方和私人都需要调整外汇资产的币种结构，以维持其国际清偿力的内在价值。这就意味着外国主体持有人民币资产的意愿加强，其手中的人民币头寸将在全球寻找便于流动性管理的清偿力栖息地，显然这些流动性最希冀的流向是能以主权信用担保的中国国债市场，且这股热情在全球负利率环境下显得尤为迫切。显见的、具有倾向性的动态便是市

---

① 数据来自环球同业银行金融电信协会（SWIFT）的 SWIFT RMB Tracker。
② 必须指出的是，国际货币基金组织特别提款权属于"标准篮子"（standard basket），而不是"可调整篮子"（adjustable basket），前者在计值期间保持货币数量不变，后者则保持价值占比不变。因此，若后来的人民币汇率相较 2016 年第二季度对美元的平均汇率走强，则其价值权重将高于 10.92%，反之亦然。换言之，10.92% 只是首日权重，实际权重是随汇率每日变化的。

场自发将中国在岸债市表现纳入国际固定收益指数。[①] 中国央行智慧地回应了这种市场声音，并指出中国债券市场从早期开始便"秉着开放、公平竞争"的思路建立和发展，同时极显大国尊严。[②] 这与 2016 年 2 月中国人民银行对境外机构投资银行间债券市场取消额度限制[③]的逻辑是一致的，即中国正积极思考并渐进地推动资本项下的人民币国际化战略。

然而，我们很容易观察到，这种资本账户开放提速做法的适当性在学术界内部、政策界内部以及它们之间尚未达成共识（张明，2016）。其核心问题是，现阶段打开限流闸门会否对国内宏观经济造成负面冲击。事实上，对"如何开放"的认识直接影响对"是否开放"的立场，我们除了可以从步骤和路径上思考这种"如何"的问题，还应从制度选择和微观结构角度积极借鉴他国经验。而国债市场在一国资本市场中具有基准作用，其对外开放健康与否将产生深远而广泛的影响。本书以 20 世纪 70 年代美国开放国债市场时采用的"外国官方附加发行"制度为研究对象，在其产生背景下解读规模数据，在同其他制度进行比较后总结特征，并详细探究其微观细节、宏观效应和社会影响，最后提出中国如何借鉴这种国债市场开放初期的"过渡性"制度。

第一节　外国官方附加发行的发展历史

一、产生背景

在第二次世界大战后美国对欧洲和日本全面实施"马歇尔计划"，其以对

---

① 例如，自 2017 年 3 月 1 日起，彭博公司推出了两项包含中国债券市场的彭博巴克莱固定收益指数：彭博巴克莱全球综合＋中国指数（BBGA＋China Index, Bloomberg Barclays Global Aggregate＋China Index）和新兴市场本地货币政府债券＋中国指数（EMLG＋China Inedx, Emerging Market Local Currency Government＋China Index）；又如，3 月 7 日花旗宣布将中国债市纳入其三大政府债券指数：新兴市场政府债券指数（Emerging Market Government Bond Index）、亚洲政府债券指数（Asia Government Bond Index）和亚太政府债券指数（Asia-Pacific Government Bond Index）。

② 见：2017 年 3 月 10 日，在十二届全国人大五次会议记者会上周小川和潘功胜的相关回答；而后 3 月 24 日，在 2017 年中国金融学会学术年会暨中国金融论坛年会上，潘功胜又表示，债券市场对外开放是中国金融市场对外开放的重要组成部分，且有利于人民币国际化。

③ 中国人民银行发布了《中国人民银行公告〔2016〕第 3 号》，表示将引入更多符合条件的境外机构投资者投资银行间债券市场，取消投资额度限制，简化管理流程。

外直接投资为特征，大力输出美元，"解决战后各国的美元短缺问题"。[①] 然而，在 20 世纪 60 年代这种局势发生了逆转，随着美国对他国贸易盈余不断走低，以及其对内的"伟大社会"计划和对外的越南战争造成财政赤字加剧，"美元短缺"已经悄然转化为"美元过剩"。在错综复杂的国际形势下，虽然法国戴高乐（de Gaulle）强烈反对美国的货币霸权，但大多数国家并不与之为伍，这使得外国官方增持美元的速度远高于其增持黄金的速度（Eichengreen and Kenan，1994：34），在 1969—1973 年工业国的美元储备平均增长率高达 13.56%。[②] 难怪乎，在布雷顿森林体系瓦解后召开的史密森会议上，时任美国财长约翰·康纳利（John Connolly）放出狂言："美元，我们的货币，你们的问题"（Volcker and Gyohten，1992：81）。

与此同时，当时的工业国纷纷避免本国货币的国际使用，在英镑经历了 1955 年和 1957 年两次危机后，英国开始限制其在国际贸易中的使用，对非英镑区的限制尤甚。1958 年 12 月，西欧各国放开非居民把贸易盈余兑换成外币的限制，将其作为本币流动性的补充，鼓励贸易信贷中美元的使用（Johnston，1983：10），但在资本项下却严格控制美元的流入，将其视为对本国通货膨胀治理的威胁（Hankel，1976）。在这种形势下，民间美元开始涌入欧洲美元市场和纽约货币市场[③]，换言之，全球美元流动性在布雷顿森林体系崩溃前夜已经找到了短期栖息地，但无奈尚未觅得中长期市场以延展投资期限。

1973 年底"十月战争"的影响远超国际政治的范畴，因石油禁运带来油价上涨到四倍水平的后果是重塑了此后二十年的各国收支格局，各类国际经济和金融数据的统计启用了"工业国、石油国和非石油发展中国家"的分类

---

① 这是 1947 年 6 月 5 日马歇尔在哈佛大学毕业典礼上发言的核心内容。该计划最初也向东欧国家开放，但这些国家都拒绝了，见 Mee（1984：99）。

② 美元储备数据来自：IMF. International Financial Statistics. Supplement on International Reserves，Supplement Series No. 6，1983；经笔者计算得到增长率。

③ 这里应当指出，欧洲美元市场除去新创造的美元信贷外，其基础部分仍旧是存留在纽约货币市场内的，因为只有美国国库券可以提供终极的短期流动性价值担保。

标准。在两次石油危机造成的失衡中最引人注目的是，石油国大量吸纳本来较为分散的外汇储备，并由于国内工业化计划推进尚需时日，使得外汇储备扣除内部吸收后的可投资盈余规模相当可观，见图 6-1 所示。

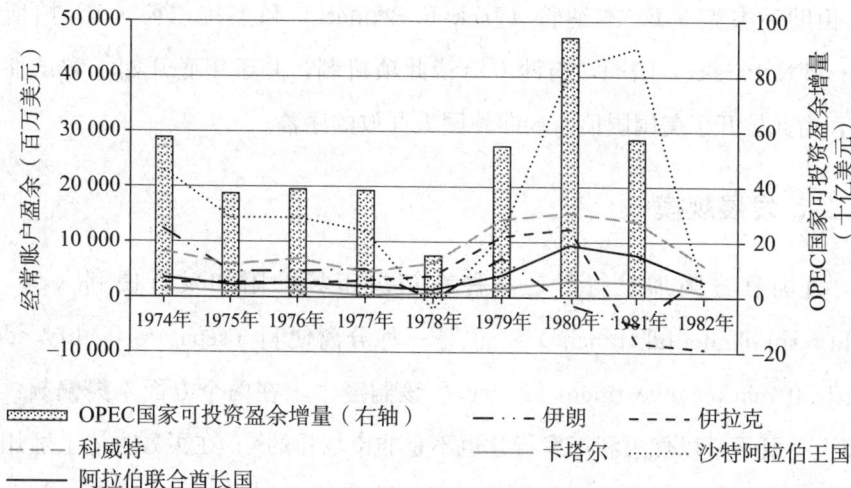

图 6-1　1974—1982 年中东 6 个 OPEC 国家的经常账户盈余及 OPEC 国家可投资盈余增量
注：这里的经常账户包括商品、服务以及私人和官方的经常性转移。
资料来源：经常账户数据来自 IMF 历年的 International Financial Statistics。可投资盈余数据来自 Treasury Department data prepared by the Office of International Banking and Portfolio Investment, dated June 26, 1984。

根据图 6-1，我们还可以进一步得知沙特阿拉伯王国作为全球最大的产油国，也是这些美元可投资盈余的最大持有者。而且其资金都通过沙特货币局（Saudi Arabian Monetary Agency，SAMA）以集中投资的模式[1]，与美国财政部积极展开合作，源源不断地回流美国国债市场。[2] 而这都发端于 1974

---

[1]　与之相对的是科威特模式：其以私人自主投资为主，而且常以信托账户的形式委托商业银行持有美国国债。

[2]　而且美国派遣专家组为沙特货币局投资提供顾问。值得注意的是，其中的首位专家，被称为"沙特货币局投资设计师"的戴维·C. 穆尔福德（David C. Mulford）本来就在怀特·魏尔德（White Weld）公司负责欧洲债券。后在领导沙特货币局的投资顾问团期间，每天的投资量达到千万美元（Bronson，2006：124）。而从沙特阿拉伯王国回来后又被调往美国财政部负责国际事务，专门加强美国国债境外持有数据的保密性工作（Spiro，1999：114）。

年 6 月开始的美国与沙特阿拉伯王国在双边经济合作框架下①在美国国债市场中建立起的"外国官方附加发行"制度。设计并实施该项制度的核心人物是副财长威廉·E. 西蒙（William E. Simon），其于当年 7 月访问沙特阿拉伯王国，由助手杰克·F. 本纳特（Jack F. Bennett）和杰拉尔德·L. 帕斯基（Gerald L. Parsky）陪同，与沙方洽谈此项机制，并于年底开始了尝试性操作②，由此拉开了美国国债市场向外国人开放的序幕。

二、发展规模

"外国官方附加发行"是一种在初级市场的附加发行便利（add-on facility/supplemental tranche）③，也是一种分离便利（separate facility/additional off-market investment facility）。该制度力求在两个方面不失偏颇：在利率上，既不是以优惠利率发行，也不是非市场化的④；在买方主体上适用于任何有意向与财政部缔结相似协议的外国官方或央行。所建立的附加部分是

---

① 1974 年 6 月 5 日，沙特阿拉伯王国王储访美，与总统会谈，8 日与基辛格发表联合声明，建立"美国-沙特联合经济委员会"（U. S.-Saudi Arabian Joint Commission on Economic Cooperation, JECOR），尤其提到两国财政部考虑在金融领域开展合作。见："Joint Statement on the United States and Saudi Arabian Cooperation on June 8, 1974," U. S. Department of the Treasury, TIAS 7974。

② 他们在离美赴中东之前，深入讨论如何发行特殊国债以吸引 OPEC 国家的储备回流美国，这种特别的国债发行也被美联储的亨利·C. 沃利奇（Henry C. Wallich）在同年 8 月的一次听证会上提到，并引起国际金融委员会主席亨利·B. 冈萨雷斯（Henry B. Gonzalez）的特别关注。见：International Petrodollar Crisis. Hearings before the Subcommittee on International Finance of the Committee on Banking and Currency, U. S. House of Representatives, 93rd Cong., 2nd Sess., August 13, 1974: 12, 99 - 100, 108.

③ tranche 即 slice，本指在债券或抵押支持债券发行时对各部分提供不同的条款，常为不同的风险等级；但在这里是发售债券时根据主体特殊而附加出的部分。有媒体在翻译彭博社相关新闻（Wong, Andrea. The Untold Story Behind Saudi Arabia's 41-Year U. S. Debt Secret. *Bloomberg News*, May 30, 2016）时，将 add-ons 误译为"分期付款"，见：http://finance.ifeng.com/a/20160602/14452049_0. shtml?t=1493374321884。

④ 请注意，在听证会上，西蒙特别用"非市场化"来指代完全脱离市场化运作国债，用以强调这项特别协议虽然是秘密签署的，但在国债利率的确定上对其他主体不具不公平性。见：Hearings before a Subcommittee of the Committee on Government Operations, House of Representatives, 16, 17, 18 and 26, July 1979. 然而，有评论指出这是晦暗不明的措辞，这类国债的实质就是非流通国债，见：That Secret Agreement: Final Confirmation and Assessment of Its Long-time Importance. *International Currency Review*, March 1980, 12 (1): 7 - 20。

在所宣布的发行额之外以平均拍卖水平定向发售给外国官方或货币当局的，是一种对常规竞争性拍卖的补充，从此国债市场的一级市场由本来的竞争性拍卖和非竞争性拍卖这两个部分扩展到了三个部分。

该项制度的关键是，在一个既有的国债市场外以市场利率（off-market but at market rates）发行。这种机制设计的初衷是双赢导向的：（1）对内希望巨额回流最小程度地影响既有的美国国债市场[①]，换言之，如果直接引入外国人进入竞争性拍卖，会产生更低的利率，这一方面不利于当时美联储提升利率抑制通货膨胀的货币政策的执行，另一方面也降低了对外国人的吸引力；（2）对外希望与境外主体持有美国国债的数据保密性需求激励相容，令其渐渐拥有延展投资工具期限的信心，并以此为引子，带动大规模国债市场的开放。

具体来说，到了 1977 年底，美国中长期国债中被 OPEC 国家持有的份额由 43% 上升到 65%，其中沙特阿拉伯王国又占到了 90%，都是在附加发行制度下进行的。[②] 虽然美国资本项目陆续向 OPEC 国家开放，但国债渠道的投资为主流，其在第二次石油危机结束前的存量数据如表 6-1 所示。我们不难发现，这些国债存量中以中长期国债为主，可见附加发行的巨大作用。

表 6-1　　　　　　　　　　1983 年底 OPEC 国家对美国的投资存量

	国债		机构债	企业债	企业股票	银行对其负债	非银行对其负债	直接投资	其他	总计
	短期	中长期								
金额（十亿美元）	6.77	27.97	5.65	5.15	8.83	17.58	4.28	5.03	4.55	85.81

---

① Annual Report of the Secretary of the Treasury on the State of the Finances, Fiscal Year 1979. Department of the Treasury, document No. 3279.

② 这是后来负责财政部国际货币事务的安东尼·M. 所罗门（Anthony M. Solomon）在听证会上的证词，见：The Witteveen Facility and the OPEC Financial Surpluses. Hearings before the Subcommittee on Foreign Economic Policy of the Committee on Foreign Relations, United States Senate, 95th Cong., 1st Sess., September 21, 23, October 6, 7 and 10, 1977: 157-162。

续前表

	国债		机构债	企业债	企业股票	银行对其负债	非银行对其负债	直接投资	其他	总计
	短期	中长期								
占比（%）	7.89	32.60	6.58	6.00	10.29	20.49	4.99	5.86	5.30	100.00

注：这里的"其他"是其他美国政府对其负债（other U. S. government liabilities）。

数据来源：美国财政部 the Office of International Banking and Portfolio Investment 和美联储 Statistical Release E. 11 Geographical Distribution of Assets and Liabilities of Major Foreign Branches of U. S. Banks。

从官方披露的微观数据来看（见图 6-2），在第二次石油危机中，从美国中长期国债的初级市场中附加发行的绝对量和占比来看，其在各季度的分布并无规律可循，占每次发行所得总收益的比例也各有高低。在这 35 次附加发行中，债券期限从 2 年到 10 年不等，总额高达 75.31 亿美元。

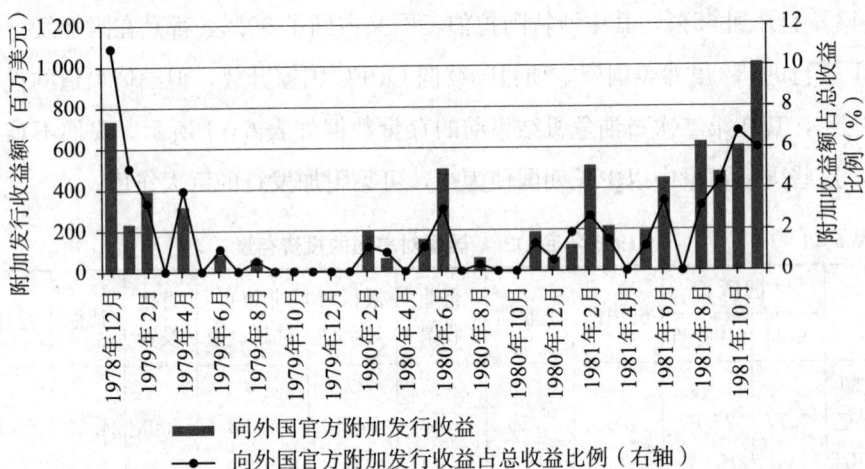

图 6-2　第二次石油危机中美国中长期国债中向外国官方的附加发行的规模

注：这里的"总收益"包括向美国政府、美联储、私人和外国官方的附加发行。

资料来源：美联储 Statistical Release H. 16 Capital Market Developments。

三、退出历史

外国官方附加发行制度是一个试点，以缓冲外国人参与国债的一级市场和二级市场不良影响的可能性，通过学习效应为后来进一步的美国国债国际化积累经验，这有两个层面。其一是外国附加发行面向主体的多元化。首先，专门用于美国同沙特阿拉伯王国的双边金融合作。[①] 其次，在 1975 年迅速扩展到中东的其他 OPEC 国家。到 1978 年底，由美国银行和交易商报告的其托管的中东国家所有的美国国债中有 80% 都属于官方机构，而这些国家主要是伊朗、伊拉克、科威特、沙特阿拉伯王国和阿拉伯联合酋长国。[②] 最后，拓展到所有外国政府和央行。[③] 在第二次石油危机后适用该制度的外国主体主要是联邦德国和日本。其二是面向外国投资者开放的债券品种多元化。以沙特阿拉伯王国为例，其货币局自美国国债开始，逐步扩展到对美国的机构债和企业债的购买，当然都只限制在评级为 AAA 的债券范围里。[④] 这为后来 20 世纪 80 年代外国投资逐渐深入美国房地产、农场和商业地产投资寻找基准利率打下了很好的基础。[⑤] 简而言之，外国官方附加发行是与黄金脱钩的美元体系下美国对 OPEC 国家的石油美元回流到对全球更普遍意义上的贸易赤字美元回流的一种过渡性制度安排。[⑥] 虽然其规模在后来国债开放的成熟阶段不断萎缩，但美国一直到 1995 年 10 月克林顿大规模降低国家债务水平的运动中才正式终结了这项制度。[⑦]

　　值得注意的是，日后在面向外国人的国债拍卖中，美联储纽约分行延续

①　U. S. General Accounting Office. Are OPEC Financing Holdings a Danger to U. S. Banks or the Economy? EMD-79-45 (GAO, June 11, 1979), 10 - 11.

②　The Operations of Federal Agencies in Monitoring, Reporting on, and Analyzing Foreign Investments in the United States. Hearings before a Subcommittee of the House Committee on Government Operations, 97th Cong., 1st Sess. (GPO, 1979), p. 248.

③　U. S. General Accounting Office, "Are OPEC Financing Holdings a Danger to U. S. Banks or the Economy?" EMD-79-45 (GAO, June 11, 1979), ⅰ - ⅱ.

④　"Royal Resources: Saudi Central Bank is Secretive, Conservative, and Enormously Rich," *Wall Street Journal*, March 13, 1981.

⑤　Foreign Investment: Concerns in the U. S. Real Estate Sector during the 1980s. NSIAD-91-140 (GAO, June 4, 1991), p. 25; Foreign Investment: Trends in Foreign Ownership of U. S. Farmland and Commercial Real Estate. NSIAD-89-168FS (GAO, July 10, 1989), 13.

⑥　早在 1974 年，美联储官员就曾引导当时的国会联合经济委员会跳出以金融合作解决大规模石油赤字的狭隘思路，因为通过石油美元回流仅是一种转型的过程和探索性尝试，更长远的问题是转型的终点。见：Federal Reserve Bulletin, December 1974: 832 - 834.

⑦　General Accounting Office, "Debt Ceiling: Analysis of Actions During the 1995 - 1996 Crisis," GAO/AIMD-96-130, August 1996, p. 19.

了外国官方附加发行中特殊的角色，财政部赋予其极大的权力体现在两个方面：第一，投标人实体的认定权。合格投标人目录中的七类实体中有一类被称为"外国或国际货币当局"（Foreign and International Monetary Authority，FIMA）①，也就是由一个或多个主体组成一个属性上非私人的外国或国际货币组织，其作为一个投标人，被称为一个 FIMA 实体。其必须或是本质上是金融的，或虽然本质上是非金融的但被授权在美联储纽约分行开立账户。第二，投标人投标操作的代理权。上述 FIMA 实体大都通过美联储纽约分行的账户拍卖、支付并清算国债，而少数则通过"政府相关实体"（government-related entity）的口径直接通过电子交易系统（Treasury Direct）参加拍卖或委托交易商拍卖。② 换言之，央行和财政部在外国人参与可流通国债拍卖的过程中很好地配合了起来，这有利于数据搜集和后期监管。

第二节 外国官方附加发行的制度比较

一、机制细节

外国官方附加发行是在原有的国债发行市场机制的基础上增加的"配套设施"，本书为了厘清这种比较复杂的机制，特给出这种制度下的一级市场流程，如图 6-3 所示。需要注意的是，那些非竞争拍卖的参与者实际上是面对如下选择的：参加竞争性拍卖但存在高于平均价或低于平均价中标的不确定性，或是直接以平均价购买，这就是所谓的"是市场价还是赌一下更好？"的命题。因此，外国官方附加发行的参与者自身的福利和带来的影响，是值得学界进一步研究的问题。

---

① 这七类实体分别是：企业、合伙、政府相关实体、信托、个人、外国或国际货币当局和其他投标人。

② 这些规定请见：Uniform Offering Circular（UOC）. Title 31-the Code of Federal Regulation，Part 356-Sale and Issue of Marketable Book-entry Treasury Bills，Notes，and Bonds，Appendix A-Bidder Categories。

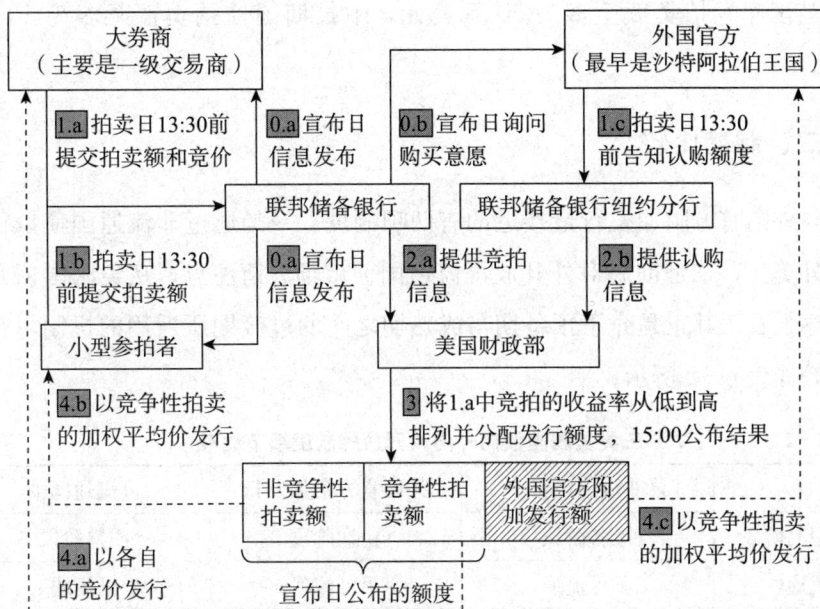

图 6－3　20 世纪 70—80 年代美国中长期国债一级市场宣布、拍卖与发行流程

注：实线连接线为拍卖，虚线连接线为发行，▓内序号代表步骤。

资料来源：文字资料参考 Jones 和 Fabozzi（1992：32－33）。

　　这里有几点需要解释：第一，短期国债的情况不尽相同，例如，现金管理债券就不允许使用非竞争性的拍卖机制。第二，在宣布日，美国财政部宣布发行额、拍卖日期、发行日期、到期日期、参拍条件和条款以及投标结束时间，而拍卖日下午这一时间节点被称为截止时间（cut-off time），目前实行的是 13：00。在 1974 年前美国财政部在拍卖前设置利率，而拍卖以价格竞价，在 1974 年后则皆以收益率竞价，利率则在拍卖后公布。第三，步骤 3 中公布的结果包括：停止叫价水平（stop-out price）①、中标者、停止价格、平均收益率、认购率（bid-to-cover ratio，为投标额与中标额之比）、最低收益率和差值。第四，对"小型参拍者"的限制后来不断变化，而在 20 世纪 70 年

---

　　①　财政部在截止时间前搜集各方拍卖额和报出的收益率，再将收益率由低到高排列，分配发行额度，先满足较低收益率竞拍者的额度，而恰好位于停止叫价水平的竞拍者得到剩余额度。在 1991 年所罗门兄弟公司员工违规拍卖国债事件后，美国财政部不再采用多价格拍卖，而采用统一价格拍卖（即所有中标者都以停止叫价水平支付）以分散投资者。

代，其国库券拍卖额至多为 50 万美元，中长期国债拍卖额至多为 100 万美元。

二、制度比较

与外国官方附加发行最接近的有两项制度：一是通过非流通国债口径回流境外美元，二是彻底对外开放可流通国债市场。请注意，从美国国债开放的次序上看，其正是介于预备期与成熟期之间的过渡期所适用的机制，它们的比较如表 6-2 所示。

表 6-2　　　　　　三类美国国债向外国人开放的制度细节比较

		非流通国债	外国官方附加发行	可流通国债
适用的阶段		准备阶段	初期阶段	成熟阶段
流通性		不可流通	不可流通	可流通
可否提前赎回		否	可，且须提前告知	可，不须提前告知
赎回利率		按票面利率	若到期赎回，按票面利率；若提前赎回，按赎回日当天财政部买入价	若到期赎回，按票面利率；若提前赎回，按市场价格
数据的公开性	加总	公开	仅披露 1978 年 8 月—1981 年 11 月的数据	公开
	国别	公开	保密	公开
买卖基础		双边协议	双边协议	美国公开要约
买方来源		20 世纪 60—80 年代：奥地利、比利时、加拿大、丹麦、瑞典、德国、瑞士、意大利、韩国、日本和中国台湾（1978 年 12 月—1983 年 6 月为外国私人）；20 世纪 90 年代：墨西哥、委内瑞拉、阿根廷和国际组织	最早是沙特阿拉伯王国，之后是 OPEC 成员国，再之后是任何提出购买意愿的外国官方	对各国官方和私人开放，且外国主体往往在一级市场委托代理人购买，而在二级市场委托代理人存管，故具有隐蔽性

续前表

	非流通国债	外国官方附加发行	可流通国债
买方代理人	无	美联储纽约分行	美联储纽约分行或一级交易商或无代理人
购买额和时点限制	须按双边协议，在规定的时点购买规定的额度	时点和额度都无限制，仅须在截止时间前告知代理人购买额	时点无限制；一级市场有额度限制，二级市场无额度限制
计价和结算币种	外国官方：外币和美元外国私人：外币	美元	美元
价格决定	按双边协议在事先决定	发行市场竞争性拍卖的平均价	竞争性拍卖的平均价或停止价格

资料来源：经笔者整理所得。

三、微观结构

第一，外国官方附加发行的拍卖的基础是多价格拍卖（multiple-price auction，MPA，或 discriminatory/ pay-as-bid auction）。其实，在 1973 年探索从固定价格发售转型为标售发行时采用的是统一价格拍卖（uniform-price/ single-price auction，UPA 或 SPA），也就是统一为中标的最高收益率发售。然而后者不为交易商欢迎[①]，于是西蒙恢复了前者。[②] 直至 1992 年 9 月，美国财政部在 2 年期和 5 年期国债发行中重启了统一价格拍卖方式[③]，并于 1998 年 10 月运用到所有标售中（Fabozzi and Fleming，2004：25）。至此，以竞争性拍卖均价定价的外国官方附加发行也走入历史，自然地过渡到外国人直接或间接参与竞争性拍卖的阶段。所谓直接，就是通过 Treasury Direct 或国债自动拍卖处理系统（Treasury Automated Auction Processing System,

---

① 主要原因是这种制度不能同时使美国财政部和交易商激励相容：美国财政部希望更广泛地分配国债，而交易商希望有概率以低于其他中标者的成本得到国债发行额。

② 他曾是所罗门兄弟债券部门的高级合伙人，曾任美国国债一级交易商协会（The Association of Primary Dealers in U. S. Government Securities）的会长，自然倾向于保护交易商的利益。

③ 这个转机正是前文所提的 1991 年所罗门兄弟公司员工违规拍卖国债的事件，美国财政部着手引入能吸引更多投资者拍卖并降低筹资成本的拍卖机制。

TAAPS) 电子登记参拍；所谓间接，就是延续之前的做法，即通过美联储纽约分行参拍，或是通过交易商参拍。因此，财政部和美联储都需要通过调查的方式来搜集各主体持有美国国债的信息，因为一级交易商很可能成了外国政府的代理人，甚至代理人的代理人。

第二，外国官方附加发行影响了本来的拍卖定价。这一点常常被人忽略，虽然其名为"附加"，但实际上外国官方附加发行的参与者若混同于竞争性拍卖则会对国债的拍卖价格产生影响，这也恰是美国财政部对外国官方附加发行进行隔离处理以防影响原有国内市场做法的初衷。Spiro（1999：109）也注意到这种价格效应，不过其错误地将传统的不可分割物的拍卖（single-unit auction）理论套用在国债拍卖上，而忽略了国债拍卖市场属于多单元拍卖（multi-unit auction），突兀地认为外国官方附加发行压低了国债发行价格。故此，外国官方附加发行的实质是人为地从竞争性拍卖中分割出非竞争性拍卖市场，其产生的价格效应需在不同的拍卖机制下分情况讨论。

第三，中长期国债和国库券的外国官方附加发行在市场微观结构上有所不同。外国机构参与国库券的拍卖则须待其持有的债券到期后，再分配新的额度，当然也是在宣布日所公布的额度之外附加的，但该额度来自竞争性拍卖额度内。只有当额度超过外国机构到期额度时，才会有附加。

第四，从税费角度来说，外国投资者通过外国官方附加发行购买国债是不用纳税的，但因其参与国债市场的代理人是美联储纽约分行，后者有义务将其认购额度告知美国财政部以确定附加发行的额度，所以前者需要支付一定的服务费用，但这是双方都乐意看到的情形。这也是金融市场在财政部取消利息平衡税和外国对美投资的控制后，为吸引石油美元以加大在欧洲美元市场中的竞争力所大力呼吁的。[1]

---

① Editorial，"Attracting Petrodollars," *The Wall Street Journal*，May 6，1973.

第三节　外国官方附加发行的宏观影响

一、经济影响

第一，巩固美元地位。外国官方附加发行在此方面具有特殊贡献，因其被归类于特殊的非竞争性拍卖，因而极具隐蔽性。这使得国债市场开放不以传统意义上的资本项下自由兑换为前提，但成功的前设是该国货币在境外有一定的规模，并尚无可以清偿的国际栖息地。从财政功能来看这是为了现金的流动性①，但从金融功能来看则是为了巩固货币的国际地位，从此锚定美元的"N-1"体系不再以美元汇率坚挺为必要条件。从长远看，在这种制度下的美元回流具有波动性，自 1980 年起，沙特阿拉伯王国货币局就公开将本来存放在美国的资产转向他处，这被称为"OPEC 大撤资"（the big OPEC pull-out）②，所以美国国债市场开放对维持美元地位的作用仍需要更有效、更新的举措。

第二，减少"挤出效应"。国债的财政功能对私人借贷的"挤出效应"被学界所公认，当部分国债的举债方变为外国人时，这部分的金额本来可能造成的信贷市场定价扭曲等负面影响不再成为争议的焦点。这是外国官方附加发行对国内信贷体系的保护性特点。

第三，难以应对克服通货膨胀问题。外国官方附加发行除了透明性欠缺外，其最大的弱点是不能克服通货膨胀问题，这将大大降低对外国投资者的吸引力，尤其是那些具有在各种市场和各个币种间调整投资的工具的投资者，这也是美国财政部很早就意识到的。③ 美国财政部在早期曾设想仅针对外国人而不是所有公众发行一种与物价指数（美国或是外国）挂钩的国债，但因为

---

① Annual Report of the Secretary of the Treasury on the State of the Finances, Fiscal Year 1979, Department of the Treasury, document No. 3279, 16.

② "The Big OPEC Pull-out," *Euromoney*, July 1980: 5.

③ Effect of Petrodollars. Hearings before the Subcommittee on Financial Markets of the Committee on Finance, United States Senate, 94th Cong., 1st Sess. (GPO, 1975), 33.

美国财政部总法律顾问办公室（Treasury Department Office of the General Counsel）认为这种发行可能违法，故而未果。①

二、政府内影响

美国财政部基于双边协议而对境外主体持有数据采取的保密措施引起了其他政府部门的极大不满。自从1978年8月起，美国财政部收到了来自多个国会委员会的希望公开回流国债市场的OPEC国别数据的请求，乃至商务部和总审计署也分别向财政部发出了数据披露的请求。② 总审计署也特别刊发报告指出，美国联邦体系难以收集在美存款机构的所有外国投资数据。③

具体来说，这种两国间的协议往往是不公开的，而美国国债，尤其是中长期国债的国别持有数据却需要披露。都然而，为了不损害买方的利益，在仅有的两份公开统计中进行了如下处理：美国财政部《财政公报》在"美国短期债务的外国持有"中把相关国家合并为"石油出口国"（oil-exporting countries）与各亚洲国家和各非洲国家并列④，在"美国中长期国债的外国持有"中把相关国家并于"其他亚洲国家"（other Asian countries）和"其他非

---

① U. S. Government Consideration of OPEC Country Demands for Inflation-indexed Bonds. Memorandum for Stephen W. Bosworth, Subject: NSSM 237: The Issue of "Specials", Federal Response to OPEC Country Investments in the United States (Part 1-Overview). Hearings before a subcommittee of the Committee on Government Operations, House of Representatives, 97th Cong. , 1st Sess. , September 22 and 23, 1981: 472 - 473.

② 1979年1月3日，众议院的商务、消费者和货币事务子委员会主席本杰明·S. 罗森塞尔（Benjamin S. Rosenthal）写信给总审计长埃尔默·B. 斯塔茨（Elmer B. Staats），要求其对于美国国债对外开放的国别数据发起审查，见：Request letter dated January 3, 1979, from Chairman, Subcommittee on Commerce, Consumer and Monetary Affairs, House Committee on Government Operations, in U. S. General Accounting Office. Are OPEC Financing Holdings a Danger to U. S. Banks or the Economy? EMD-79-45（GAO, June 11, 1979），32 - 34；商务部的请求见：Department of Commerce. Request for Individual Country Data from Treasury International Capital Reporting on Oil-Exporting Countries. November 28, 1978, Draft on Bureau of Economic Analysis.

③ U. S. General Accounting Office, "Federal System Not Designed to Collect Data on All Foreign Investments in U. S. Depository Institutions," GGD-79-42（GAO, June 19, 1979）.

④ 这种做法的数据可追溯至1974年12月。

洲国家"（other African countries）报告①；在美联储数据发布 E. 11 "美国银行主要外国分支的资产负债地理分布"中把亚洲相关国家合并为"中东石油出口国"（Middle East oil-exporting countries），把非洲相关国家合并为"非洲石油出口国"（African oil-exporting countries）。② 这种数据保密性的合法性依据有两部法案：《1976 年国际投资调查法案》（International Investment Survey Act of 1976）和《1945 年布雷顿森林协议法案》（The Bretton Woods Agreement Act of 1945），这种外国投资数据保密性的法律基础曾被听证会深入讨论。③

　　非常值得留意的是，以沙特阿拉伯王国为代表的 OPEC 国家非常在意自身的美元回流数据被披露，这被国债开放早期的官方备忘录所记载，其中提到，数据保密性要求被称为"必不可少"的条件以满足沙特阿拉伯王国的需要。④ 到了 1978 年美国国会、媒体和公民个人对披露投资数据呼声高涨的时候，美国财政部不断要求这些国家相信其保密能力。⑤ 1979 年，沙特阿拉伯王国官方甚至以转移投资至其他国家来警告美国切不可披露国别数据⑥，当

---

　　① 自 1970 年底开始，"亚洲其他国家"栏目的数据一直维持在 800 万美元，但在 1974 年 12 月当月飞跃至 2.08 亿美元，此后不断井喷式上升。该表格在 1982 年 3 月后不再披露。

　　② 该报告始自 1976 年第一季度，终于 2009 年第一季度。且在脚注中标明："亚洲石油出口国"包括巴林、伊朗、伊拉克、科威特、阿曼、卡特尔、沙特阿拉伯王国和阿拉伯联合酋长国 8 国，"非洲石油出口国"包括阿尔及利亚、加蓬、利比亚和尼日利亚 4 国。

　　③ The Operations of Federal Agencies in Monitoring, Reporting on, and Analyzing Foreign Investments in the United States. Hearings before a Subcommittee of the House Committee on Government Operations, 97th Cong., 1st Sess. (GPO, 1979), Part 2, 226 - 235.

　　④ Memorandum to the Secretary of State. Subject: Special Arrangements for Purchase of U. S. Government Securities by the Saudi Arabian Government in December 1974, Jack F. Bennett sent to Henry Kissinger, February 6, 1975. Reprinted in Federal Response to OPEC Country Investments in the United States (Part 1-Overview). Hearings before a subcommittee of the Committee on Government Operations, House of Representatives, 97th Cong., 1st Sess., September 22 and 23, 1981.

　　⑤ Treasury Department Internal Memorandum to Secretary Blumenthal. Disclosure of Saudi Arabian Assets in the U. S.. To Secretary Blumenthal, from B. Palmer and R. Munk, 18 August, 1978.

　　⑥ Federal Response to OPEC Country Investments in the United States (Part 1-Overview). Hearings Before a Subcommittee of the Committee on Government Operations, House of Representatives, 97th Cong., 1st Sess., September 22 and 23, 1981: 446 - 447.

然，这也是其他许多国家所乐意看到的，也被当时的金融业界视为是合理的。① 在境外货币回流初期的这种信息保护是经济法学界应当深入探讨的问题。②

三、社会影响

这项制度的社会影响以媒体和议员关注为特征（Mattione，1985：2）。当时各类机构和媒体都倾向于把外国官方附加发行说成美沙间的"秘密"协议，不断涌现出对这类国债发售的质疑③，他们发表了一系列文章来揭露这项不为国人所知的交易。因为媒体不断曝光美国总统正构建新政策以鼓励外国对美投资，也反过来影响了国会④，通过不同委员会的听证会要求财政部和美联储官员陈述事实，在这个过程中则出版公布了一系列听证会的记录，包含许多首次披露的资料，真相才渐渐水落石出。在这些听证会上，官员们尤其注重阐述外国官方附加发行的合法性问题，即没有对外国投资者给予优惠⑤，因其信奉自由市场是配置国际资本流动的最有效方式。总的来说，议员和媒体的顾虑偏向于政治性，即是否过度依赖外国资金而受制于人，或是美国国债市场开放对调整全球失衡的义务边界。⑥

---

①　The Witteveen Facility and the OPEC Financial Surpluses. Hearings before the Subcommittee on Foreign Economic Policy of the Committee on Foreign Relations，United States Senate，95th Cong.，1st Sess.，September 21，23，October 6，7，and 10，1977：7.

②　有两个判例值得研究：Ashland Oil，Inc. vs. FTC［409 F Supp 297，affirmed 548 F2 977 (1978)］和 EXXON Corp. vs. FTC［589 F2 582 (1978)，certiorari denied May 1979］。

③　其中报纸以《华盛顿邮报》和《纽约时报》为代表，研究机构成果则以《国际货币评论》为代表。

④　金融委员会中来自亚利桑那州的议员保罗·J. 范宁（Paul J. Fannin）早在 1975 年 1 月 30 日的听证会上便就此发难西蒙，见：Effect of Petrodollars，Hearings before the Subcommittee on Financial Markets of the Committee on Finance，United States Senate，94th Cong.，1st Sess.（GPO，1975），18。

⑤　Hearings before a Subcommittee of the Committee on Government Operations，House of Representatives，16，17，18 and 26，July 1979.

⑥　The Witteveen Facility and the OPEC Financial Surpluses. Hearings before the Subcommittee on Foreign Economic Policy of the Committee on Foreign Relations，United States Senate，95th Cong.，1st Sess.，September 21，23，October 6，7，and 10，1977：11.

有趣的是，金融业界认为外国官方附加发行具体的微观结构始于 1976 年，并且对这种制度设计赞赏有加，认为它在最小程度上影响纳税人和金融市场。这方面的证据可见 1977 年 9 月美林公司国债部门负责人尤金·J. 谢尔曼（Eugene J. Sherman）在听证会上的论述：大券商在渐渐认识外国官方附加发行这种机制后，会调整其竞价，因为在筹资规模既定的前提下，分配给竞争性拍卖的额度发生了变化，它们的决策应当反映出这种"共同知识"。他的从容态度与媒体和议员大相径庭，可见该制度的出台是受到市场好评的。[①]

第四节 中国版外国官方附加发行制度探索

仅在经常项下推进人民币国际化是具有瓶颈的，而且与货币汇率水平呈高度相关的衡量标准值得商榷，而自 2018 年起中国加速了债券市场的开放进程，这是英明之举。根据前文对外国官方附加发行制度的详细解释，我们可以得到如下几个方面的借鉴和启示。

第一，国债市场开放是"需求创造供给"，这具有两层含义：若无境外主体持有人民币资产的意愿，仅靠"流出去"的导向性政策是难以令货币循环而可持续发展的，即"供给难以创造需求"；同时，一旦海外市场迫切寻觅手中头寸的流动性管理工具，但在岸市场不作为，则将错失推进货币国际化的良机，甚至带来外部失衡，即"无供给，则失衡"。

第二，国债市场开放必须进行制度创新。应针对开放下的预备阶段、初期阶段和成熟阶段分别设计相应机制，简单地把成熟阶段的银行间债券市场的部分额度划分给境外主体作为渐进式开放路径是不够的。如果我们把 QFII 和 RDFII 看作债市开放的预备期机制，那么我们应当以与外国央行或货币当局间的货币互换协议为基础和资金来源，进一步签订双边协议，形成"央行通道"式的初期阶段，以回流境外人民币至特定的"以市场定价却与市场隔

---

① 甚至当议员觉得美元回流是一个包袱时，他提出异议，见：The Witteveen Facility and the OPEC Financial Surpluses. Hearings before the Subcommittee on Foreign Economic Policy of the Committee on Foreign Relations, United States Senate, 95th Cong., 1st Sess., September 21, 23, October 6, 7, and 10, 1977: 11。

离"的池子，并不急于汇入银行间债券市场。①

第三，在法律、税收、审计等方面加强创新管理。中国央行已经认识到外国主体乐意持有中国国债，只是"不愿意说出来"（罗政，2015）。中国应当以立法保障债权人持有数据隐私，在披露国别数据时加总报告并非不妥。中国对境外主体的税费标准也有待进一步明确。当前境外机构投资非国债的利息收入需要缴纳10％的预扣税（withholding tax），但对资本利得的税收处理仍不清晰。

第四，我们应鼓励政府各部门通过专业学习而统一对国债开放问题的认识。我们不能一味地反对金融市场开放，因为这忽略了中国国债市场进一步开放是人民币国际化的目标和"一带一路"倡议的客观要求；也不能武断地反对渐进式改革，因为这其实并不是真正的"西方经验"。当务之急，我们应当设计一种引致国债市场全面、安全开放的过渡性安排。在全球主要经济体退出负利率政策前的"空窗期"，这将有助于人民币国际化，并令人民币汇率走向适当高估的良性循环。

---

① 我们已有类似的实践，比如中国央行曾于2011年11月与奥地利央行、于2012年3月与日本央行都签署过类似协议，而且并不像QFII和RQFII那样具有"锁定期"（lockup period）限制，但都是直接投资银行间债券市场的协议，与这里所建议的不同。

金融风险篇

第七章

债市开放演进中的美国国债政策外溢风险

第一节 美国国债政策外溢研究的背景及文献

一、背景介绍

经济全球化的发展使得各国或地区货币政策、宏观经济和金融市场之间的相互影响日益增强。中美两国是当今世界最大的两个经济体，虽然两国货币的国际化程度和国际资本流动性仍存在差异，但两国经济和资本市场波动的关联性逐步增强。美国作为金融超级大国，以实现自身经济目标为出发点进行美联储货币政策调整，其货币政策具有很强的外溢效应，对包括中国在内的全球其他非美经济体产生了负面影响，形成了对经济发展的遏制。在2008年金融危机后，中美经贸摩擦频繁，尤其是在当前中美贸易战愈演愈烈的背景下，美联储进入加息通道，货币政策进入调整期，外溢效应潜在的风险冲击和应对成为中国经济发展的重要研究命题。

本书聚焦中国利率债①市场展开外溢效应的研究，选择具有高流动性的2年期和10年期美国国债利率作为美国货币政策外溢效应的替代变量，优势在于：一是美国国债市场参与者众多，竞争充分且具有大量的标准化产品，其价格变化相对其他债市具有极高的市场效率，能够充分反映美国常规和非常规货币政策变化信息；二是由于债券价格受债市投资者的情绪变化影响较大，选择

---

① 中国的利率债主要是指国债、地方政府债券、政策性金融债和央行票据。本书在研究中沿用上述概念范畴，利率债限定包括中国国债和政策性金融债、美国和欧元区国债以及日本国债等。

美国国债作为美国货币政策变化的替代变量能够体现投资者的预期因素；三是相比于美联储基准利率（如联邦基金利率）等数据包含更多的政策性和市场性信息，针对其的连续数据的获得性强且数据特征能够满足高频数据分析需要。

这里的研究思路为：我们先确定中国利率债市场为研究靶区；然后基于外溢效应视角，选择债券利率传导渠道（美国国债利率波动传导的货币政策外溢效应被定义为美国国债的政策外溢效应），应用全球向量自回归（global vector auto regressive，GVAR）模型和时变参数随机波动率向量自回归（time-varing parameter-stochastic volatility-vector auto regressive，TVP-VAR）模型（简称"时变向量自回归模型"），实证分析 2 年期和 10 年期美国国债利率变化对中国利率债市场的影响；最后总结研究结论和提出启示性的政策建议。在美国国债政策外溢效应的分析中重点研究的内容包括：①利率债的宏观传导机制，即美国国债利率变化对中国债市宏观基本面的冲击，比较通货膨胀和汇率传导机制的差异；②利率债的价格联动机制，即政策外溢效应对利率债价格冲击的传导机制，包括时间效率和量化幅度。

基于上述研究思路，本章的研究框架为：第一部分，背景介绍及文献研究；第二部分，经济理论推导，从在开放经济条件下的两国模型入手，构建经济理论模型（简称理论模型），论证通货膨胀指标、汇率和利率的数量关系；第三部分，构建 GVAR 模型分析，以美国国债利率为冲击变量分析对债市基本面（通货膨胀和汇率）的影响（实证理论模型推论一）；第四部分，构建 TVP-VAR 模型，探索利率债价格传导机制，通过比对其他三个经济体的传导效应情况，识别中国基准利率债联动效应并发掘美国国债政策外溢影响的规律特征（实证理论模型推论二）；第五部分，总结研究结论，提出政策建议。

二、文献研究

本章主要参考的研究文献包括政策传导机制、债市联动性和创新研究方法三个方面。

一是货币政策国际传导研究。Kim（2001）通过向量自回归（vector auto

regressive，VAR）模型的脉冲响应分析，研究了美国扩张性的货币政策对除美国以外的 G7 国家的产出影响。Rey（2014）研究了全球金融的周期性问题，实证分析了美国货币政策冲击的国际传导渠道，重点考察了以通货膨胀为目标的主要经济体受影响的情况。Georgiadis（2015）研究了金融全球化驱动下"三元驳论"形成的困境问题，基于 GVAR 模型分析，得出金融全球化的负面影响将扩大货币政策外溢效应对主要经济体的影响的结论。Claudia（2018）基于国际银行研究网络（International Banking Research Network，IBRN）合作项目课题，分析了 17 个经济体 2000—2015 年的银行样本数据，对美国、欧元区、日本和英国的货币政策国际传导进行了研究。国外的研究文献主要基于自身的政治目标和经济目标，集中在欧、美、日等经济体之间的政策传导冲击影响，缺乏针对中国经济指标的量化分析。虽然 Georgiadis（2015）已经覆盖了较广的国别范围，但是针对性的不足造成了其结论仍然无法形成对中国的借鉴。国内有借鉴性的文献资料是孙国峰（2017），它在"不等边不可能三角形"成立的前提下推导出不同汇率制度下针对跨境资本流动的最优宏观审慎管理水平以及最优的货币政策国际协调水平。该文献为本书研究提供了具有实践指导意义的经济理论支撑，但是该文献以宏观政策理论为重点，未就国际债券市场量化指标进行实证分析。

二是政府债券市场联动性研究。Bredin 等（2010）基于 VAR 方法分析了德国、英国和美国不可预测的货币政策对国际债券市场收益率的外溢效应。静态的 VAR 分析方法对于研究美国货币政策外溢对中国债券市场的影响有一定的借鉴意义，但是缺乏不同时期动态影响的分析比较，不能反映外溢效应的时变特征。Simon 和 Vivian 等（2018）在美联储系列讨论议题中，研究了美国货币政策对国际债券市场的影响，报告表明：常规扩张性的货币政策会增加非美国国家（15 个国家）政府债券收益率曲线的陡峭度，非常规的货币政策会使得收益率曲线平坦化。文献的结论基于实证分析具有很强的借鉴意义，但是非美国国家政府债券的样本中并没有包括中国，其中，新兴经济体只选择了巴西和印度等。侯玉琳（2012）选取 12 个国家或地区的国债数据进行实证研究，探索了欧债危机背景下中国债券市场与国际债券市场之间的联动性。使用经典 VAR 模型对中国和主要经济体进行脉冲分析，量化结论聚焦中国因素，但由于经典 VAR 模型自身的局限性，不能诠释多国或世界各国的经济联系，冲击效应分析的准确性不如 VAR 拓展模型，如 GVAR 模型。

三是创新研究方法应用。Sim（1980）开创性地将 VAR 模型作为计量经济学的流行分析工具，为全球模型框架下进行经济的预测和政策模拟提供了有力的支撑。经典的 VAR 模型在分析复杂问题时存在一定的局限性，目前 VAR 模型的两个重要扩展包括：（1）Garratt 等（2006）提出的 GVAR 模型。该模型采用了前沿的全球宏观经济建模技术，建模方法包括时间序列、面板数据和因子分析方法等，广泛地应用于政策分析、风险评价等领域。（2）基于结构 VAR 模型（SVAR 模型）的分析方法。Primiceri（2005）提出了时变的 VAR 模型（即 TVP-VAR 模型），在 TVP-VAR 模型中的 VAR 方程截距项、变量的系数、方差项是随时间而变化的。

这里的研究重点是分析美国国债的政策外溢效应对中国、美国、日本和欧洲等主要经济体内利率债（包括政府债券等）的影响。从传统经济理论和实践经验判断，美国政策外溢效应对非美国国家利率债价格影响渠道有产业传导渠道和汇率传导渠道，其中：①产业传导渠道通过通货膨胀率指标的变化触发利率债价格波动；②汇率传导渠道基于利率平价理论引发债券价格变化。中国的利率债市场跨境发展和人民币国际化程度虽然在逐步加强，但是当前人民币利率债外资持有比例不占优，并不能形成对利率价格的直接冲击，以经验判断美国国债政策外溢效应通过国际资本的跨境流动（汇率传导渠道）发挥作用对利率债产生影响存在一定的限制。更多的价格传导是通过产业传导渠道产生的（又称"经验逻辑判断"，后面会进行实证检验）。

本章的主要创新与贡献：一是选择 2 年期和 10 年期美国国债利率为政策替代变量，有别于以往对联邦基金利率变量分析，将其应用到量化货币政策对债市基本面和两国利率联动效应的分析中，弥补了之前相关研究没有将中国作为对象的缺失；二是采用 GVAR 模型方法，研究了美国国债隐含货币政策外溢效应对利率债市场宏观基本面的冲击效应和传导机制，通过使用 VAR 模型的扩展方法，弥补了之前国内文献研究仅局限于经典模型在解决复杂经济关系中的缺陷；三是采用 TVP-VAR 模型分析了美国国债波动对中国、欧元区和日本政府债券的时变冲击效应，对美国国债政策外溢时变研究较少，国内文献中国人民银行课题组（2016）用 TVP-VAR-SV 模型研究了美国货币政策对中国产出的外溢效应，但是尚未有研究者从国际化视角进行横向的比较。本书的研究成果可辅助中国人民银行货币政策调控、利率债发行安排和投资策略制定。

第二节　构建开放经济下的货币政策模型

在 20 世纪 70 年代初布雷顿森林体系崩溃后，浮动汇率体系下汇率变动和国际资本流动受到各国央行和学者关注。货币政策效应的国际传导机制以及由此引发的宏观经济指标和金融资产价格波动的关系成为国际经济学的研究热点，伴随 20 世纪 80 年代新古典宏观经济学的兴起及动态分析方法的广泛应用，开放经济理论模型被应用于该热点领域的研究。在开放经济下，货币政策研究有"小国模型"和"两国模型"的区别，小国模型表示两国中的一国经济和政策变量不对外部世界产生影响，两国模型则表现为两国变量之间的相互影响。陆磊（2005）对中国的货币和汇率体制演变进行分析，认为在 2001 年之后，中国的货币经济学已经从小国模型逐步向两国模型过渡。

本书参照李成和赵轲轲（2012）总结的两国模型进行剖析，确定了两国模型中包含的货币政策、通货膨胀率、汇率和利率之间的函数关系。假设在开放经济条件下，A、B 两国的经济关系满足如下方程关系：

A 国的经济关系方程组可以表示为：

$$总需求方程：y_t^* = m_1 y_{t-1}^* - m_2 i_{t-1}^* + m_3 e_t + \rho_t^D \tag{7.1}$$

$$总供给方程：y_t^* = n_1 y_{t-1}^* + n_2 (\pi_t^* - \pi_{t-1}^*) + n_3 e_t + \rho_t^S \tag{7.2}$$

$$货币需求函数：M_d^* = (p^{*g} Y^{*h} \varepsilon) / i^{*j} \tag{7.3}$$

B 国的经济关系方程组可以表示为：

$$总需求方程：y_t = m_1 y_{t-1} - m_2 i_{t-1} - m_3 e_t + \rho_t^D \tag{7.4}$$

总供给方程：$y_t = n_1 y_{t-1} + n_2 (\pi_t - \pi_{t-1}) - n_3 e_t + \rho_t^S$ 　　　　　(7.5)

货币供给函数：$M_t' = \Psi_t(\gamma_t + e_t \theta_t)$ 　　　　　(7.6)

货币需求函数：$M_d = (p^g Y^h \varepsilon)/i^j$ 　　　　　(7.7)

两国模型关系方程组：

购买力平价：$p_t = e_t + p_t^*$ 　　　　　(7.8)

非抛补利率平价：$e_t = E_t e_{t+1} + i_{t+1}^* - i_{t+1}$ 　　　　　(7.9)

国际收支关系方程表达式：$e_t = f(Y_t, Y_t^*, r_t, r_t^*, E_t e_{t+1})$ 　　　　　(7.10)

理性预期下的费雪方程式：$r_t = -E_t \pi_{t+1} + i_t$ 　　　　　(7.11)

式（7.3）和式（7.7）两边取对数，引入时间因素 t，得到新的货币需求函数：

A 国线性货币需求函数：$M_t^* = h Y_t^* + g p_t^* - j i_t^* + \zeta$ 　　　　　(7.12)

B 国线性货币需求函数：$M_t = h Y_t + g p_t - j i_t + \zeta$ 　　　　　(7.13)

在上述宏观经济模型中，ρ_t^D、ρ_t^S、ζ 表示误差扰动因素，θ_t 表示由于国外货币输入而增加的基础货币的量，γ_t 为央行国内的基础货币量，Ψ_t 为货币乘数，e_t 为汇率。经过整理得到如下方程：

$$M_t = h Y_t - j(r_t + \pi_t) + g E_t e_{t+1} + g p_t^* + g(\pi_{t+1}^* - \pi_{t+1})$$
$$+ g(r_{t+1}^* - r_{t+1}) + \zeta \qquad\qquad (7.14)$$

$$M_t = h Y_t + g p_t - j(r_t + E_t \pi_{t+1}) + i_t + \zeta \qquad\qquad (7.15)$$

$$e_t = [(n_1 - m_1)(y_{t-1}^* - y_{t-1}) + m_2(r_{t-1}^* - r_{t-1})$$
$$+ (m_2 - n_2)(\pi_{t-1}^* - \pi_{t-1}) + n_2(\pi_t^* - \pi_t)]/2(c - f) \qquad (7.16)$$

式（7.14）和式（7.15）说明 A 国的实际利率 r_{t+1}^*、通货膨胀率 π_{t+1}^* 与 B 国的实际利率 r_t、通货膨胀预期 $E_t \pi_{t+1}$ 分别和 B 国的货币供给量存在数量关系。经济解释：在 t 时刻 B 国的货币政策变化会引起本国当期实际利率和通货膨胀预期的变化，并会在 $t+1$ 时刻引起 A 国实际利率和通货膨胀变化。式（7.16）说明汇率与两国产出、实际利率、通货膨胀率指标相对变化存在数量关系。经济解释：通过经常项目和资本项目的开放，形成了两国之间相互影响的传导机制，B 国货币政策变化通过该机制引起两国汇率的变化。

在开放经济下，两国的实际利率水平与对应国家债券市场的利率水平在量化关系上存在很强的联动性，主要归因于债券市场是当前实体经济和金融资本连接的最主要渠道，其中政府债券（本书该类债券被称为"利率债"）更成为具有基准利率特征的产品，理论模型中与实际利率相关的量化结论可以等价地应用到利率债利率中。理论模型扩展的经济结论为：在开放经济下，通货膨胀指标、两国汇率和利率债利率之间存在相互影响的数量关系。"数量关系"的推论包括：（1）推论一是一国货币政策变化将引发利率债利率波动，通过宏观传导机制对其他国家通货膨胀指标和汇率产生影响；（2）推论二是一国货币政策变化将引发利率债利率波动，通过价格联动引发其他国家利率债利率的波动。

第三节　开放经济下的美国国债政策外溢效应

本节对推论一进行实证检验，以 2 年期和 10 年期美国国债到期收益率为冲击变量，以通货膨胀率和汇率作为利率债的宏观基本面指标，选择具有代表性的四大债券市场所在的经济体（中国、美国、日本和欧洲）作为截面研究对象。

一、GVAR 模型的构建

参照张延群（2012）阐述的 GVAR 模型的构建方式，构建 GVAR 模型。假设全球经济中存在 $N+1$ 个国家或地区，美国为参照国家，对应为第 0 个国家。这里假设一国的经济与全球其他经济体以及全球外生变量存在相互影响的关系，主要的变量包括按照国家贸易等加权的经济变量、大宗商品价格和美国国债等。假设 X_i 表示阶数为 k_i 的第 i 个国家的国内变量的向量，X_i^* 表示阶数为 k_i^* 的第 i 个国家的国外变量的向量。模型中变量的分析路径包括：一是一国国内的变量 X_{it} 受其他国家经济变量 X_{it}^* 的影响，国外经济变量考虑当期和滞后值；二是大宗商品和美国国债等金融资产的价格作为全球外生变量对各国经济变量产生影响；三是通过构建误差的协方差矩阵，对两国之间的相互冲击进行测量。

将第 i 个国家的 VARX* (1，1) 模型（含有外生变量的向量自回归模型）用式（7.17）表示如下：

$$X_{it} = a_{i0} + a_{it}t + \phi_i X_{i,t-1} + \Delta_{i0} X_{it}^* + \Delta_{it} X_{i,t-1}^* + \mu_{it}$$

$$t = 1, 2, \cdots, T; \ i = 0, 1, 2, \cdots, N$$

这里，ϕ_i、Δ_{i0} 和 Δ_{it} 分别是 $k_i \times k_i^*$ 的系数矩阵。μ_{it} 为阶数为 $k_i \times 1$ 的第 i 个国家的自主冲击的向量，$\mu_{it} \sim$ i. i. d. $(0, \sum_{ii})$，$\sum_{ii} (i = 0, 1, \cdots, N)$ 不是时变的，满足序列不相关且均值为零。

参照上述方法我们进行国外变量的构建，例如，国外产出 y_i^* 的方程表达式：$y_{it}^* = \sum_{j=0}^{N} \theta_{ij}^y y_{jt}$，其中 θ_{ij}^y 为贸易权重。对式（7.17）进行整理我们得到简化形式的全球模型[①]：

$$X_t = \Delta_0 + \Delta_1 t + \gamma X_{t-1} + _0 \forall_t + _1 \forall_{t-1} + \varepsilon_{it}$$

二、数据说明

本书运用 Smith 和 Galesi（2014）中的 GVARToolbox2.0 进行 GVAR 模型的计量分析，在模型中包含国家或地区共 33 个，累计贸易量占全球贸易总量的比例超过 90%。本书的研究重点为美国国债对中国利率债市场基本面的影响，并将欧元区和日本的利率债市场作为参考，所以我们重点构建的国别子系统为中国模型、美国模型、欧元区模型和日本模型。欧元区国家为奥地利、比利时、德国、法国、意大利等 8 个国家。构建后共分成 25 个子系统。

GVARToolbox2.0 模型工具中设定的各个国家模型所包含的变量（共 7 个）有：GDP、CPI（通货膨胀率）、实际证券价格、实际汇率、名义长期利率、短期利率、以石油等大宗商品价格为代表的全球变量。根据长短期美国国债不同的市场特征，美国国债变量分为 2 年期美国国债到期收益率和 10 年期美国国债到期收益率，作为新增全球变量，其中 2 年期美国国债反映当期

---

① 参见张延群（2012）《全球向量自回归模型的理论、方法及其应用》中的文献研究。

货币政策对利率的影响变化，10 年期美国国债反映当期货币政策对长期宏观基本面的影响或者投资者预期长期货币政策的影响。

对模型所包含变量的定义如下：

$$y_{it} = \ln(\mathrm{GDP}_{it}/\mathrm{CPI}_{it})$$

$$p_{it} = \ln(\mathrm{CPI}_{it})$$

$$e_{it} = \ln(E_{it}) - p_{it}$$

$$q_{it} = \ln(EQ_{it}/\mathrm{CPI}_{it})$$

$$\rho_{it}^{S} = 0.25 \times \ln(1 + R_{it}^{S}/100)$$

$$\rho_{it}^{L} = 0.25 \times \ln(1 + R_{it}^{L}/100)$$

其中，GDP_{it}、CPI_{it}、E_{it}、EQ_{it}、R_{it}^{S}、R_{it}^{L} 为第 i 个国家的名义 GDP、CPI、名义汇率（直接标价法）、股票市场综合指数、年度名义短期利率和长期利率；y_{it}、p_{it}、e_{it}、q_{it}、ρ_{it}^{S}、ρ_{it}^{L} 为对应指数或标准化后对应的研究变量，相应地，ys_{it}、ps_{it}、es_{it}、qs_{it}、ρs_{it}^{S}、ρs_{it}^{L} 为相应的国外变量。数据来源为国际货币基金组织的金融统计数据库以及路透社数据库，样本数据为 1979 年第一季度至 2013 年第一季度经过季度调整的季度数据。

基于本书的研究目标，重点分析的变量为 CPI（通货膨胀率）、实际汇率、2 年期美国国债到期收益率和 10 年期美国国债到期收益率 4 个变量。新增全球变量（美国国债收益率）来源为 Wind 数据，为日度数据经过季度处理、样本期间与模型数据匹配而得到。

三、模型检验

我们对样本数据应用于 GVAR 模型进行分析前的统计检验，采用的检验方法为单位根（ADF）检验和协整检验。针对中国模型、美国模型、欧元区模型和日本模型的检验结果（表 7-1、表 7-2 和图 7-1）表明：一是 GVAR 模型分析涉及的变量的水平数据经过单位根检验大部分不满足稳定性要求，一阶差分后稳定；二是协整采用对中国模型、美国模型、欧元区模型和日本模型的数据进行迹检验，四个模型都分别存在两个协整变量，表明样本变量间存在长期稳定的相互关联性。

表 7-1　未经限制的协整关系和短期调整系数

短期调整系数（α）

中国 α	α1	α2	美国 α	α1	α2	欧元区 α	α1	α2	日本 α	α1	α2
y	0.071 3	−0.027 1	y	−0.022 9	−0.449 6	y	−0.025 2	0.597 4	y	−0.037 0	0.715 9
Dp	0.046 5	−0.342 5	Dp	−0.033 1	−0.673 2	Dp	3.022 1	−0.266 0	Dp	0.031 4	−1.042 6
cd	−0.066 6	−1.493 0	eq	−0.113 4	−2.430 3	eq	−0.085 9	2.211 7	eq	0.133 3	−4.502 8
γ	0.005 0	0.037 7	γ	0.001 2	0.026 3	ep	−0.347 3	2.725 5	ep	−0.027 5	3.387 9
lr			lr	0.000 0	0.000 9	γ	0.001 4	0.025 9	γ	0.001 1	0.111 4
						lr	−0.001 0	0.025 3	lr	−0.001 6	0.054 9

协整关系系数（β）

中国 β	CV1	CV2	美国 β	CV1	CV2	欧元区 β	CV1	CV2	日本 β	CV1	CV2
Trend	−0.041 1	−0.000 3	Trend	0.356 7	−0.017 0	Trend	−0.009 2	−0.000 5	Trend	−0.017 0	0.000 7
y	1.000 0	0.000 0	y	1.000 0	0.000 0	y	1.000 0	0.000 0	y	1.000 0	0.000 0
Dp	0.000 0	1.000 0	Dp	0.000 0	1.000 0	Dp	0.000 0	1.000 00	Dp	0.000 0	1.000 0
ep	0.233 8	−0.014 6	eq	−2.336 2	0.107 1	eq	−0.175 9	−0.008 0	eq	−0.038 4	0.006 0
Γ	−15.961 2	−1.781 6	Γ	659.927 4	−35.518 3	ep	0.784 0	0.043 3	ep	0.230 2	−0.000 8
ys	2.429 9	0.031 1	lr	7 193.074 3	−341.106 4	γ	−25.017 9	−2.476 2	γ	−77.024 0	−2.874 7
Dps	−1.261 4	−0.480 8	ys	−33.268 3	1.567 7	lr	2.839 7	−0.373 3	lr	86.686 2	2.886 2
eqs	−0.199 7	0.006 4	Dps	−34.375 5	1.712 3	ys	1.729 7	0.106 5	ys	1.213 3	−0.045 3
rS	2.396 8	0.272 6	eps	−3.682 3	0.182 1	Dps	3.181 3	−0.154 4	Dps	3.091 3	−0.004 1
lrs	5.632 9	2.524 1	rl	0.771 1	−0.035 7	eqs	0.006 6	0.013 9	eqs	−0.360 2	−0.012 3
r2	−0.024 0	0.002 4	r2	−2.696 1	0.139 2	rs	−0.409 5	0.567 2	rs	0.377 8	0.107 7
r10	0.030 1	−0.007 1	r10	−15.877 3	0.748 7	lrs	4.818 7	0.003 5			
			lrs	122.043 9	8.047 5	r2	0.033 9	0.000 3			
			r2	0.094 7	0.004 7	r10	−0.112 4	−0.002 2			
			r10	−0.258 8	−0.013 4						

表 7 - 2　　主要经济体模型中外国变量的弱外生性检验（5%显著性水平）

经济体	F 检验	临界值	ys	Dps	eqs	eps	rs	lrs	r2	r10
中国	F(2, 118)	3.073 1	0.605 5	0.194 3	0.026 3	—	0.592 9	1.710 4	2.098 2	1.882 0
美国	F(2, 120)	3.017 8	0.805 6	1.358 9	—	0.211 3	—	—	1.899 6	2.851 9
欧元区	F(2, 116)	3.074 4	2.065 6	1.214 6	0.855 6		1.018 2	0.076 4	1.099 7	0.311 1
日本	F(2, 116)	3.074 4	0.878 7	3.690 2	4.128 7	—	0.038 5	0.327 5	0.060 3	0.008 5

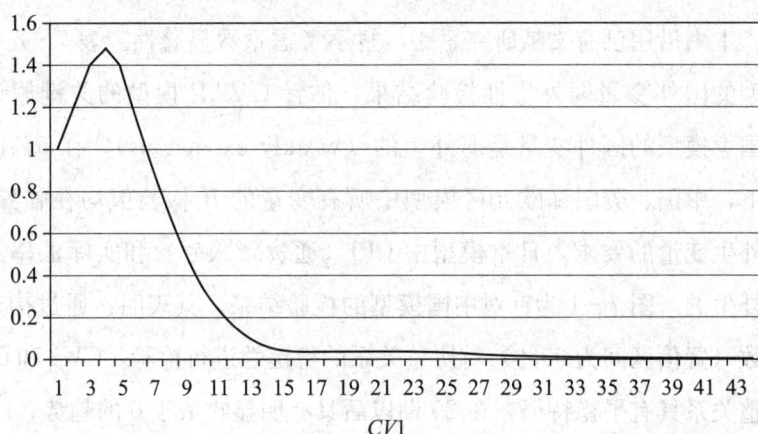

*CV*1

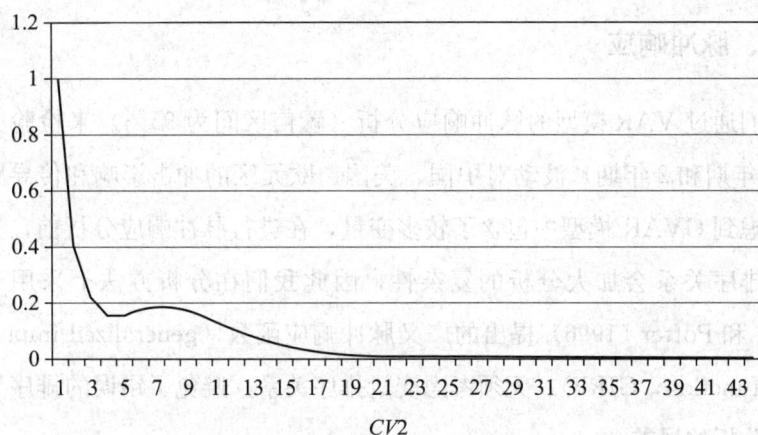

*CV*2

图 7 - 1　中国模型中两个协整关系对于系统冲击的持续反应

表 7 - 1 显示：中国模型的内生变量有 4 个，外生变量有 2 个；美国模型的内生变量有 5 个，外生变量有 2 个；欧元区和日本模型的内生变量有 6 个，外生变量有 2 个。本书的 GVAR 模型估计依赖由 Smith 和 Galesi（2014）所

研发的最新版本 GVARToolbox2.0，该模型工具未就系数的显著性提供检验结果数据。既有的 GVAR 相关经典文献〔国外的经典文献包括 Garratt 等（2003a，2003b，2007）、Pesaran 等（2004，2006）、Deeset 等（2007）、Assenmacher-Wesche 等（2008）、Smith 和 Galesi（2011）、Cashin 等（2014）；国内的文献包括张延群等（2012），张红、李洋和张洋（2014）等〕均没有给出相关报告，在经典文献中研究者最看重的是模型脉冲响应结果的稳健性、收敛性。本书沿用已有文献研究思路，暂不考虑系数显著性。表 7-2 显示了四个模型的国外变量弱外生性检验结果：估计 GVAR 模型的关键假设条件是，各国家模型的国外变量是弱外生的（weakly exogenous），在 5% 的显著性水平下，中国、美国和欧元区模型中所有变量的 F 检验值均在临界值内，满足弱外生变量的要求，日本模型中 CPI（通货膨胀率）和实际汇率不能被视作弱外生的。图 7-1 为针对中国模型的检验结果，其表明：通过构建脉冲反应函数（置信区间为 95%）对协整关系的稳定性进行检验，$CV1$ 和 $CV2$ 代表的协整关系具有平稳特征，在 20 期以后具有明显收敛于 0 的趋势。

四、脉冲响应

我们通过 VAR 模型的脉冲响应分析（置信区间为 95%）来检验美国国债（10 年期和 2 年期）波动对中国、美国、欧元区的冲击影响和传导路径特征。考虑到 GVAR 模型中包含了较多变量，在进行脉冲响应分析前，界定各变量的排序关系会加大分析的复杂性，因此我们在分析方法上采用 Koop、Pesaran 和 Potter（1996）提出的广义脉冲响应函数（generalized impulse response function，GIRF），无须考虑变量排序关系，避免了错误的排序导致脉冲响应分析的误差。

（一）美国国债对主要经济体通货膨胀冲击效应

1. 检验美国国债对美国宏观基本面影响

从图 7-2 和图 7-3（美国通货膨胀指标的脉冲响应）可以看出，如果美国进入加息周期，紧缩的货币政策引发美国国债收益率曲线短端和长端的上行，即分别给短端和长端美国国债一个正标准差的冲击，10 年期美国国债对本国通货膨胀的冲击强于 2 年期。后期长短端的影响维持在较小冲击效应水平，在观测期内，四期均向 X 轴收敛，10 年期美国国债会收敛到 0 的区域或回撤到 0 以下的位置，2 年期美国国债收敛的冲击效应仍在 0 以上。经济解释：

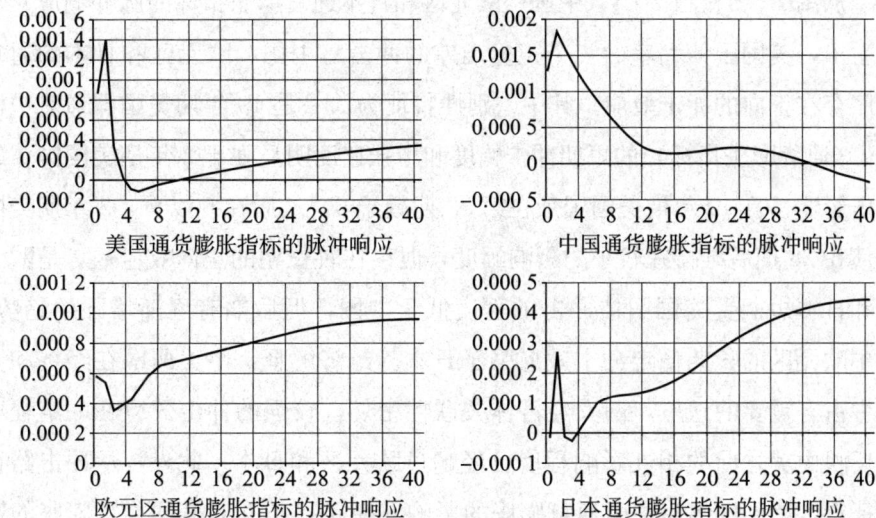

图 7-2　10 年期美国国债对主要经济体通货膨胀冲击效应

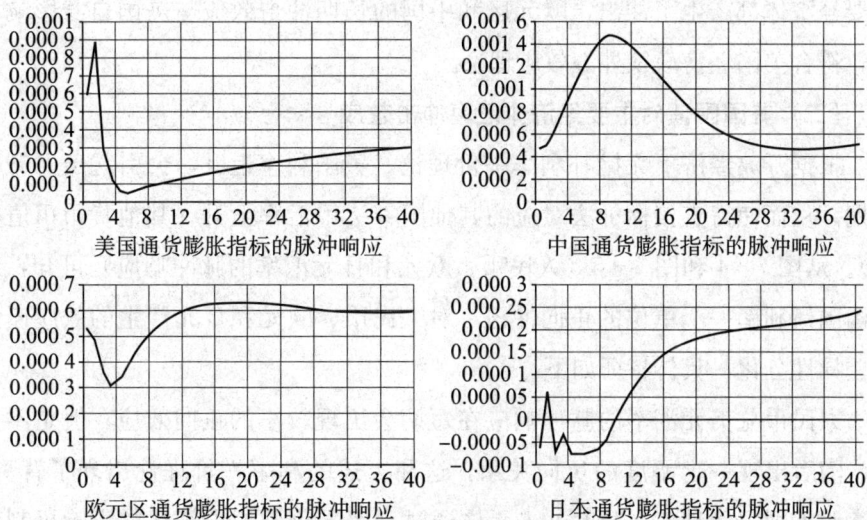

图 7-3　2 年期美国国债对主要经济体通货膨胀冲击效应

采取紧缩的货币政策，美国国债利率上升将冲击宏观经济的基本面，导致本国通货膨胀出现上升趋势，短期之后冲击效应虽然会衰减，但这种影响的持续性可能较长，上述特征与实际的经济理论相符。

2. 检验美国国债对其他主要经济体宏观基本面的影响

从图 7-2 和图 7-3（中国、欧元区和日本通货膨胀指标的脉冲响应）可以看出，美国国债利率的一个正标准差的冲击对中国、欧元区和日本的通货膨胀存在正向的冲击效应。其中差别性特征为：一是 10 年期美国国债对中国CPI（通货膨胀指标）的短期冲击幅度和增强速度明显强于 2 年期美国国债的冲击影响，且 10 年期美国国债在第 32 期趋于 0，之后在 0 以下，2 年期美国国债在 28 期后维持在较小的影响幅度，但存在较长期的正向效应；二是欧元区和日本短期受美国国债冲击的程度低于中国，但后期有逐渐增强的趋势，其中欧元区的长期稳定冲击效应强于日本。经济解释：中美两国在经济和贸易中占有重要的地位，两大经济体关联性密切，较强的冲击效应在一定程度上反映中美之前的相互影响程度已经超过欧元区和日本。此外，从冲击路径特征看，美国国债对中国通货膨胀的影响效应路径与其对美国通货膨胀的影响效应路径相似。美国货币政策（2 年期美国国债）产生的政策外溢性效应对主要经济体都产生了冲击，欧元区和中国的长期冲击效应与美国自身影响相当，符合美国经济政策外溢效应理论。

（二）美国国债对主要经济体汇率冲击效应

根据开放经济下无抛补利率平价理论，美国利率上升，会引起美元升值预期，从而使得直接标价法对应的其他国家货币汇率上升（其他货币币值贬值）。从图 7-4 和图 7-5（人民币、欧元和日元汇率的脉冲响应）可知，给美国国债利率一个单位的正向冲击，对人民币、欧元和日元产生的效应产生了差异性分化，具体特征如下：

人民币兑美元汇率的脉冲响应在短期会出现较小的正向效应，但是不显著，随后出现一定幅度的负向关系，这和上述的利率平价理论出现了背离。这表明美国国债利率上升的冲击无法通过利率平价理论中阐述的影响机制传导到中国，中国目前的外汇调控措施在一定程度上阻隔了外部因素对人民币汇率的直接冲击。

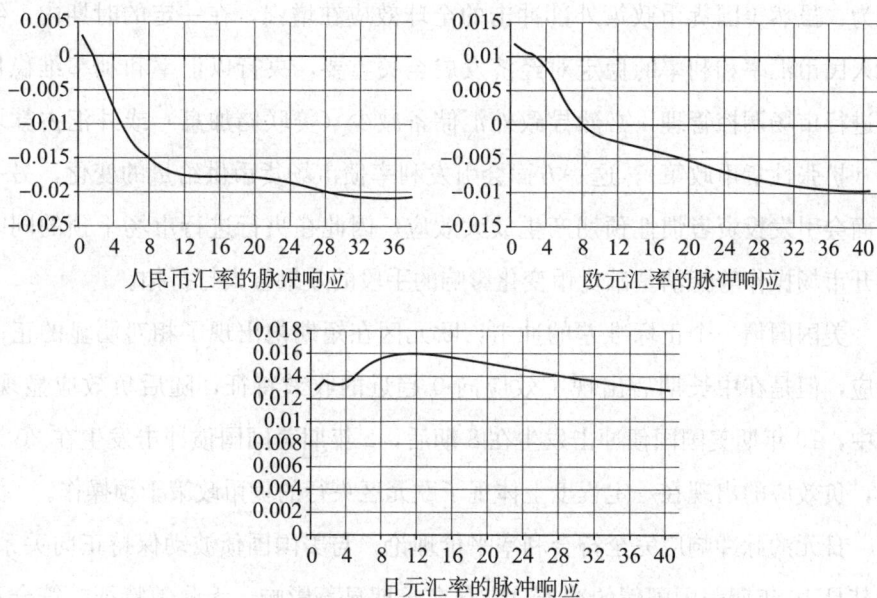

图 7 - 4　10 年期美国国债对主要经济体汇率冲击效应

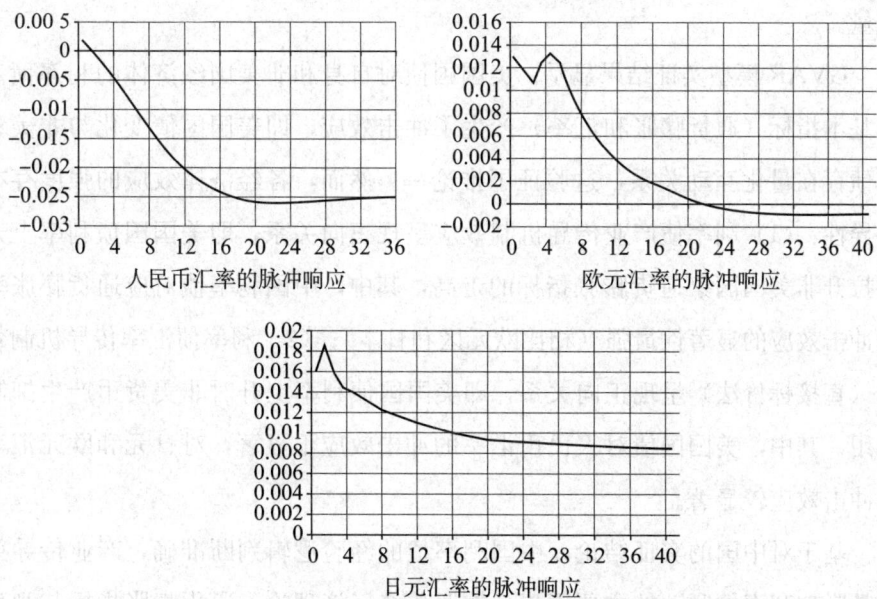

图 7 - 5　2 年期美国国债对主要经济体汇率冲击效应

然而，结售汇的影响会间接引起利率债市场资金的流动性变化，具体表现为：虽然美国货币政策外部冲击的全球效应在增强，在一定的时期内，维持人民币汇率和利率的稳定对经济发展至关重要，央行以汇率和利率维稳目标进行市场调控管理，必然导致外汇储备减少（美联储加息）或外汇占款增加（扩张性货币政策）。这一方面会引发利率债市场货币供给量的变化，另一方面会引发投资者惯性预期产生放大效应，因此在央行进行市场干预的同时公开市场操作等抵消基础货币变化影响的手段的效果会大打折扣。

美国国债一个正标准差的冲击，欧元区在短期内出现了相对明显的正向效应，但是在中长期后出现了效应向 0 趋近的收敛特征，随后负效应显现。其中，10 年期美国国债冲击发生在 8 期后，2 年期美国国债冲击发生在 20 期后，负效应的出现在一定程度上体现了欧元区央行的货币政策干预操作。

日元的脉冲响应完全符合利率平价理论，与美国国债波动保持正向关系，尤其是 10 年期美国国债的冲击效应存在长期显著影响，无收敛特征，符合不满足弱外生性检验判断的特征，美国国债利率对日元在一定程度上满足内生变量。

GVAR 模型实证结果显示：美国国债对自身和非美国经济体的利率债宏观基本指标（通货膨胀和汇率）产生了冲击效应，即美国国债变化与非美利率债存在量化互动关系，这验证了推论一。然而，各经济体效应的强度存在差异性：（1）利率债产业传导机制效应呈现正向关系，即美国国债利率上升将拉升非美国国家通货膨胀指标的走高，其中，中国利率债对应通货膨胀率的冲击效应的显著性最强（相比欧元区和日本）；（2）利率债汇率传导机制效应（直接标价法）呈现正向关系，即美国国债利率上升对非美货币产生抑制作用，其中，美国国债对人民币汇率的冲击效应不显著，对日元和欧元汇率的冲击效应较显著。

基于对中国的实证结论，中国利率债的经验逻辑判断准确，产业传导渠道是影响利率债联动的主要因素。按照传统经济理论，通货膨胀指标与利率债利率长期存在同向数据关系，紧缩性货币政策的外溢效应将恶化利率债的宏观基本面，外溢效应将造成债券价格下跌或者利率价格上升。然而，由于各国央行存在一定的政策协同和干预功能，实际的价格传导机制在不同的时期存在差异。此外，利率债市场与通货膨胀的关系在不同时期内可能并不完全符合传统经济理论规律。

以中国利率债市场为例（见图7-6），2012年表现出较强的界限特征：在2012年之前，10年期国债利率与通货膨胀指标吻合度很高，具有显著的正相关关系，但是在2012年之后的时期，利率与通货膨胀指标在某些时段出现了一定的背离。这说明利率债宏观基本面与实际利率存在时变特征。由于上述时变特征的存在，对于推论二的实证沿用GVAR模型或经典的VAR模型存在分析工具的不足。TVP-VAR模型近年被国内外研究文献广泛应用，其主要优势在于允许参数估计值随时间变化而变化，从而可以深入地分析经济变量之间关系的结构性转变，尤其适用于捕捉金融对各变量的影响。因此，在分析美国国债政策外溢效应对利率债价格的传导机制（推论二）时应选择TVP-VAR模型进行研究。

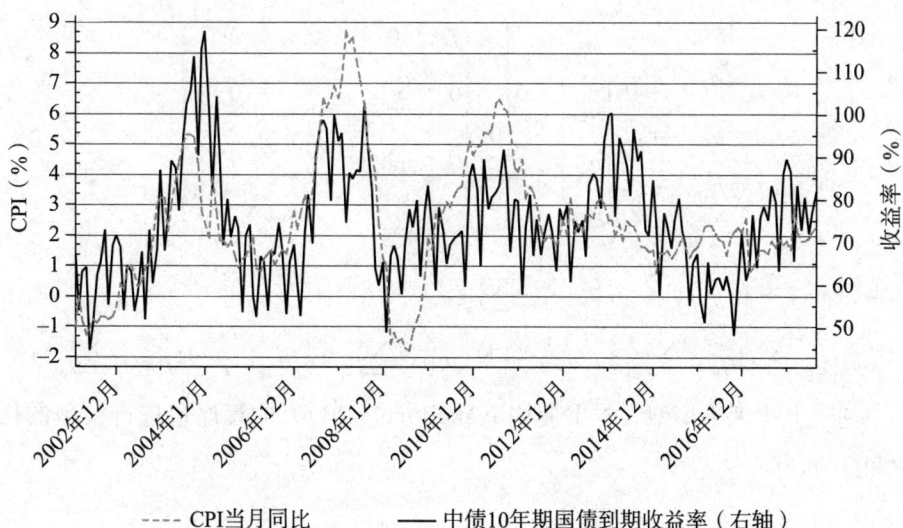

---- CPI当月同比　　——中债10年期国债到期收益率（右轴）

图7-6　中国10年期国债利率与通货膨胀率月度走势比较
数据来源：中国债券信息网、Wind。

第四节　美国国债与利率债利率联动效应识别

一、TVP-VAR 模型的构建

本书在传统 SVAR 模型的基础上引入时变特征，能够更加准确和稳健地分析美国国债政策外溢效应对非美经济体利率债（包括国债、公债和金融债等）的联动效应。时变向量自回归（TVP-VAR）模型如下：

$$y_t = c_t + B_{i,t} y_{t-1} + \cdots + B_{p,t} y_{t-p} + e_t \quad e_t \sim N(0, \Omega_t)$$

其中，y_t 为所研究的目标变量（$k \times 1$），$B_{i,t}$（$i=1$，…，p）是时变的自回归系数（$k \times k$），Ω_t 是时变方差矩阵（$k \times k$）。递推辨识的分解方程为 $\Omega_t = A_t^{-1} \sum_t \sum_t A_t'^{-1}$，其中，$A_t$ 是下三角矩阵，其对角线元素为 1 且 $\sum_t = \mathrm{diag}(\sigma_{1t}, \cdots, \sigma_{kt})$。$\beta_t$ 是 $B_{i,t}(i=1, \cdots, p)$ 的行向量，$\alpha_t = (\alpha_{1t}, \cdots, \alpha_{qt})'$ 是 A_t 下三角矩阵元素的行向量；$h_t = (h_{1t}, \cdots, h_{kt})$，其中 $h_{it} = \log \alpha_{it}^2$。时变参数满足随机游走过程，如下：

$$\begin{aligned}\beta_{t+1} &= \beta_t + \mu_{\beta t}, \\ \alpha_{t+1} &= \alpha_t + \mu_{\alpha t}, \\ h_{t+1} &= h_t + \mu_{ht},\end{aligned} \quad \begin{pmatrix} \varepsilon_t \\ \mu_{\beta t} \\ \mu_{\alpha t} \\ \mu_{ht} \end{pmatrix} \sim \left(0, \begin{pmatrix} I & 0 & 0 & 0 \\ 0 & \sum_\beta & 0 & 0 \\ 0 & 0 & \sum_\alpha & 0 \\ 0 & 0 & 0 & \sum_h \end{pmatrix}\right)$$

其中，$t = s+1$，…，n；$e_t = A_t^{-1} \sum_t \varepsilon_t$。

$\beta_{s+1} \sim N(\mu_{\beta_0}, \sum_{\beta_0})$，$\alpha_{s+1} \sim N(\mu_{\alpha_0}, \sum_{\alpha_0})$，$h_{s+1} \sim N(\mu_{h_0}, \sum_{h_0})$。

基于上述理论模型，本书使用 Nakajima（2011）的程序包进行模型的构建和分析。

二、变量选取与数据来源

根据 GVAR 模型对利率债宏观基本面的分析结论，作为外部冲击变量的 2 年期美国国债和 10 年期美国国债对模型内经济变量的冲击效应存在一定的差异性，其中实证结果显示，10 年期美国国债对样本经济变量的冲击效应的显著性更强。因此，在本部分构建 TVP-VAR 模型进行分析时，选择 10 年期美国国债利率作为关键变量，对应中国、欧元区和日本各主要经济体也选择 10 年期的国债（公债）利率进行时变的联动分析。本书利用 OxMetrics6.0 建立 TVP-VAR 模型，实证分析 10 年期美国国债对非美国经济体同期限基准利率债的动态传导效应分析。数据的来源为 Wind 数据库，样本时间为 2004 年 9 月 7 日至 2018 年 5 月 16 日。上述四项指标数据均为高频日度数据，运用 EVIEWS8.0 进行月度数据的降频处理。

为了避免出现潜在的伪回归问题，本书分别采用 ADF 检验和 PP 检验对模型分析中使用的经济变量的平稳性进行单位根检验。表 7-3 和图 7-7 的检验结果显示，各指标检验值均在单位圆内，各变量的水平值在 1% 的显著性水平下表现为无单位根的平稳序列，后续 TVP-VAR 分析不存在伪回归，满足 VAR 模型的稳定性要求。为了确定模型最佳的滞后阶数，选择 LR、AIC 等多个检验原则，确定最优的滞后期为 2（见表 7-4，当期带 * 号的为选择期）。

表 7-3　　　　　　　　　　　**TVP-VAR 模型的单位根检验结果**

	美国国债	欧元债	日元国债	中国国债
ADF 检验	−1.784 7	−3.432 3	−3.432 3	−3.432 3
PP 检验	−3.432 3	−3.432 3	−3.432 3	−3.432 3

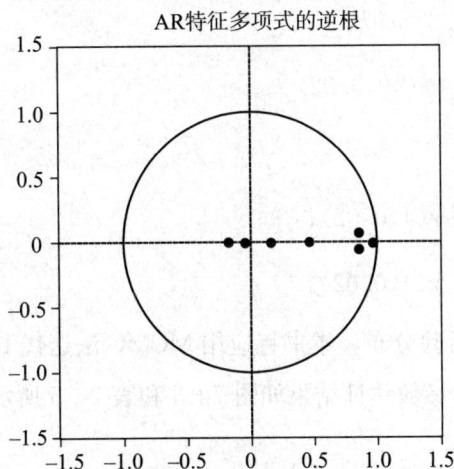

AR特征多项式的逆根

图 7-7　单位根检验

表 7 - 4 滞后期确定检验

滞后期数	LogL	LR	FPE	AIC	SC	HQ
0	(152. 810 4)	NA	0.000 1	2.240 1	2.324 2	2.274 3
1	517. 473 2	1 292.690 0	0.000 0	(7.1 06 8)	−6.686 525*	−6.935 989*
2	537. 095 0	36.720 9	9.15e−09*	−7.158 501*	(6.402 1)	(6.851 1)
3	552. 847 8	28.579 9	0.000 0	(7.155 0)	(6.062 4)	(6.711 0)
4	567. 095 6	25.035 5	0.000 0	(7.129 9)	(5.701 1)	(6.549 3)
5	576. 629 5	16.207 6	0.000 0	(7.037 6)	(5.272 6)	(6.320 3)
6	585. 971 3	15.347 4	0.000 0	(6.942 4)	(4.841 3)	(6.088 6)
7	592. 211 7	9.895 5	0.000 0	(6.803 0)	(4.365 7)	(5.812 6)
8	609. 499 5	26.425 56*	0.000 0	(6.821 4)	(4.047 9)	(5.694 3)

三、参数估计结果

参照 Nakajima（2011）的赋值方法，设定：

(1) $\mu_{a_0} = \mu_{\beta_0} = \mu_{h_0} = 0$；

(2) $\sum_{\beta_0} = \sum_{a_0} = 10I$；

(3) $(\sum_{\beta_0})_i^{-2} \sim \gamma(40, 0.02)$

(4) $\sum_{h_0} = 4I$；

(5) $(\sum_a)_i^{-2} \sim \gamma(4, 0.02)$；

(6) $(\sum_h)_i^{-2} \sim \gamma(4, 0.02)$。

为了计算参数后验分布，本书将应用 MCMC 法迭代 10 000 次，并舍弃初始的 1 000 次抽样。参数估计结果如图 7 - 8 和表 7 - 5 所示。

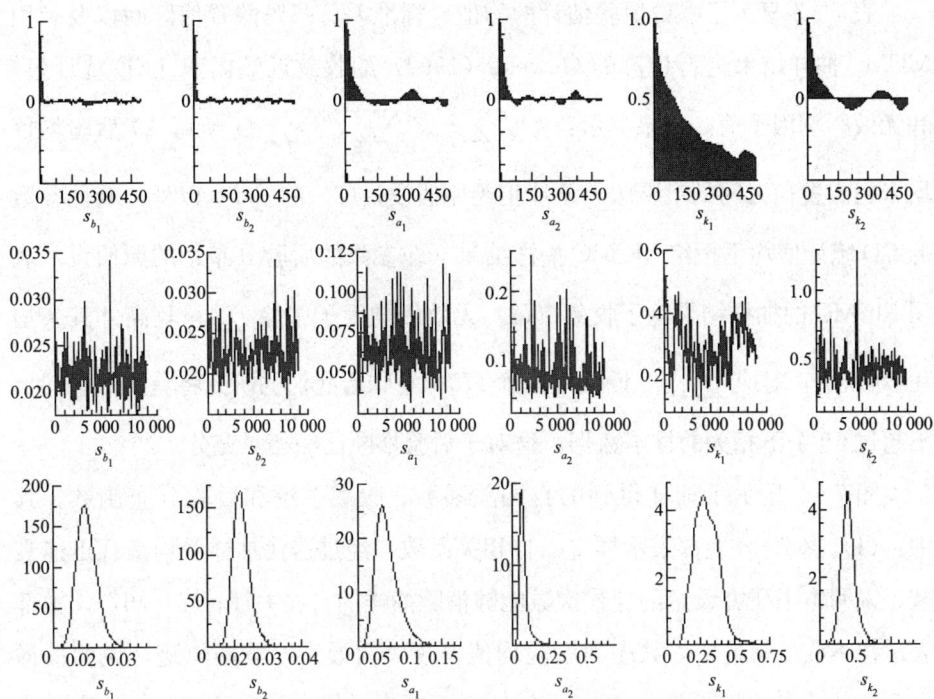

图 7 - 8 TVP-VAR 模型选择指标的 MCMC 估计结果图

表 7 - 5   TVP-VAR 模型的 MCMC 模拟估计结果及诊断

参数	均值	标准差	95% 置信区间下限	95% 置信区间上限	Geweke 检验值	无效影响因子
$\sum_{\beta_1}(s_{b_1})$	0.022 0	0.002 4	0.017 9	0.027 1	0.628	8.93
$\sum_{\beta_2}(s_{b_2})$	0.022 3	0.002 5	0.018 0	0.027 9	0.357	10.13
$\sum_{\alpha_1}(s_{a_1})$	0.064 5	0.018 2	0.037 6	0.108 4	0.560	41.70
$\sum_{\alpha_2}(s_{a_2})$	0.080 0	0.042 7	0.042 0	0.205 1	0.094	29.81
$\sum_{h_1}(s_{h_1})$	0.292 9	0.086 7	0.145 8	0.468 1	0.764	174.02
$\sum_{h_2}(s_{h_2})$	0.406 4	0.108 1	0.228 4	0.650 4	0.520	62.60

表7-5 显示了参数后验估计的均值、标准差、95％的置信区间以及利用 MCMC 抽样结果进行计算的 Geweke（1992）的收敛近端概率（CD 统计量）和无效影响因子值。结果显示：（1）$\sum_{\beta_i}$、$\sum_{\alpha_i}$、$\sum_{h_i}$（$i-1$，2）后验均值均未超出置信区间的上下限，不能拒绝原假设；（2）除 $\sum_{\alpha_2}$ 以外，其他参数的 CD 统计值均不拒绝 MCMC 抽样结果（即参数的后验分布）的原假设，表明 MCMC 的抽样结果趋于收敛；（3）无效影响因子中除 $\sum_{h_1}$ 较高外其余均在70 以下，对应 $\sum_{h_1}$，低效率因素175，意味着我们的研究将获得$M/100=$不超过 60 个不相关的样本数据，这对于后验推断已经相对充分。

图7-8 显示了抽样得到的自相关系数、收敛轨迹和后验分布函数。其中：（1）图7-8 上部表示样本的自相关系数，经过迭代抽样后均呈现迅速衰减，说明本书研究设定的迭代次数能够消除抽样的自相关性；（2）图7-8中部表示样本收敛轨迹，参数序列后验均值呈现"白噪声"波动轨迹，说明抽样得到的估计参数相互独立；（3）图7-8 下部表示样本的后验密度，从完整样本的核密度图形判断，马尔可夫链（又称"链形"）的前半部分和后半部分相似度极高，链形的对称性分布反映前后两部分密度的等同程度极高。

由此，本书得出结论：样本路径平稳且样本的自相关系数呈现出稳定的下降趋势，表明我们的样本方法有效地生成了低自相关性的研究样本，对美国国债、欧债、日本国债和 10 年期中国国债利率的 TVP-VAR 模型的 MCMC 模拟估计结果满足应用时变的脉冲响应函数进行计算分析的条件。

四、利率债波动率时变特征

图7-9 显示了 4 个经济体基准利率债利率变量随机波动的时变特征：（1）美国国债利率的随机波动率在 2009 年达到峰值后迅速收敛下降，2010—2012 年维持在 2005—2007 年的波动水平；2013—2015 年进入较低的波动水平，该时期对应美联储资产负债表扩张，为量化宽松时期；2017 年以后至今进入高位震荡阶段，量化宽松走到末端，进入加息阶段后货币政策效应增强。

（2）中国国债利率和美国国债利率的随机波动图形具有相似的线性特征，但整体的波动水平相对低很多；2009 年和 2017 年的峰值具有与美国国债高度的吻合特征，2010—2015 年利率债市场蓬勃发展，对应该时期的波动率水平维持在较低的水平，从长期来看中国利率债基本平稳。（3）欧债利率的随机波动率在 2009—2014 年维持在较高的震荡水平，对应该时期的欧元区出现了严重的欧债危机事件；随后的欧元区实行量化宽松政策，使得波动率在 2016 年以后迅速收敛到较低的水平并维持至今。（4）日本国债利率的随机波动率整体上看一直不大，自 2008 年次贷危机后在 2010 年下半年达到峰值，随后迅速收敛，最终趋近于零。

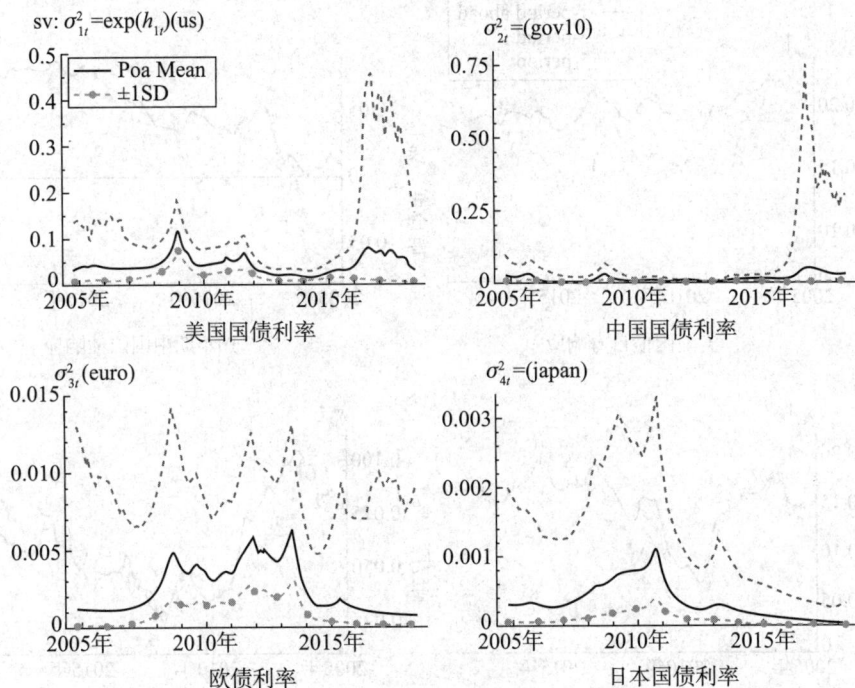

图 7-9　各变量随机波动率的时变特征

比较截面数据可得，在 2015 年之前，波动率的强度顺序为：美国国债＞欧债＞中国国债＞日本国债；在 2015 年之后，中国国债的波动率增强，欧债和日本国债处于较低的幅度区间，强度顺序为美国国债＞中国国债＞欧债＞

日本国债。

本书采用基于 TVP-VAR 模型提供了两种类型的脉冲响应函数：等间隔脉冲响应函数和时点脉冲响应函数。其中，等间隔脉冲响应函数对应时变脉冲响应分析，时点脉冲响应函数被用于分析不同时点的脉冲响应。

五、时变脉冲响应分析

图 7-10 呈现了利率债利率变量的等间隔脉冲响应图，分别设定滞后 1期、3 期、5 期的脉冲响应曲线。考虑到美国国债对非美国利率债的时效性，上述滞后期封闭分别对应美国国债冲击的短期、中期和长期效应。

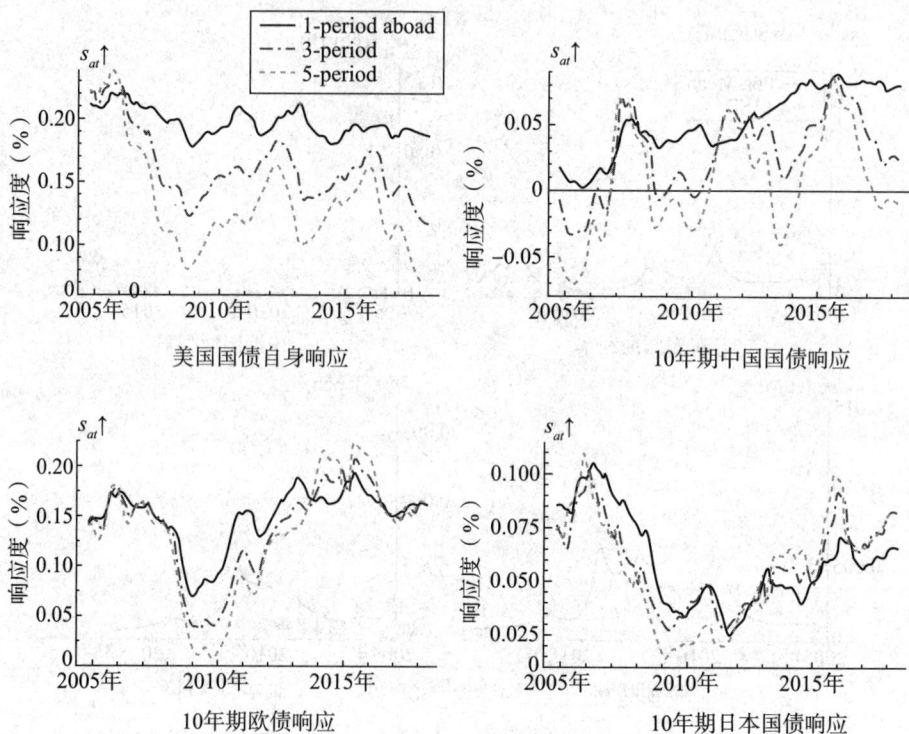

图 7-10 TVP-VAR 模型等间隔脉冲响应函数图

从中我们观察到的主要特征如下：

（1）美国国债自身的冲击效应。从图 7-10（美国国债）来看，在 2004

年 9 月到 2018 年 5 月的样本期间内，美国国债自身的冲击作用表现为抑制作用，即在一个标准差的正向冲击下，美国国债自身利率形成大约 0.2% 的正向效应。从 TVP-VAR 模型的脉冲响应过程看，美国国债的冲击效应在样本期内具有显著性，冲击效应随着滞后期的延长逐渐减弱。

（2）美国国债冲击的联动效应。从图 7-10（10 年期中国国债、欧债和日本国债）来看，美国国债利率的冲击作用对中国、欧元区和日本的利率债市场表现为抑制作用，即在一个正标准差的冲击下，三个经济体的利率债市场普遍会形成利率上升的正向反应。比较样本期间的平均影响程度，欧元区受到的抑制作用最强，中国受到的抑制作用相对较弱。

具体特点包括：一是中国 10 年期国债对美国国债冲击的联动效应在逐步增强，反映了中国国债市场的开放程度在逐步提高，目前的脉冲响应程度为 0.8%，已经超过日本当期冲击的脉冲响应程度。二是日本在 2007 年以前与美国国债的联动性显著，峰值为 0.1%，在美国次贷危机以后出现大幅下滑，尤其在 2010 年左右发生的欧债危机对日本形成的冲击远大于美国国债联动效应的影响，低点的影响效应不足 0.03%。之后随着欧债危机的缓和，日本国债对美国国债的联动效应提高到 0.07%，同时美国国债联动效应呈现了滞后性，当期联动效应叠加了前几期的影响。三是欧债与美国国债保持着较高的联动性，在美国次贷危机之前的峰值达到 0.18%，从次贷危机到欧债危机前期联动效应跌到阶段性的低点 0.07%，随后与美国国债的联动效应逐步提升，直至欧债危机得到缓解，阶段性高点到达 0.2% 附近，可见美国和欧元区经济政策的密切程度。与日本类似，欧债在 2014—2016 年出现了联动效应的滞后性特征，反映出当期利率冲击效应体现了投资者行为和实体经济传导机制共同作用的结果。

六、不同时点的脉冲响应分析

基于典型事实，本书采用时点脉冲响应函数对利率债利率联动效应进行动态识别。选择的 3 个典型的时点包括：（1）时点 1（2006 年 12 月），在次贷危机前期，经济和金融膨胀出现泡沫，2004—2006 年美联储疯狂加息达 17 次之多（处于加息渠道的中后期），货币政策收紧；（2）时点 2（2011 年 12 月），次贷危机和欧债危机相继爆发，美联储救市，其货币政策宽松，欧美央行相继扩表，进入量化宽松期；（3）时点 3（2018 年 4 月），欧美进入量化宽松的尾端，美联储进入加息通道，中国利率债市场宏观审慎、资管新规和去杠杆等抑制因素显现。

我们发现的主要特征如下：

（1）美国国债自身的冲击效应。从图 7-11（美国国债）来看，3 个时点的初始脉冲冲击效应相当，在一个标准差的正向冲击下，美国国债自身利率形成大约 0.2% 的正向效应，但是当前时点 3 的收敛速度明显快于时点 1 和时点 2，这反映了美国国债自身冲击效应的收敛速度存在时变特征。

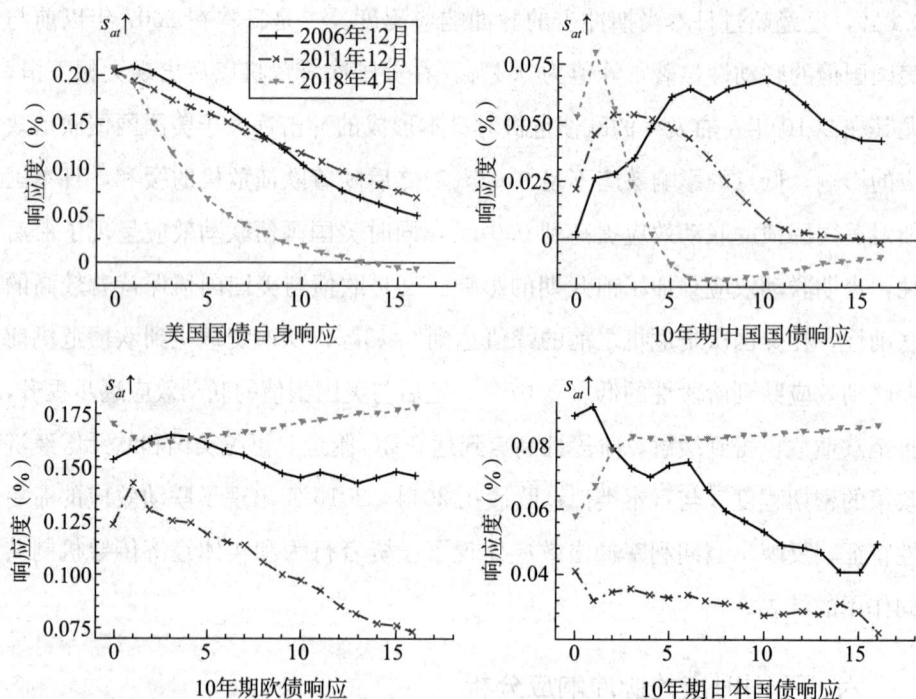

图 7-11　TVP-VAR 模型不同时点脉冲响应函数图

　　（2）美国国债冲击的联动效应。从图 7-11（10 年期国债、欧债和日本国债）来看，各时点脉冲效应在强度和收敛特征上均存在时变特征，反映出典型事实（宏观基本面或政策变化）对联动效应有一定的影响。

　　从国别角度看，具体时点特征为：一是欧债对美国国债的冲击在时点 1 和时点 2 的脉冲图呈现出在达到峰值前存在较长的时滞特征且随后的收敛速度迟缓，时点 3 的时变特征为短期达到冲击峰值，随后收敛速度迅速且在向 0 收敛过程中存在穿透产生负向关系的情况。二是欧债对美国国债的冲击强度显著强于其他非美国利率债，当前时点 3 的脉冲效应高于其他时点和同期其他非美国经济体利率债，期初不存在时滞特征且在 20 期内不存在收敛趋势；相比而言，只有时点 2 的脉冲效应存在一定的收敛特征且低于其他时点的效应强度。三是日本国债对美国国债当期（时点 3）期初冲击效应低于时点 2 但高于时点 1，峰值的出现滞后了 4 期且在 20 期内未出现显著的收敛特征。

　　不同时点的效应量化强度时变特征为：一是当前美联储进入加息通道（时点 3），峰值效应强度为美国国债＞欧债＞中国国债＞日本国债；二是美联储政策放松（降息和量化宽松）（时点 2），峰值效应强度为美国国债＞欧债＞中国国债＞日本国债；三是在历史上美联储多次加息后（时点 1），峰值效应强度为美国国债＞欧债＞日本国债＞中国国债。当前中国国债联动效应已经超过日本国债，达到峰值的时滞性大大缩减且收敛速度加快，反映了美国国债政策外溢效应的冲击具有短期性，国内宏观基本面和货币政策是长期决定因素。

　　基于时变和不同时点的脉冲响应分析结论显示，美国国债政策外溢效应能引发国际利率债市场利率联动效应，美国国债与非美国利率债之间存在显著的价格传导机制，实证检验了经济理论模型中的推论二的判断。

第八章

中美利差"舒适区"与风险传导比较

第一节 研究理论演变与模型构建

一、背景与综述

(一) 背景介绍

2018 年底，中国债券市场余额逼近 90 万亿元人民币，位居世界第三，其中，境外投资者持有国债比例超过 8%。随着中国金融市场开放力度的加大和债券市场的跨境发展，影响中国银行间市场利率债利率波动的因素逐步增多，传导机制的复杂性也随之提高。美国国债市场是当前全世界规模最大、流动性最高的国债市场，美国国债利率变化对非美国国家的资产价格传导、政策外溢效应及操作示范作用等显著，其与债券相关的利率指标对各国经济发展和政策制定具有极强价值。在当前中美贸易加剧、美联储加息持续、人民币汇率出现大幅贬值等事件的发酵下，债券市场投资者情绪极易催化市场的过激反应，防范于未然成为应对风险的重要对策。

围绕中国"货币政策正常化"，我们聚焦中美利差、汇率和通货膨胀率，在深刻理解央行稳健中性货币政策的前提下，对中美利差"舒适区"、债市发展"新动能"等问题进行思考，具体的研究思路包括：首先对利率、汇率和通货膨胀的相互影响关系进行经济理论的推导和延伸；其次基于实证的检验方法，确定研究变量进行分析比较，以发现中美利差、汇率预期和国内通货膨胀对银行间基准利率债（国债）冲击的传导效应；最后根据效应强度和时变特征，总结研究结论和提出启示性的政策建议。

(二) 文献研究

关于利率、汇率和通货膨胀率与资产价格的文献研究有四类：一是基于单一利率变动的文献研究。Bernanke (2005) 等运用 VAR 模型对美国股票市场上的资产价格进行研究，分析了货币政策变化对股票市场资产价格的冲击影响并予以量化，即联邦基金利率每下调 0.25%，就会引起股市资产价格 1% 的上涨幅度；Basisth (2008) 和 Mayes (2012) 等研究发现利率对股票价格的影响在一定时期内存在不确定性。二是基于利率平价理论的文献研究。Simone 和 Razzak (1999)、Hoffmann 和 MacDonald (2000) 等采用单方程协整分析方法研究汇率波动和利率差异的关系；Beirne、Caporale 和 Spagnolo (2009) 等运用 GARCH-M 模型发现股票收益率、利率与汇率在金融危机期间有着显著的关系；De los Rios (2006) 基于利率平价理论的结构化模型以及 VAR 模型进行分析；金中夏和陈浩 (2012) 对利率平价理论在中国的实现形式进行了研究，认为利率平价在中国不是以汇率自由浮动的形式表现，而是以外汇储备积累速度的变化来体现的，中美利差变动会对中国外汇供应产生影响。三是关于美国货币政策对中国影响的文献研究。中国人民银行课题组 (2016) 基于 TVP-VAR-SV 模型，对美国货币政策调整对中国的冲击机理进行了研究，认为美国紧缩性的货币政策对中国短期产生不利，中长期美国货币政策对中国冲击效应有增强趋势，贸易渠道是影响比较大的冲击路径。王红等 (2017) 基于 TVP-VAR 模型分析，认为中美利差上升和汇率预期升值对中国资产价格有抑制作用，但其时变特征存在差异性。四是对国内通货膨胀的文献研究。林汉青 (2017) 通过引入宏观三因子的简约型宏观金融利率期限结构模型发现，从国债即期收益率曲线中可以提取出对通货膨胀率的预期，并且与实际通货膨胀率的走势基本吻合。江春等 (2017) 构建了 DSGE 模型，模拟了技术冲击，认为中国人民银行在货币政策制定时，盯住通货膨胀更加合理。

关于实证方法的文献研究有三类：一是关于 VAR 模型及其演变的文献研

究。VAR 模型是 Sims（1980）开创性地提出的计量经济学分析工具，他为时间序列经济和金融数据的分析及预测提供了有力的支撑。二是关于基于结构VAR（SVAR）模型的分析方法的文献研究。Primiceri（2005）提出了时变的 VAR（TVP-VAR）模型，TVP-VAR 模型的应用能够满足时间序列数据时变研究和冲击效应分析的要求。三是关于结构断点分析的文献研究。断点回归法由 Thistlethwaite 和 Campbell（1960）最早提出，现被广泛应用于统计学、生物统计学和经济学等领域的影响评价和因果关系研究。Lee 和 Lemieux（2010）也通过形象的例子展示了断点回归和随机实验的相似性。Hahn 等（2001）最终为断点回归的模型识别和模型估计进行了严格意义上的理论证明，并提出了相应的估计方法，由此，断点回归在经济学中的应用得到了推广。

本书的主要创新与贡献：一是从理论层面阐述了中美利差、汇率预期和通货膨胀率对银行间市场基准利率债（10 年期国债）利率的传导机理；二是从实证层面综合考察了中美利差、汇率预期和通货膨胀率对国债利率的动态非线性的影响；三是根据利率债市场回顾，揭示在不同宏观和政策背景下，冲击变量对国债利率的时变影响特征。本书的研究成果为央行货币政策调控缓释利率债市场内外因冲击的传导效应提供了理论参考，有助于利率债市场债券发行方和投资方根据指标的变化调整发行和投资策略，确保机构投融资目标的实现。

二、研究理论演变与模型构建

为了阐明中美利差、汇率预期和通货膨胀率影响银行间市场基准利率（国债利率）的机理，本书结合利率平价理论、泰勒规则等经济理论，以期从理论上刻画中美利差、汇率预期和通货膨胀率对国债利率的影响路径。

（一）利率平价模型

本书模型的基本假设有：第一，两国的开放经济模型中只包含人民币及美元两种货币；第二，外国投资者能够投资国内金融资产，如股票、债券等；

第三，两国的资产配置相同。利率平价理论认为在资本完全自由流动的情况下，如果两国资金收益率存在差异，就会产生套利资金流动，而套利资金流动会导致高利率货币远期贴水，从而使得资金在两国投资的收益相等。在对投资者的风险偏好假定的差异上，利率平价理论分为无抛补利率平价理论和抛补利率平价理论。我们选择无抛补利率平价理论进行模型构建，其数学表达式如下：

$$(1+r_t) = (1+r_t^*) \times \frac{E(e_{t+1})}{e_t} \tag{8.1}$$

其中，r_t 表示以人民币计价的资产收益率，其数学表达式如下：

$$r_t = f(i_t^{\text{gov}}, i_t^1 \cdots i_t^m) \tag{8.2}$$

其中，i_t^{gov} 为国债收益率，i_t^m 为除国债外股票、信用债等其他金融资产的收益率；r_t^* 表示以美元计价的资产收益率；$\Delta r_t = r_t - r_t^* = \alpha \Delta r_t^{\text{gov}} + \sum_{m=1}^n \beta_m \Delta r_t^m$，表示持有资产的两国利差，由各投资资产的利差的加权平均确定，$\alpha + \sum_{m=1}^n \beta_m = 1$；$e_t$ 表示即期汇率，e_{t+1} 表示远期汇率，$E(e_{t+1})$ 为在 t 时刻对 $t+1$ 时刻远期汇率的预期。由式（8.1）得到式（8.3）：

$$r_t = \frac{e_t - (1-\Delta r_t)E(e_{t+1})}{E(e_{t+1}) - e_t} = f(E(e_{t+1}), \Delta r_t \cdots) \tag{8.3}$$

由式（8.2）得到式（8.4）：

$$i_t^{\text{gov}} = f'(r_t, i_t^1 \cdots i_t^m), m=1, \cdots, n \tag{8.4}$$

式（8.3）和式（8.4）可以推导出公式 23，说明国债利率是中美利差和远期汇率预期的函数：

$$i_t^{\text{gov}} = f''(E(e_{t+1}), \Delta r_t^{\text{gov}} \cdots) \tag{8.5}$$

（二）泰勒规则的模型演变

泰勒规则是由斯坦福大学的约翰·泰勒（John Taylor）于 1993 年根据美国货币政策实际经验（从 1987 年至 1992 年的数据）提出的一种短期利率调

整规则。泰勒规则的核心内容描述了在给定通货膨胀率目标和潜在产出水平下短期利率针对通货膨胀缺口和实际产出缺口进行调整的规则。

泰勒规则的模型表达式如下：

$$i_t^* = \bar{r} + \pi^* + \beta(\pi_t - \pi^*) + \gamma(y_t - y^*) \tag{8.6}$$

其中，i_t^* 表示 t 时点的名义短期利率，$\bar{r}$ 表示均衡实际利率，π^* 表示通货膨胀率的目标值，y^* 表示 GDP 的潜在产出；$(\pi_t - \pi^*)$ 表示通货膨胀缺口，$(y_t - y^*)$ 表示产出缺口；参数 β 表示利率政策对通货膨胀缺口的敏感性，即通货膨胀缺口系数；参数 γ 表示利率政策对产出缺口的敏感性，即产出缺口系数。

王中和郭栋（2017）基于泰勒规则，对银行间市场基准利率债进行分析研究，构建了国债与通货膨胀之间的货币政策反应函数。具体构建过程如下：

在货币政策反应函数的构建中，我们借鉴了郑挺国和王霞（2011）提出的简化的前瞻性货币政策反应函数，令产出缺口 $\hat{y}_{t,p} = y_{t,p} - y_{t,p}^*$ 且 $c = \bar{r} + (1-\beta)\pi^*$，则央行短期利率的前瞻性货币政策反应函数为：

$$i_t = (1-\rho)[c + \beta\pi_{t+k} + \gamma\hat{y}_{t+p}] + e_t \tag{8.7}$$

其中，$e_t = -(1-\rho)\{\beta[\pi_{t+k} - E_t(\pi_{t+k})] + \gamma[\hat{y}_{t+p} - E_t(\hat{y}_{t+p})]\} + m_t$；上述函数关系式考虑了利率平滑性，具体动态变化关系式如下：

$$i_t = (1-\rho)i_t^* + \rho i_{t-1} + m_t \tag{8.8}$$

利率平滑参数 ρ 的取值为 $[0, 1]$，表示央行设定目标利率，但不是一步到位地调整，而是根据目标利率进行部分调整。参数 $(1-\rho)$ 表示每次利率调整的幅度消除前一期利率水平和当期目标利率之间的偏差。m_t 为随机扰动项，表示央行控制利率产生的误差。

式（8.7）通过调整 k、p 的取值，在前瞻性的基础上，可以得出同期（contemporary）和后顾性（backward-looking）泰勒规则下的货币政策反应函数。由于泰勒规则中的利率为短期利率，本书选择期限为典型期限的国债到期收益率进行研究，以银行间 7 天回购利率为参照。根据长期利率和短期利率之间的期限结构关系，假定长期利率是前一期短期利率和前一期两者利差的函数，国债利率与短期利率的简化函数关系如下：

$$i_t^{\text{gov}}=c+\rho i_{t-1}^{\text{repo}}+\rho_1' i_{t-1}^{\text{govg}}+e_t \tag{8.9}$$

由式（8.7）和式（8.9）的替代关系可以推导出国债满足泰勒规则的定价模型。具体如下：

$$i_t^{\text{gov}}=(1-\rho_2)\left[c_2+\beta_2\pi_{t+k}+\gamma_2\mathcal{y}_{t+p}\right]+\rho_2 i_{t-1}^{\text{repo}}+\rho_2' i_{t-1}^{\text{govg}}+e_t^2 \tag{8.10}$$

其中，$e_t^2=-(1-\rho_2)\{\beta_2[\pi_{t+k}-E_t(\pi_{t+k})]+\gamma_2[\mathcal{y}_{t+p}-E_t(\mathcal{y}_{t+p})]\}+m_t^2$；$\mathcal{y}_{t+p}$ 为产出缺口；$c_2=\bar{r}+(1-\beta_2)\pi^*$；$i_{t-1}^{\text{govg}}$ 表示前典型期限的国债与银行间 7 天回购的期限利差。

根据泰勒规则，在一般情况下，通货膨胀缺口系数（β）和产出缺口系数（γ）均大于 0。为了实现货币政策的稳定性，在产出缺口系数（γ）为正的基础上，增加通货膨胀缺口系数（β）应大于 1 的约束条件。通货膨胀缺口系数（β）大于 1，意味着中央银行在应对高通货膨胀率时会提高实际利率，对通货膨胀率发挥稳定的作用。

通过上述分析，就中美利差、汇率预期和通货膨胀率指标对国债利率的函数关系可以得出如下推论：

一是根据利率平价公式为基础推导的函数关系结果：从中期看，美元兑人民币存在一定的升值预期，即 $[E(e_{t+1})-e_t]>0$。国债利率与中美利差、汇率预期间存在正向关系，即中美利差和汇率预期变量的上升会对国债价格形成负面影响。

二是通货膨胀对国债利率的影响的传导机制相对复杂，既有其他变量的干扰影响，又有自身变量的时间调整，同时央行政策的独立性和操作偏好也会影响到货币反应函数。在不考虑 e_t^2 项影响的情况下，通货膨胀率变化对当期国债利率的影响存在正向关系，但考虑到投资者预期的变化，e_t^2 将可能影响到通货膨胀的整体效应，表现在影响幅度的大小和方向性上。

第二节　TVP-VAR 模型与断点回归模型

一、TVP-VAR 模型

TVP-VAR 模型近年来被国内外研究文献广泛地应用，其主要优势在于允许参数估计值随时间变化而变化，从而可以深入地分析经济变量之间关系的结构性转变，尤其适用于捕捉金融对各变量的影响。因此，在分析外部市场压力因素（中美利差、汇率和通货膨胀率）对银行间利率债基准（国债）的冲击传导机制时本书选择时变模型进行研究。具体的 TVP-VAR 模型如下：

$$y_t = c_t + B_{1,t} y_{t-1} + \cdots + B_{p,t} y_{t-p} + e_t e_t \sim N(0, \Omega_t)$$

其中，y_t 为所研究的目标变量（$k \times 1$），$B_{i,t}(i=1, \cdots, p)$ 是时变的自回归系数（$k \times k$），Ω_t 是时变的方差矩阵（$k \times k$）。递推辨识的分解方程为 $\Omega_t = A_t^{-1} \sum_t \sum_t A_t'^{-1}$，其中，$A_t$ 是下三角矩阵，其对角线元素为 1 且 $\sum_t = \mathrm{diag}(\sigma_{1t}, \cdots, \sigma_{kt})$。$\beta_t$ 是 $B_{i,t}$（$i=1, \cdots, p$）的行向量，$\alpha_t = (\alpha_{1t}, \cdots, \alpha_{qt})'$ 是 A_t 下三角矩阵元素的行向量；$h_t = (h_{1t}, \cdots, h_{kt})$，其中 $h_{it} = \log \alpha_{it}^2$。时变参数满足随机游走过程，如下所示：

$$
\begin{aligned}
\beta_{t+1} &= \beta_t + \mu_{\beta t}, \\
\alpha_{t+1} &= \alpha_t + \mu_{\alpha t}, \\
h_{t+1} &= h_t + \mu_{ht},
\end{aligned}
\begin{pmatrix} \varepsilon_t \\ \mu_{\beta t} \\ \mu_{\alpha t} \\ \mu_{ht} \end{pmatrix} \sim \left(0, \begin{pmatrix} I & 0 & 0 & 0 \\ 0 & \sum_\beta & 0 & 0 \\ 0 & 0 & \sum_\alpha & 0 \\ 0 & 0 & 0 & \sum_h \end{pmatrix} \right)
$$

其中，$t = s+1, \cdots, n$，$e_t = A_t^{-1} \sum_t \varepsilon_t$；$\beta_{s+1} \sim N(\mu_{\beta_0}, \sum_{\beta_0})$，$\alpha_{s+1} \sim N(\mu_{\alpha_0}, \sum_{\alpha_0})$，$h_{s+1} \sim N(\mu_{h_0}, \sum_{h_0})$。

基于上述理论模型，本书基于 OxMetrics6.01 软件，使用 Nakajima

（2011）的程序包进行模型的构建和分析。

二、断点回归模型

就外部市场压力因素（中美利差、汇率和通货膨胀率）以及银行间利率债基准（国债）指标分别构建单变量的自回归模型进行预测，公式如下：

$$R_t^m = \mu + \sum_{i=1}^{p} \partial_i R_{t-i}^m + \varepsilon_t, m = 中美利差/汇率/国内通货膨胀/国债$$

在上述公式中，μ 为模型的截距，p 为滞后项，ε_t 为序列不相关随机误差项。在本书的研究中，我们根据模型参数或新息方差（独立的随机冲击变量）进行未知时点的结构断点预测。对断点进行检测的经典方法基于 Bai（1997）、Bai 和 Perron（1998）、Hansen（2000）以及 Qu 和 Perron（2007）等文献研究。本书基于 Eviews8.0 软件，使用最小二乘法（least squares method）平差的方法对研究变量进行结构断点检测。

第三节 数据选取与参数估计

一、数据选取

本书选取中美利差、汇率、通货膨胀率和国债利率为研究对象，具体包括：（1）基准债券利率，选择 10 年期国债到期收益率；（2）中美利差指标，考虑到 10 年期国开债与国债高度相关，其交易盘配置占绝对比例流动性强于国债，选择 10 年期国开债到期收益率与同期限美国国债到期收益率的差值作为研究变量；（3）汇率指标，选择美元兑人民币汇率中间价；（4）宏观基本面数据，选择国内通货膨胀率指标月度同比指标（CPI）数据。数据来源于 Wind 数据库（2002 年 1 月 4 日至 2018 年 12 月 31 日），前三个指标为日度高频数据，国内通货膨胀率指标为月度数据，我们采用简单加权平均法进行降频处理以实现频度的统一。

为了避免出现潜在的伪回归问题，在分析前需要对数据的稳定性进行检验。经一阶差分后的变量采用 ADF 检验均满足平稳性要求，单位根检验的结果如表 8-1 所示，各指标检验值均小于临界值，各变量的水平值在 1% 的显著性水平下均表现为无单位根的平稳序列。

表 8-1 TVP-VAR 模型的单位根检验结果

	中美利差（%）		中美汇率（%）		国内通货膨胀率（%）		基准利率（国债,%）	
	检验值	1%临界值	检验值	1%临界值	检验值	1%临界值	检验值	1%临界值
ADF 检验	−11.212 6	−3.462 7	−7.829 4	−3.462 7	−6.258 5	−3.464 6	−9.140 8	−3.462 7

根据 VAR 模型单位根检验标准（见图 8-1 和表 8-2），检验结果如下：一是单位根检验，如图 8-1 所示，各指标检验值均在单位圆内，证明分析指标间不存在单位根，满足 VAR 模型的稳定性要求。二是滞后期确定，如表 8-2 所示，选择 LR、AIC 等多个检验原则，确定滞后期为 1（当期带 ＊ 号的为选择期）。

AR特征多项式的逆根

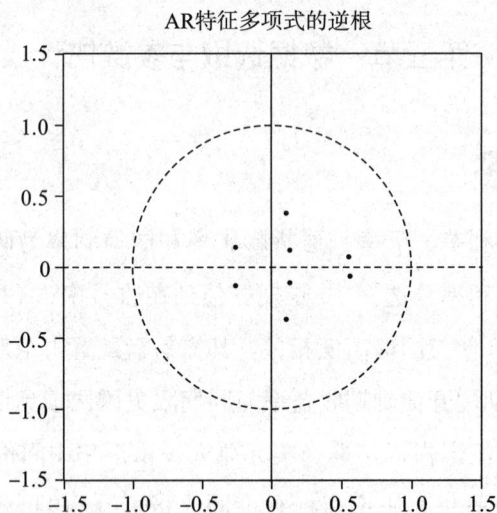

图 8-1 单位根检验

表 8 - 2 滞后期确定检验

滞后期数	LogL	LR	FPE	AIC	SC	HQ
0	242.988 07	NA	1.01E-06	−2.451 16	−2.384 021	−2.423 976
1	305.580 58	121.975 1*	6.28e-07*	−2.929 032*	−2.593 339*	−2.793 114*
2	318.399 34	24.454 25	6.49E-07	−2.896 403	−2.292 157	−2.651 751
3	324.129 55	10.696 4	7.22E-07	−2.791 072	−1.918 272	−2.437 686
4	332.900 56	16.012 72	7.78E-07	−2.716 929	−1.575 575	−2.254 808
5	338.161 5	9.388 745	8.70E-07	−2.606 785	−1.196 877	−2.035 93
6	346.215 69	14.043 21	9.46E-07	−2.525 289	−0.846 828	−1.845 7
7	355.036 2	15.017 48	1.02E-06	−2.451 653	−0.504 638	−1.663 33
8	363.073 3	13.353 95	1.11E-06	−2.369 983	−0.154 414	−1.472 925

二、参数估计

参照 Nakajima（2011）的赋值方法，设定：

(1) $\mu_{a_0}=\mu_{\beta_0}=\mu_{h_0}=0$；

(2) $\sum_{\beta_0}=\sum_{\alpha_0}=10I$；

(3) $\left(\sum_{\beta_0}\right)_i^{-2}\sim\gamma(40,0.02)$；

(4) $\sum_{h_0}=4I$；

(5) $\left(\sum_a\right)_i^{-2}\sim\gamma(4,0.02)$；

(6) $\left(\sum_h\right)_i^{-2}\sim\gamma(4,0.02)$。

为了计算参数后验分布，本书将应用 MCMC 法迭代 10 000 次，并舍弃初始的 1 000 次抽样。参数估计结果如图 8-2 和表 8-3 所示。

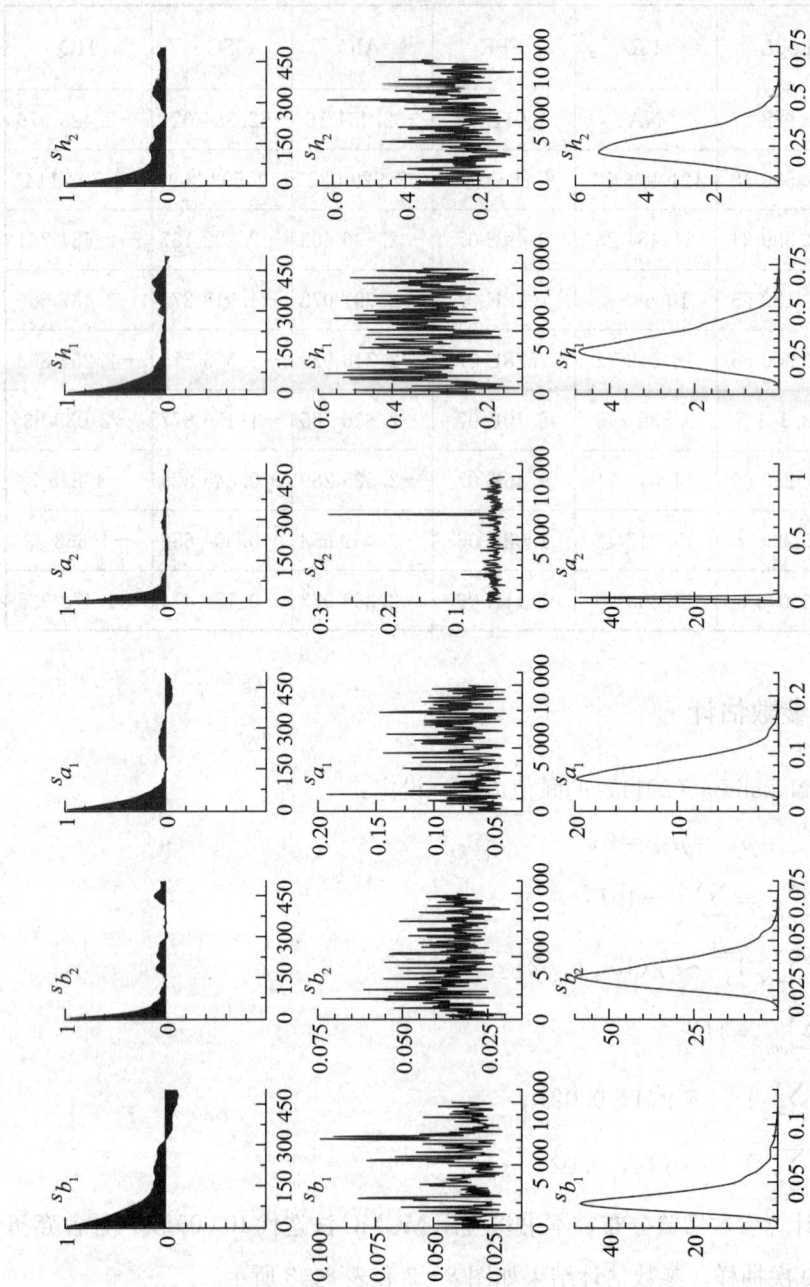

图8-2 TVP-VAR模型选择指标的MCMC估计结果图

表 8 - 3　　　　　TVP-VAR 模型的 MCMC 模拟估计结果及诊断

参数	均值	标准差	95％置信区间下限	95％置信区间上限	Geweke检验值	无效影响因子
$\sum_{\beta_1}(s_{b_1})$	0.037 7	0.013 3	0.022 0	0.076 9	0.128	108.77
$\sum_{\beta_2}(s_{b_2})$	0.034 4	0.007 6	0.023 0	0.052 8	0.276	50.11
$\sum_{a_1}(s_{a_1})$	0.072 0	0.023 7	0.039 5	0.131 4	0.000	71.28
$\sum_{a_2}(s_{a_2})$	0.042 7	0.028 3	0.029 1	0.059 6	0.433	41.33
$\sum_{h_1}(s_{h_1})$	0.314 2	0.091 1	0.165 2	0.513 0	0.314	75.61
$\sum_{h_2}(s_{h_2})$	0.262 5	0.080 8	0.131 3	0.448 0	0.840	88.06

图 8 - 2 显示了抽样得到的自相关系数、收敛轨迹和后验分布函数。其中：（1）图 8 - 2 上部表示样本的自相关系数，经过迭代抽样后均呈现迅速衰减，说明本书研究设定的迭代次数能够消除抽样的自相关性；（2）图 8 - 2 中部表示样本收敛轨迹，参数序列后验均值呈现"白噪声"波动轨迹，说明抽样得到的估计参数相互独立；（3）图 8 - 2 下部表示样本的后验密度，从完整样本的核密度图形判断，马尔可夫链（简称"链形"）的前半部分和后半部分相似度极高，链形的对称性分布反映前后两部分密度的等同程度极高。

从表 8 - 2 看，后验均值均在 95％的置信区间之内，且各参数的 Geweke 值均小于 1.96（ 5％显著性水平对应的分位数），因此不能拒绝各参数收敛于后验分布的原假设。无效影响因子表示为得到不相关样本所需要的抽样次数，因此数值越小表示样本越有效。表 8 - 3 中除 $\sum_{\beta_1}$ 和 $\sum_{h_2}$ 较高外，其余均在 80 以下，对应 $\sum_{\beta_1}$ 和 $\sum_{h_2}$，低效率因素大约在 100，意味着我们的研究将获得不少于 $M/100 = 100$ 个不相关的样本数据，这对于后验推断已经相对充分。

由此，本书得出结论：样本路径平稳且样本的自相关系数呈现稳定的下降趋势，表明我们的样本方法有效地生成了低自相关性的研究样本，对国债、中美利差、汇率和国内通货膨胀率的 TVP-VAR 模型 MCMC 模拟估计结果满足应用时变脉冲响应函数进行计算分析的条件。

第四节　变量特征与实证分析

一、变量波动性诊断

图 8-3 代表 10 年期国债到期收益率、中美利差、汇率、通货膨胀率的波动和后验波动率情况。从图 8-3 可以看出，利用随机波动率的假设能够较好地反映各变量值的历史波动，其中：

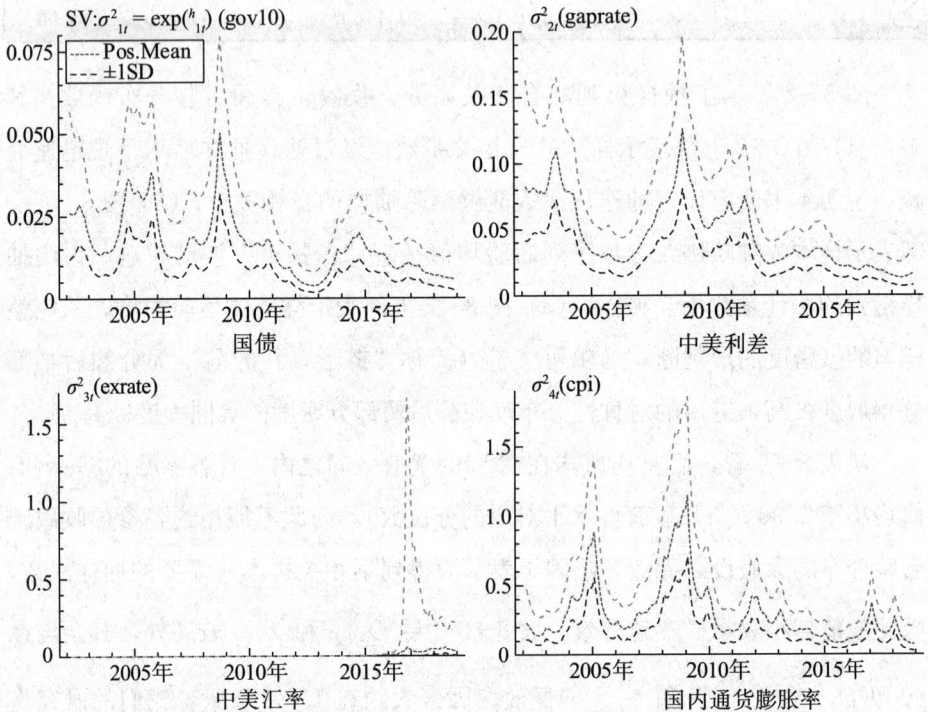

图 8-3　TVP-VAR 模型选择指标的变动及后验波动

（1）中美利差在 2009 年附近时间的波动率相对剧烈（峰值为 0.13），主要原因是中美利差的波动性受中美经济周期的分歧和货币政策的差异影响比较大。在该段时期中，金融危机拖累美国经济发展，美联储实施量化宽松的货币政策，美国国债收益率走低。在 2008 年 9 月后，中国央行"双率起降"，债券市场政策利好频出，10 年期国债利率从 4.08% 一举回落到年底 2.78%。中美货币政策调控方向一致，但中国政策对国债利率的影响效果强于美国，中美利差甚至出现了由正转负的倒挂。在2012年以后，中美利差的波动强度值处于相对较低的稳定状态，尤其是在2015年中国汇改后处于持续下降的趋势，虽在2018年5月以后波动率出现了"翘尾"现象，但仍然位于历史低位区。

（2）通货膨胀率在2009年附近时间的波动率最剧烈（峰值为1.15），主要由国内外宏观基本面和政策调控措施引起，2008—2009年的宏观外部基本面为国际金融危机，国内政策调控的主线是政策紧缩控制，直接造成了国内经济衰退。2008年8月的CPI同比一举由前期的6%～7%的高位回落到5%以内，到2009年7月跌至-1.8%。在2014年以后，通货膨胀率的波动强度值处于相对较低的区域，但是在2016年8月到2018年1月出现震荡，在2018年全年为2.1%，处于相对低位。

（3）美元兑人民币汇率整体的波动率不大（后验波动率的方差峰值不到0.05），但是在2015年中期以后有相对明显的逐步增强趋势。人民币国际化推动汇率改革，促进汇率市场化波动性加强，触发事件是2015年8月11日，中国人民银行调整人民币中间价形成机制，当日中间价贬值1 136点，市价贬值1 134点，3天贬值超过3%。

（4）10年期国债的上限波动率在0.05%以内，其中相对波动比较大的时期为2004年底到2006年初以及2009年前后。从线性比较看，国债波动率曲线与国内通货膨胀在2012年以前具有高度的趋势重合度；2012年至今出现了分歧，在通货膨胀率不高的情况下，与市场国债利率走势"新动能"替代"旧动能"的认知吻合。

根据研究指标的波动特征，随着国内外经济形势、美联储和中国人民银行货币政策的变化，中美利差、通货膨胀率存在内生的结构突变现象，美元兑人民币汇率和10年期国债到期收益率波动率整体相对较小，但受基本面和政策驱动存在相对变化。

二、结构断点检验

利用Eviews8.0软件，基于最小二乘法进行结构断点检验，检验结果发现中美利差和国内通货膨胀变量具有显著的结构断点，国债和汇率未出现结构断点（与波动诊断判断吻合）。

（1）图 8-4 显示了中美利差断点检定结果，在 95％置信水平上中美利差在样本期间内共检验出 3 个断点，分别发生在 2007 年 8 月（断点 1）、2011 年 6 月（断点 2）、2014 年 11 月（断点 3）。对应出现阶梯状的利差低区、上升区、高区和次高区。自 2015 年美联储收紧资产负债表并启动加息通道以来，中美利差逐渐收窄，但是相对历史来说处于低区。

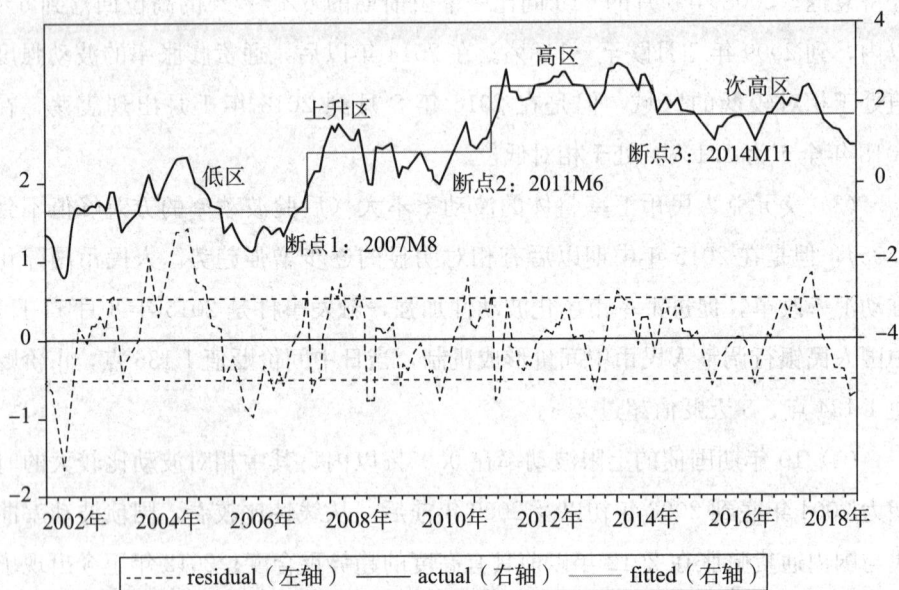

图 8-4　中美利差结构断点示意图

（2）图 8-5 显示了国内通货膨胀断点检定结果，在 95％置信水平上国内通货膨胀在样本期间内共检验出 2 个断点，分别发生在 2006 年 8 月（断点 1）、2009 年 2 月（断点 2）。形成了国内通货膨胀的 2 个低区和 1 个高区。目前仍然属于低区范围内，通货膨胀压力不大。

针对冲击变量对反应变量的影响分析，本书采用基于 TVP-VAR 模型提供的两种类型的脉冲响应函数：等间隔脉冲响应函数和时点脉冲响应函数，其中，等间隔脉冲响应函数对应时变脉冲响应分析，时点脉冲响应函数用于

图 8-5 国内通货膨胀结构断点示意图

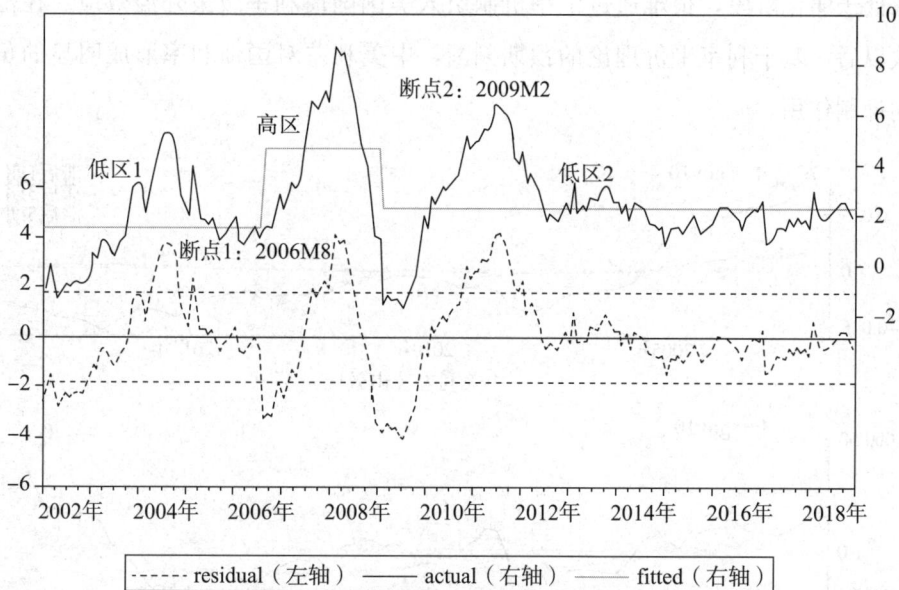

图 8-5 国内通货膨胀结构断点示意图

分析不同时点的脉冲效应。

三、时变脉冲响应分析

　　基于 TVP-VAR 模型的时变脉冲响应函数,我们研究中美利差、汇率和通货膨胀率发生一单位标准差偏离,经过不同时期(滞后 1 期、3 期、5 期),对银行间市场基准利率债(国债)利率产生的影响。为了更好地理解时变影响,我们对比分析了各指标变量与基准利率债在时变期间内的走势图,通过时点比对发现时变特征规律和经济解释。

　　其主要特征如下:

　　(1)从图 8-6(中美利差冲击效应)来看,中美利差对国债的效应存在明显的时变特征:在 2002 年 2 月到 2005 年 4 月的期间内存在同向关系,随后出现较显著的负向关系,冲击方向改变的分水岭在 2005 年汇率改革前后。2005 年上半年之前同向关系并不表现为利差对国债的直接冲击作用,汇改之前利率债市场主要受国内宏观经济和货币政策等影响,市场对利率和汇率关

系处于弱化阶段，很难通过汇率机制引入美国国债利率政策外溢效应。在汇
改以后，基于利率平价理论的预期判断，中美利差对国债利率形成明显的负
向抑制作用。

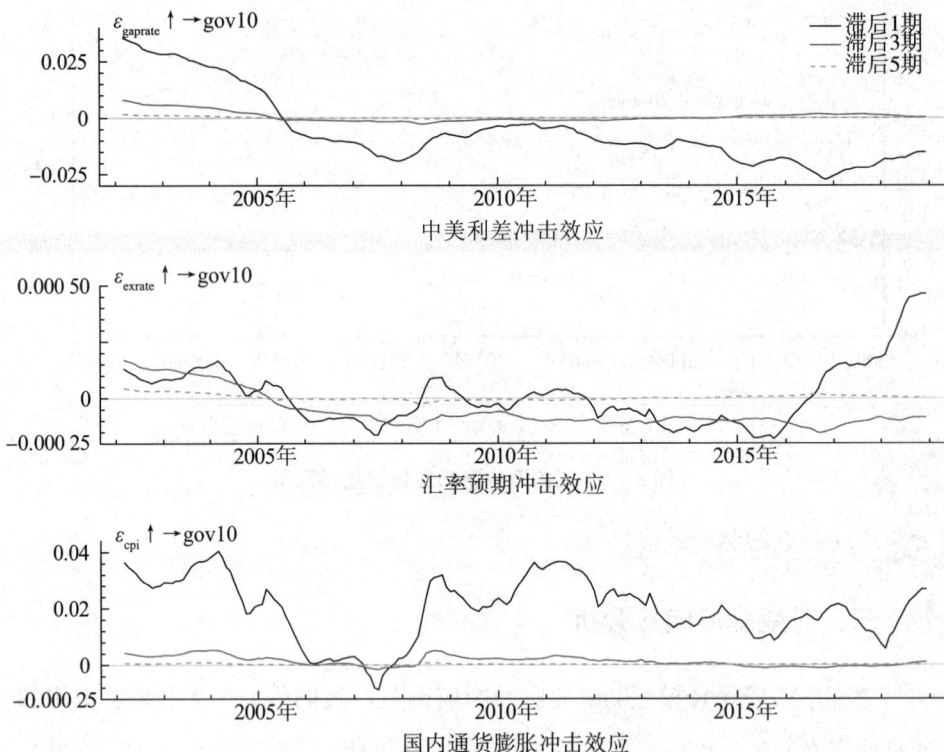

中美利差冲击效应

汇率预期冲击效应

国内通货膨胀冲击效应

图 8-6　TVP-VAR 模型等间隔脉冲响应函数图

　　抑制作用的冲击表现为，如果美国国债利率上升，产生中美利差一个单
位的负冲击（利差收窄），将对国债到期收益率产生一个抑制作用，形成利率
上升的压力。中美利差产生的国债抑制作用与利率平价理论吻合，从冲击效
应幅度来看，最大效应幅度不足 3%，即一个单位的负冲击对利率的拉升作用
不到 0.03 个单位。然而，按照预期理论的风险传导路径，仍存在潜在风险：
一是波动风险，利差收窄将使市场产生担心利率上升的恐慌情绪，恐慌情绪
具有效应放大器的作用，如在经济下行期，产生非理性的上行波动，将造成
对实体经济的冲击；二是政策风险，央行基于维稳目标，通过公开市场操作

等对冲抑制作用，很难量化投放尺度，未来将产生政策滞后从而对经济产生不利效应。

从抑制作用的时变特征来看，存在明显的随时滞衰减趋势，滞后 3 期和 5 期的冲击幅度已经在 0 附近。同时从 1 期滞后的冲击效应来看，效应强度并不随利率债周期性波动出现明显的周期性特征。历史抑制效应的最高点（2.7%）出现在 2016 年 8 月，该时期对应美联储已经进入加息通道，随后中美利差效应在逐步减小，美国国债加息的政策溢出效应未在中国国债市场上放大，这在一定程度上反映中国人民银行货币政策的独立性增强，并未对美国货币政策形成跟随。当前效应水平（1.5%）与 2014 年 8 月相当，类比利率债走势：2014 年 7 月经济数据改善，债市盘整，随后 10 月后基本面恶化，货币政策放松从而进入利率下行期。

（2）从图 8-6（汇率预期冲击效应）来看，汇率预期对银行间基准利率债（国债）的冲击效应表现为正负关系震荡：在 2005 年人民币汇率改革前以正向为主，汇率改革后出现了一段时间的负向关系（到 2008 年上半年），随后出现了震荡，2012 年到 2016 年上半年维持负向关系，随后正向关系相对增强。在 2005 年汇率改革之后，人民币汇率预期冲击对国债具有负向作用，即一单位的正向冲击（人民币贬值预期）使国债利率产生一单位负向脉冲响应（利率有下降趋势）。从冲击幅度来看，汇率对国债的冲击强度明显小于中美利差，这说明在银行间利率债市场美国经济和政策的主要传导渠道是利率而不是汇率机制，因此我们认为汇率预期与利率债之间不存在明显的因果关系，而是经济现象的对应关系，即人民币贬值（汇率预期上升）多处于人民币供给过剩阶段，对应该时期货币政策宽松，国债利率处于下行期。然而，在当前强势美元情况下，汇率和国债利率的正向关系说明市场对中国人民银行干预汇率操作的预期随着人民币持续贬值的推进在增强，未来中国人民银行干预引发银行间利率上升的可能性在增强，当前冲击效应为 0.05%（处于历史高点）。

（3）从图 8-6（国内通货膨胀冲击效应）来看，国内通货膨胀率对银行间基准利率债（国债）的作用的时变特征与中美利差和汇率存在差异特征：在样本期间内绝大多数通货膨胀率（以 CPI 表示）与国债存在较显著的正向关系，2006—2007 年在 0 附近并出现了短期的负向关系。脉冲关系方向为正且部分时期存在不确定性反映了通货膨胀率对国债利率影响传导机制的复杂性，数据的实证结论与泰勒规则推导的结论吻合。

2006—2008 年通货膨胀率非正向效应覆盖了利率债熊市期间，在该时期通货膨胀进入跳升期，加息和紧缩使得市场对通货膨胀，甚至货币政策调控出现了"钝化现象"。然而，不能将低效应作为熊市的特征，2008 年后债市进入一段较长时间快速发展时期，在债"牛"期的 2018 年 9 月和"滞胀"期的 2010 年 7 月达到两个高点（超过 3%）。在 2012 年以后正向关系普遍在 2% 以下区域，甚至在 2018 年 1 月达到 0.6% 的阶段性低点。随着债市进入牛市，通货膨胀效应逐步上升且目前逼近 3%。虽然当前市场普遍认为通货膨胀等宏观数据指标已经被债市"新动能"（货币、财政和监管政策等）超过，但是相对于外部市场压力因素（中美利差和汇率），仍然是相对较强的影响因素。

四、不同时点静态脉冲响应分析

基于非时变参数 VAR 模型（静态脉冲响应），为了观测 10 年期国债接受外部冲击脉冲响应的阶段性差异，我们选取 3 个时点（对应结构断点特征）：① 时点 1 是 2007 年 3 月（国内通货膨胀高区，中美利差高区），代表在次贷危机前，经济周期进入繁荣期；② 时点 2 是 2012 年 10 月（国内通货膨胀低区，中美利差高区），代表在次贷危机后，欧美进入量化宽松时期，是政府通过增加投资和货币投放、促进经济发展的时期；③ 时点 3 是 2018 年 10 月（国内通货膨胀低区，中美利差次高区），这时欧美结束量化宽松政策，美联储大概率进入加息通道后期，国内宏观数据不乐观，利率债进入政策"牛"市。

具体分时点静态脉冲响应函数的结果如图 8-7 所示，中美利差、汇率和通货膨胀指标对国债冲击传导效应的主要特征如下：

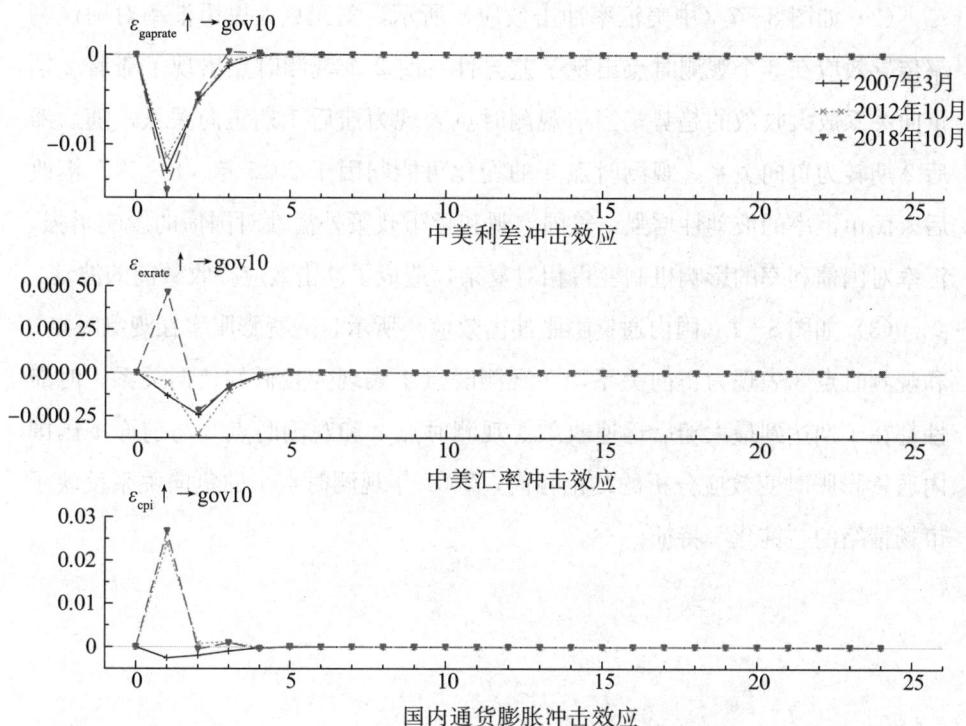

图 8-7　Constant-VAR 模型分时点脉冲响应函数图

（1）如图 8-7（中美利差冲击效应）所示，中美利差冲击效应具有时滞，在滞后 1 期达到最大负向效应（与前面的抑制作用保持一致），在 2 期内迅速衰减到 0 附近；各观测时点效应相对重合，3 个观测时点的冲击效应区间为（1.1%，1.5%），没有表现出明显的周期性和规律性特征。根据套利行为理论，在理想情况下，两国货币具备可兑换性，且资本市场完全开放，中美经济和货币政策差异当期产生的利差增加，会形成利率继续走阔的预期，通过套利行为的传导机制推升国内债券利率的上行。实际的传导情况却不能满足理论的前提条件，中国债券市场的效率和人民币的可兑换性与美国存在一定的差距，虽然自 2017 年债券通推出以来，境外投资者持有国内基准债（国债和国开债）的比例逐步增大，但套利行为规模不足以形成改变利率走向的足够影响力。

（2）如图 8-7（中美汇率冲击效应）所示，美元兑人民币汇率对国债利率传导效应在 3 个观测时点出现了差异性：前 2 个观测时点出现了滞后 2 期负向关系放大收敛的趋势；当前观测时点表现为滞后 1 期正向关系，随后滞后 2 期转为负向关系。观测时点 3 的变化可能归因于 2015 年 "8·11" 汇改后人民币汇率的波动性增强，美国宏观和货币政策外溢性对国债的影响增强，汇率对国债利率的影响机制变得相对复杂，造成了冲击效应在收敛前的波动。

（3）如图 8-7（国内通货膨胀冲击效应）所示，通货膨胀率在观测时点 2 和观测时点 3 表现为正向关系，在观测时点 1 表现为较低的负向关系；时滞性都在 1 期达到最大随后迅速收敛。观测时点 2 和观测时点 3 与前面中国国内通货膨胀时变效应分析的结论相同，2007 年观测时点 1 的负向关系反映了市场情绪的 "钝化" 特征。

第九章

中美贸易战债市冲击的量化研究

第一节　事件回顾与负面评估

中美两国的 GDP 合计占全球的 40%，商品贸易占全球的 20% 以上，作为全球前两大经济体，中美贸易摩擦事件备受国际社会关注。本书在回顾近期中美贸易争端的前提下分析了中美贸易摩擦的动因和严重负面影响，并对德国、日本贸易摩擦的经验教训进行归纳。在此基础上，我们聚焦中国银行间利率债市场，采用数量分析的方法，模拟贸易摩擦对宏观指标的影响效果，并剖析对利率债市场的短期、中长期的冲击效应，从而对利率债市场形成预判并提出策略建议。

一、事件回顾

2018 年 3 月下旬以来，美国总统特朗普主动挑起中美贸易摩擦，一度呈现出愈演愈烈的势头，主要贸易争端事件参见表 9-1。当前中美贸易摩擦表面上的直接诱因有二：一是贸易逆差持续扩大引发美国政府担忧。据美国商务部统计，2017 年中美贸易逆差占美国贸易逆差总额的近 50%。二是基于增加中期选举竞选获胜砝码的考虑，特朗普政府选择加强贸易保护，压缩海外进口，以期部分兑现当选政治承诺。

随着贸易摩擦的升级，从"钢铁、铝"事件到"中兴"事件，特朗普政府对华贸易政策的核心诉求已经从贸易逆差集中到规锁（confinement）中国的技术进步进程。张宇燕等（2018）认为特朗普政府试图缩小中美贸易差额的说法只不过是寻求国内民众支持的幌子，其真实意图是锁定中国高科技领域的发展潜力，让中国无法通过技术维度的长足进步实现经济质量与规模的并进。自 2018 年 8 月以来，贸易摩擦进一步升级，特朗普政府在第二轮贸易战发布的清单内容中针对最终消费品，表明了美国在上一轮攻击中兴取得胜利后，已然确立了全面打击与企业定点突破相结合的战略思路。

表 9 - 1　　　　　　　　2018 年 3 月—8 月中美贸易摩擦重大争端事项

时间	重大争端事项
2018 年 3 月 22 日	特朗普签署备忘录，指令有关部门对华采取投资限制措施，拟对价值 500 亿美元的中国商品征收关税
2018 年 3 月 23 日	中国商务部发布了针对美国进口钢铁和铝产品 232 措施的中止减让产品清单，计划对价值 30 亿美元的商品征收关税。同日，美国在世界贸易组织争端解决机制项下向中方提出磋商请求
2018 年 4 月 4 日	美国政府发布了加征关税的商品清单，将对中国输入美国的 1 333 项 500 亿美元的商品加征 25％的关税。中方随即宣布，决定对原产于美国的大豆、汽车、化工品等 14 类 106 项商品加征 25％的关税
2018 年 4 月 5 日	特朗普称要额外对 1 000 亿美元中国进口商品加征关税
2018 年 4 月 16 日	美国商务部声明将对中兴执行为期 7 年的出口禁令
2018 年 4 月 17 日	中国商务部公布对原产于美国的进口高粱反倾销调查的初步裁定，决定实施临时反倾销措施
2018 年 5 月 29 日	白宫声明称将对中国价值 500 亿美元的高科技产品加征 25％关税，并将于 6 月 15 日前公布清单
2018 年 6 月 15 日	白宫针对中美贸易发表声明，称将对中国进口商品加征 25％关税
2018 年 6 月 16 日	中国国务院关税税则委员会决定对原产于美国的大豆等农产品、汽车、水产品等进口商品对等采取加征关税措施，税率为 25％
2018 年 6 月 18 日	美国总统特朗普通过白宫声明称，已经指示美国贸易代表办公室出台清单，考虑对额外 2 000 亿美元的中国商品加征 10％的关税
2018 年 7 月 6 日	美国表示将在美东时间 7 月 6 日凌晨 00:01 向 340 亿美元中国进口商品加征关税。同时，中国海关总署表态中国对美部分进口商品加征关税措施已于北京时间 6 日 12:01 开始正式实施

续前表

时间	重大争端事项
2018 年 7 月 10 日	特朗普政府发布了一份针对中国 2 000 亿美元商品加征关税的计划，目标产品清单涉及服装、电视机零件、冰箱以及大量日用消费品，如手提包、行李箱、手套和纸张等，加征的关税约为 10％
2018 年 8 月 2 日	白宫发表声明，要把对中国销往美国的 2 000 亿美元产品加征的关税税率由 10％提高到 25％
2018 年 8 月 3 日	中国国务院关税税则委员会决定对原产于美国的 5 207 个税目约 600 亿美元商品加征 25％、20％、10％、5％不等的关税
2018 年 8 月 8 日	美国贸易代表办公室公布了第二批对中国进口商品加征关税的清单，涉及商品价值 160 亿美元，自 8 月 23 日起生效。中国随即宣布对美加征关税商品清单二的商品做适当调整后，自 2018 年 8 月 23 日 12 时 01 分起实施加征 25％的关税
2018 年 8 月 23 日	美国在 301 调查项下对自中国进口的 160 亿美元产品加征 25％关税。同日，中国在世界贸易组织起诉美国 301 调查项下对华 160 亿美元输美产品实施的征税措施。同时自本日 12 时 01 分起正式对约 160 亿美元自美进口产品加征 25％的关税

二、负面评估

经剖析，中美贸易摩擦可能的负面影响包括：一是中美贸易是当前贸易全球化发展的主要驱动力，一旦贸易摩擦恶化将对全球贸易复苏的基础产生巨大的破坏作用，将引发全球经济复苏乏力，经济增长转向衰退；二是主流的观点认为贸易冲突对中美双方是"负和博弈"，回顾美日贸易摩擦历史，应对策略不当则中国经济发展将受损；三是中美贸易冲突在地域上存在扩展蔓延的可能性，其中，欧盟、日本等由于与美国利益联盟关系，可能联手针对中国，周边国家也可能出现被动"去中国化"的倾向；四是在金融市场上，贸易保护通过对通货膨胀、贸易格局等的影响更直接地触发汇率、利率等资产价格波动，引发潜在的金融风险。

第二节 德、日贸易摩擦货币政策和债市回顾以及中国预判

本次中美贸易摩擦与 20 世纪 70—80 年代美国对德国、日本等发起贸易摩擦的背景具有一定相似度。标志性事件是 1985 年 9 月，美国、德国、日本等国签订《广场协议》，然而德国、日本两国采取不同的政策路径和发展战略并出现了截然不同的结果。本书重点就货币政策、宏观和债市变化进行了回顾。

一、政策路径

德国、日本早期的货币政策和财政政策方向一致，但是中后期有所变化，出现了政策路径差异化，主要的货币政策路径如下：

第一阶段（1986—1987 年）：在签署协议后，德国、日本均采取扩张性的货币政策，典型的操作手段就是连续地降低贴现率。然而，德国对通货膨胀指标（CPI）持审慎态度，降息幅度控制在 150BP 以内，低于日本 250BP 的操作力度。

第二阶段（1987—1990 年）：待经济好转，日本政策目标盯住汇率，持续维持低利率的宽松货币政策；德国始终以稳定物价为目标，货币政策由松转紧，贴现率甚至回升了 100BP。从 M2 增速的比较来看，德国已经将其控制在个位数，日本直到出现经济泡沫破裂前 M2 增速一直保持两位数的增加。

二、宏观和债市影响

在两国应对政策的影响下，德国、日本的宏观基本面和债市情况如下：

（一）基本面走势

在第一阶段，受德国、日本两国货币兑美元超过 100％的升值影响，贸易条件恶化，实际 GDP 出现了显著的下降。进入第二阶段，宽松的货币政策和财政政策取得了显著效果，GDP 已经出现了复苏，出现反弹甚至高于贸易摩擦发生之前的经济增速。然而，随后由于德国、日本发展战略和政策路径出

现了分歧，第二阶段后期（1988—1990 年），德国、日本的基本面出现了差异化：日本虽然维持 GDP 的高速增长，但是资金"脱实向虚"问题严重，科技发展缺乏支持，导致资产泡沫破灭，进入"失去的二十年"；德国货币政策收紧，完善金融监管体制，央行独立性增强，调整经济结构，强化产业升级和技术创新，整体经济进入了相对平稳的增长阶段。

（二）债券市场走势

如图 9-1 所示，在贸易摩擦期间，德国、日本两国 10 年期国债到期收益率呈现先降后升的 V 字形特征。在贸易摩擦初期经济恶化，债券走势受货币政策宽松影响，利率大幅下行；进入第二阶段后，基本面成为驱动利率上行的主要动力，货币宽松拉动通货膨胀上行，债券利率反弹。然而，德国、日本债市波动率之间存在很大差别：德国利率走势相对比较平缓，日本利率走势的陡峭程度显著，例如，1987 年在进入第二阶段的初期出现了超过 300BP 的大幅下降。

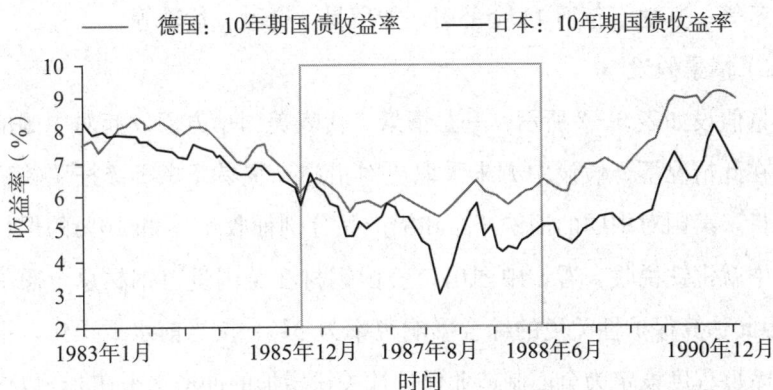

图 9-1 贸易摩擦期间德国、日本国债收益率曲线走势比对

本书选用普渡大学全球贸易分析中心开发的全球贸易分析计划（Global Trade Analysis Project，GTAP）来分析中美贸易摩擦的宏观经济效应，GTAP 包含两个常规组件，即 GTAP 模型与 GTAP 数据库。GTAP 模型提供多部门、多国家的可计算一般均衡求解方案，采用高效的分析包——一般均衡模型包（General Equilibrium Model Package，GEM-PACK）作为运算框架，并使用基于各国投入产出表与贸易时间序列数据编制的 GTAP 数据库模拟分析经济、贸易政策变动所产生的影响。

具体建模分析情况如下：

三、数据说明与情景假设

（一）数据说明

本书采用 GTAP9.0 版数据库，包含 140 个国家和地区、57 个部门的相关数据，主要的数据加总和划分情况如下：

国家和地区划分（9 组）：中国、美国、日本、金砖国家、欧盟（25 国）、大洋洲（澳大利亚等）、北美洲（加拿大和墨西哥等）、拉丁美洲和其他等。

产业部门划分（4 组）：农业及相关产业组包括 14 个部门，如大米、小麦、蔬菜、油类、畜牧等；能源与矿产组包括 6 个部门，如石油、煤炭、天然气等；工业制造组包括 20 个部门，如钢铁、金属冶炼、纺织、装备制造、电力设备等；其他组包括 11 个部门，如贸易、金融、运输等。

（二）情景假设

情景假设如表 9-2 所示：一是情景 1 代表美国单方面发起对中国的贸易摩擦，在此情况下，假设中方未采取应对措施。贸易摩擦等级按照关税税率进行衡量，美国对中国的钢铁产品和铝产品分别征收 25％和 10％的保护性关税，其中就钢铁税收来看，中国出口美国钢材在美国进口钢材总金额中不到 2％，因此估算保护性关税的综合影响税率为 2％。按当前水平操作，把一般性贸易摩擦程度设定为全面制造业保护性关税增加的冲击水平在 2％以内。二是情景 2 代表美国发起对中国制造业的保护性关税（综合税率冲击为 2％），在此情况下，中方按同等水平对美国出口中国的农产品等征收保护性关税。三是情景 3 代表中美贸易摩擦升级，展开惩罚性的保护性关税措施，相应的综合税率冲击提高到 15％。三种情景的设置模拟了美国挑起贸易争端、双方产生贸易摩擦、随着摩擦逐步升级引发恶性贸易摩擦的演变过程。

表 9 - 2	GTAP 模拟的情景假设方案
情景 1	美国单方面对中国制造业（如钢铁、铝等金属制品）加征 2% 关税。
情景 2	中美双方贸易战：中国对美国加征 2% 农产品关税；美国对中国加征 2% 工业品关税。
情景 3	中美贸易战升级：中国对美国加征 15% 农产品关税；美国对中国加征 15% 工业品关税。

四、效应分析

根据假定的贸易摩擦的三种情景，分别设定具体的外生变量冲击（shocks），采用 Johansen 方法，用 RunGTAP7.0 软件进行一般均衡模拟求解，与通货膨胀和 GDP 相关的价格效应和收入效应结果见表 9-3。

表 9 - 3　　　　GTAP 模拟贸易摩擦价格效应和收入效应

贸易战区域价格效应									
情景 1	中国	美国	日本	金砖国家	欧盟	大洋洲	北美洲	拉丁美洲	其他
农产品	(0.000 1)	0.002 3	(0.000 2)	(0.000 0)	(0.000 1)	(0.000 5)	0.004 3	0.000 9	(0.000 2)
能源矿产	(0.005 4)	0.000 1	(0.000 5)	(0.000 8)	(0.000 6)	(0.001 1)	0.000 5	(0.000 3)	(0.000 8)
工业制成品	(0.001 3)	0.003 4	0.000 1	(0.000 6)	(0.000 4)	(0.000 9)	0.004 3	0.000 6	(0.000 8)
其他	(0.013 1)	0.002 8	0.000 5	(0.000 1)	0.000 0	(0.000 6)	0.005 7	0.001 0	(0.000 1)
情景 2	中国	美国	日本	金砖国家	欧盟	大洋洲	北美洲	拉丁美洲	其他
农产品	0.042 6	0.006 4	(0.001 5)	(0.002 6)	(0.002 2)	(0.000 6)	0.011 2	0.000 8	(0.003 8)
能源矿产	(0.006 3)	(0.000 2)	(0.003 2)	(0.003 6)	(0.003 3)	(0.003 4)	0.000 4	(0.002 2)	(0.003 6)
工业制成品	(0.002 9)	0.009 9	(0.002 9)	(0.003 1)	(0.002 4)	(0.001 6)	0.011 3	0.000 1	(0.003 5)
其他	(0.010 4)	0.008 5	(0.002 8)	(0.003 4)	(0.002 4)	(0.000 9)	0.014 7	0.000 2	(0.004 7)

情景3	中国	美国	日本	金砖国家	欧盟	大洋洲	北美洲	拉丁美洲	其他
农产品	0.323 4	0.014 0	(0.000 1)	0.005 3	0.000 3	0.001 4	0.031 2	0.012 4	(0.001 1)
能源矿产	(0.041 9)	0.001 7	(0.004 5)	(0.006 5)	(0.005 4)	(0.009 3)	0.003 5	(0.002 9)	(0.006 8)
工业制成品	(0.010 1)	0.025 2	0.000 1	(0.003 2)	(0.003 0)	(0.005 0)	0.031 4	0.006 6	(0.006 8)
其他	(0.094 8)	0.020 7	0.002 7	0.003 4	0.000 3	(0.000 9)	0.041 2	0.011 1	(0.002 8)
贸易战区域收入效应									
分类	中国	美国	日本	金砖国家	欧盟	大洋洲	北美洲	拉丁美洲	其他
情景1	(0.013 7)	0.003 8	0.000 6	0.000 0	0.000 0	(0.000 6)	0.005 6	0.000 9	(0.000 1)
情景2	(0.010 1)	0.011 2	(0.002 9)	(0.003 4)	(0.002 4)	(0.001 0)	0.014 3	0.000 1	(0.004 9)
情景3	(0.094 1)	0.028 2	0.003 1	0.002 6	0.000 5	(0.001 1)	0.040 5	0.010 6	(0.002 9)

注：括号表示负值。

（一）价格效应与通货膨胀变化

情景1： 美国单方面引发贸易摩擦，美国主要商品的价格均产生正向冲击反应，中国主要商品的价格均产生负向冲击反应，对应美国出现通货膨胀增强的可能，中国出现通货膨胀减弱的可能。北美地区加拿大和墨西哥的价格效应和通货膨胀预期与美国基本一致，大洋洲、金砖国家、欧盟等的价格效应和通货膨胀预期与中国基本一致，日本工业品价格效应为正，农产品和能源矿产价格效应为负，通货膨胀预期方向与正负效应抵消程度相关。

情景2： 中美双方采取对等的保护性关税措施，美国农产品和工业品价格产生正向的冲击反应，叠加能源矿产的负向冲击反应，预测美国通货膨胀指标存在上升的可能。中国农产品价格出现相对明显的正向冲击反应，模型数据推测可以抵消显著性不强的能源矿产、工业品等负向冲击效应的影响，叠加正的价格效应，预测通货膨胀指标存在上升的可能。在双方贸易摩擦的情况下，日本、金砖国家、欧盟等均出现了通货膨胀减弱的趋势。

情景3： 中美双方贸易摩擦升级，贸易严重恶化，采取高额的保护性关税措施将对中美区域价格产生较大的正向冲击，其中美国各产品价格效应均为正向，中国农产品的正向价格效应显著强于其他价格的负向效应。其他区域的价格效应在不同产品上也将出现类似中国的结构性差异，表明中美贸易摩擦将增加其他区域经济发展的不确定性风险。

（二）收入效应与 GDP 变化

一是中国区域收入效应均为负，表示在贸易摩擦下中国经济发展（GDP）即宏观受损。二是美国通过贸易摩擦贯彻"美国优先"的内生诉求，产生了正向的收入效应，表示美国经济发展（GDP）即宏观基本面得利。三是日本、金砖国家和欧盟其他主要贸易体，在中美贸易双边摩擦较低水平阶段（情景2），其区域收入效应受到负面影响，但在单方面制裁和双方贸易摩擦升级的情况下，受贸易替代效应的影响，它们"渔翁得利"，获得正向效应，模拟为日本和欧盟联手针对中国行为做出了理论解释。四是其他经济体在贸易摩擦背景下，GTAP 模型模拟的收入效应均为负值，表明中美贸易摩擦对全球经济复苏有破坏作用。情景 3 的负向冲击效应减弱，可能的解释是中国周边国家通过"去中国化"获得贸易机会，分割原属于中国的正向贸易收入效应，部分抵消了其他地区贸易摩擦产生的负向收入效应。

五、主要结论

根据模型模拟的结果，对利率债市场关键性宏观指标（通货膨胀和 GDP）的影响的结论为：一是通货膨胀效应具有"负和博弈"特点，美国通货膨胀均处于上升阶段，贸易摩擦将增强美联储加息概率。随着贸易摩擦的逐步升级，中国通货膨胀率出现了先降后升的特点，即：美国单方面升级贸易摩擦，中国通货膨胀指标下降；双方贸易摩擦升级，中国农产品正向价格冲击效应增强，显著强于其他负向效应，通货膨胀预期上升。二是收入效应具有"非均衡博弈"特点，从 GTAP 模型模拟的收入效应来看，贸易摩擦对于中美受制裁的关联产业均有损害，属于两个产业的"负和博弈"，但是从整体收入效应来看，中国随着贸易摩擦的升级负向影响要大于美国，双边贸易对全球贸易形成影响，很难达到"零和博弈"的结果，中方的损失可能由于日本、欧盟等"去中国化"倾向于扩大，美国从贸易摩擦中获得的中方利益绝对值有扩大和缩小两种可能，中美贸易利益的流失可能被欧盟、日本和其他地区分割。因此，贸易摩擦发生后双方博弈的均衡点很难预测，甚至难以评估。

第三节　贸易摩擦引起利率债市场的短期波动和中长期冲击

一、贸易摩擦引起利率债市场的短期波动

美国启动"贸易摩擦"的信息被公布后，中国银行间利率债市场做多势头强劲，其中利率债强力反弹（2018 年 3 月 24 日国开债活跃券利率出现了15BP 的向下跳空）。根据王中和郭栋（2017）对利率债市场有效性的研究，利率债市场尚未达到半强有效，事件对债市的波动影响将随着异常收益率的回撤显著减弱。然而，本次事件冲击非常罕见，本书根据事件研究方法对贸易摩擦引起的利率债市场短期波动的显著性分析如下：

（一）方法构建

本书研究事件选择为"2018 年 3 月 23 日，美国公开发布启动对中国'贸易摩擦'"（以下简称"贸易摩擦事件"），样本数据为 10 年期国开债到期收益率和 10 年期国债到期收益率。选择 2018 年 3 月 23 日为事件日，前后 5 个交易日为事件窗的时间跨度，2018 年 2 月 24 日至 3 月 15 日为事件前的估计期，2018 年 4 月 2 日至 4 月 23 日为事件发生后的观测期。

先对基准利率债（国开债和国债）的正常收益进行估计，模型假定指标在事件窗内每期的正常收益为一个常数：

$$Er_{it}=u_i$$

其中，u_i 是以事件前的估计期计算的正常收益，估计期的长度 L 为 15 个交易日，计量模型为：

$$u_i=\frac{1}{L}\sum_{t=T_0}^{T_1}r_{it}$$

异常收益率计算公式为：

$$\mathrm{AR}'_{it} = r_{it} - \frac{1}{L} \sum_{t=T_0}^{T_1} r_{it}$$

把上述公式通过 Eviews8.0 进行显著性检验。在检验前，将异常收益率标准化：

$$\hat{\mathrm{AR}}_{it} = \frac{\mathrm{AR}_{it}^*}{\sqrt{\mathrm{VAR}(\mathrm{AR}_{it}^*)}}$$

建议原假设为：异常收益率AR_{it}^*在事件窗内为 0。由中心极限定理得到检验统计量：

$$J_1 = \left(\frac{(L-2)}{L-4}\right)^{\frac{1}{2}} \frac{1}{N} \sum_{i=1}^{N} \hat{\mathrm{AR}}_{it}^*$$

（二）观测与检验

1. 异常收益率观测

如图 9-2 所示，10 年期国开债和 10 年期国债异常收益率对比情况如下：一是贸易摩擦事件的突发性很强，在事件前的估计期 [-20，-5) 和[-5，0)，基准债利率并未出现显著的异常收益率，说明贸易摩擦事件并未被投资者预期。二是在事件发生日国开债和国债到期收益率跳空，如图 9-2 所示，异常收益率出现陡峭下探。市场认为利率债跳涨的原因是前期市场微观结构失衡，并不隐含太多的基本面含义。然而，根据 GTAP 模型情景 1 的模拟结果，美国单方面贸易制裁对通货膨胀冲击为负向，债市"跳涨"与一般均衡分析的通货膨胀预期一致，投资者情绪引发的非理性波动与一般均衡理论得到的利率走势判断同向，偶发的"非理性"具有"理性"的必然性。三是由于国开债和国债的投资者结构已经发生了分化，国开债以交易盘为主，国债以长期配置盘为主，所以国开债受投资者情绪影响的波动率显著高于国债。贸易摩擦事件打破了投资者的心理平衡，出现了连续的做多热情，国开债和国债异常收益率持续扩大，且国开债的变化幅度大于国债。

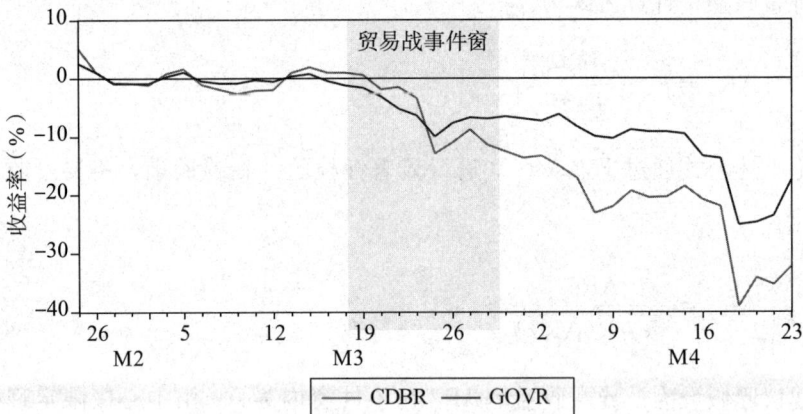

图 9-2 10 年期国开债 (CDBR) 和 10 年期国债 (GOVR) 异常收益率变化

2. 显著性检验

显著性（稳健性）检验结果如下：在 5% 的显著性水平下，国开债的 t 检验估计值为 -5.6505，国债的 t 检验估计值为 259.9243，拒绝原假设。主要表明基准利率债（国债和国开债）异常收益率显著不为 0，本次事件对利率债市场的影响从市场效率性考量达到了半强有效。这在一定程度上说明，以国债和国开债为代表的基准利率债市场效率已经接近半强有效，事件本身不被预期，形成的价格冲击将在更长的事件期后对债券价格形成影响，此次贸易摩擦事件的冲击强于宏观审慎评估（Macro Prudential Assessment，MPA）体系考核、财政缴税甚至是被预期的加息等。

二、贸易摩擦引起利率债市场的中长期冲击

（一）方法构建

根据历史走势特征，利率债市场中长期的走势反映基本面变化。随着人民币国际化和"债券通"的发展，美国国债和汇率波动对利率债的影响已经形成了效应传导机制。王中和郭栋（2017）在分析"债券通"跨境套利时发现，已经通过对抛补利率平价理论的实证检验证明了国开债与美国国债和汇率之间存在脉冲响应关系。基于 GTAP 模型结论，贸易摩擦在中期将通过影

响基本面关键指标对利率债产生冲击，包括：一是国内冲击，通货膨胀因素变化产生对利率市场的冲击效应；二是境外冲击，美国通货膨胀和 GDP 指标影响美国国债，美国国债对境内利率债产生冲击效应。针对上述两种冲击，本书利用 OxMetrics6.0 建立 TVP-VAR 模型，实证分析通货膨胀和美国国债指标对基准利率债的动态传导效应。

传统的 VAR 模型假定系数以及扰动项的方差都是不变的，Primiceri (2005) 提出了允许截距、VAR 系数、方差均随时间变动的 TVP-VAR 模型，模型如下：

$$y_t = c_t + B_{i,t}y_{t-1} + \cdots + B_{p,t}y_{t-p} + e_t \quad e_t \sim N(0, \Omega_t),$$

其中，y_t 为所研究的目标变量 $(k \times 1)$，$B_{i,t}$ $(i=1, \cdots, p)$ 是时变的自回归系数 $(k \times k)$，Ω_t 是时变方差矩阵 $(k \times k)$。递推辨识的分解方程为 $\Omega_t = A_t^{-1} \sum_t \sum_t A_t'^{-1}$，其中，$A_t$ 是下三角矩阵，其对角线元素为 1 且 $\sum_t =$ diag $(\sigma_{1t}, \cdots, \sigma_{kt})$。$\beta_t$ 是 $B_{i,t}$ $(i=1, \cdots, p)$ 的行向量，$\alpha_t = (\alpha_{1t}, \cdots, \alpha_{\alpha t})'$ 是 A_t 下三角矩阵元素的行向量；$h_t = (h_{1t}, \cdots, h_{kt})$，其中 $h_{it} = \log \alpha_{it}^2$。时变参数满足随机游走过程，如下所示：

$$
\begin{aligned}
\beta_{t+1} &= \beta_t + \mu_{\beta t}, \\
\alpha_{t+1} &= \alpha_t + \mu_{\alpha t}, \\
h_{t+1} &= h_t + \mu_{ht},
\end{aligned}
\begin{pmatrix} \varepsilon_t \\ \mu_{\beta t} \\ \mu_{\alpha t} \\ \mu_{ht} \end{pmatrix}
\sim \left(0, \begin{bmatrix} I & 0 & 0 & 0 \\ 0 & \sum_\beta & 0 & 0 \\ 0 & 0 & \sum_\alpha & 0 \\ 0 & 0 & 0 & \sum_h \end{bmatrix} \right)
$$

其中，

$$t = s+1, \cdots, n; \quad e_t = A_t^{-1} \sum_t \varepsilon_t;$$

$$\beta_{s+1} \sim N(\mu_{\beta_0}, \sum_{\beta_0}), \quad \alpha_{s+1} \sim N(\mu_{\alpha_0}, \sum_{\alpha_0}), \quad h_{s+1} \sim N(\mu_{h_0}, \sum_{h_0})。$$

（二）模型拟合

本书使用 Nakajima (2011) 的程序包，选取 4 个指标建立 TVP-VAR 模型，分析指标是 10 年期国开债到期收益率、10 年期国债到期收益率、10 年期美国国债到期收益率和 CPI。数据来源于 Wind 数据库，数据频率为月度，时间区间为 2002 年 1 月到 2018 年 4 月，其中，利率数据为日度高频转为月度。为了满足建模拟合的数据稳定性的要求，我们将连续的月度数据指标进行一阶差分。模型选取变量滞后期为 2，截距项为非时变参数，4 个指标均通过了稳定性检验，进行 MCMC 模拟（10 000），得到表 9-4 中的模拟结果。

表 9-4   MCMC 模拟的结果

参数	均值	标准差	95％置信区间下限	95％置信区间上限	Geweke 检验值	无效影响因子
$\sum_{\beta_1}$	0.022 4	0.002 5	0.018 2	0.027 9	0.901	8.45
$\sum_{\beta_2}$	0.022 4	0.002 5	0.018 1	0.027 9	0.187	10.71
$\sum_{\alpha_1}$	0.059 4	0.015 3	0.036 4	0.095 6	0.427	39.32
$\sum_{\alpha_2}$	0.076 1	0.029 7	0.040 7	0.154 6	0.799	100.31
$\sum_{h_1}$	0.333 1	0.097	0.177 1	0.551 9	0.565	57.31
$\sum_{h_2}$	0.355 1	0.062 2	0.253 8	0.493 4	0.490	39.72

在表 9-4 中，$\sum_{\beta_i}$、$\sum_{\alpha_i}$、$\sum_{h_i}$（$i=1$，2）分别为协方差矩阵的对角线元素，Geweke 检验是用来检验参数的拟合效果的方法，检验的原假设为参数的拟合结果收敛于后验分布。从结果来看，后验均值均在 95％的置信区间之内，且各参数的 Geweke 值均小于 1.96（5％显著性水平对应的分位数），因此不能拒绝各参数收敛于后验分布的原假设。无效影响因子表示为得到不相关样本所需的抽样次数，因此数值越小表示样本越有效，在表 9-4 中除 $\sum_{\alpha_2}$ 较高外其余均在 80 以下。因此总体来看，模型的拟合效果较好，可以用来计算时变脉冲响应函数。

（三）时变脉冲响应

为了观测利率债市场接受外部冲击脉冲响应的阶段性差异，我们选取 3 个时点：时点 1 是 2006 年 12 月；时点 2 是 2011 年 12 月；时点 3 是 2018 年 2 月。时点 1 代表在次贷危机前，经济周期进入繁荣期；时点 2 代表在次贷危机后，政府通过增加投资和货币投放、促进经济发展的时期；时点 3 代表自中共十八大以来，中国经济发展主动适应、把握、引领经济发展新常态，着力推进供给侧结构性改革，经济发展从"旧动能"向"新动能"转换的时期。时变脉冲响应函数的结果如图 9-3 和图 9-4 所示。

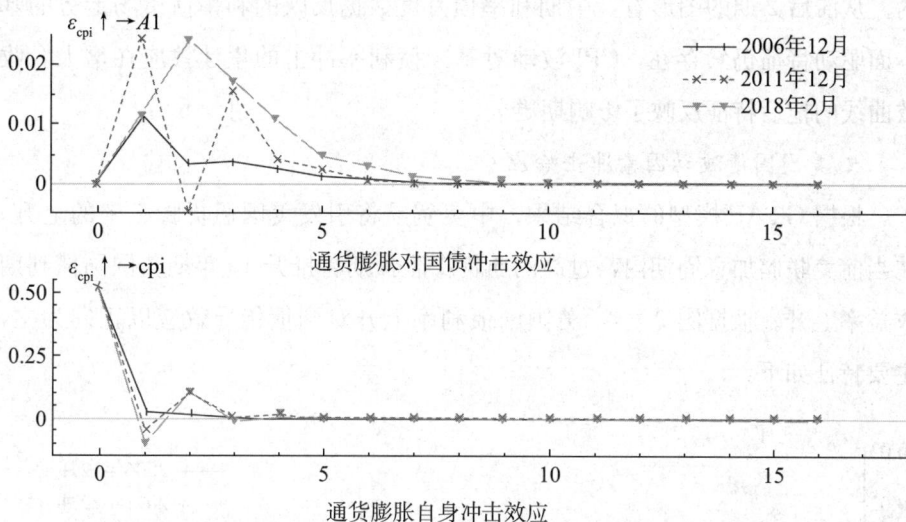

图 9-3　TVP-VAR 模型通货膨胀冲击的脉冲响应函数图

1. 通货膨胀波动因素冲击响应

根据 GTAP 模型的拟合结果，中美贸易将引发国内通货膨胀率的上升，从贸易冲突的产业结构考量，主要是由农产品价格的上升引起的。通货膨胀率上升对国债的传导效应以正向为主，主要特征如下：

（1）根据图 9-3，在不同的时点，通货膨胀率（CPI）一个单位的正向冲击引起基准债利率的脉冲响应在 1 期后形成较为显著的正向效应，随后在 7～8 期时收敛于 0 附近。

（2）从通货膨胀对基准债利率脉冲响应函数的冲击效应达到峰值的时间点看，到达时点 1 和时点 2 的峰值早于时点 3。模型分析结论与市场对通货膨胀驱动市场观点一致，在 2012 年之前，在"旧动能"驱动下的短期利率债市场走势有明显的通货膨胀驱动特征，当前短期利率债市场受监管和投资者情绪的影响加大。

（3）通货膨胀冲击传导效应的峰值强度和累计冲击效应存在差异，在时点 3 处的数据明显高于其他时变选择的时点数据。其经济解释是：宏观基本面不能成为短期利率债市场的驱动力，这主要是由通货膨胀影响的时滞造成的。从滞后 2 期的图形看，中期利率债月度数据反映的利率债市场走势的基本面驱动特征仍然存在，CPI 波动对基准债利率冲击的累计效应在增大，收敛曲线的拖后特征反映了影响期更久。

2. 美国国债波动因素冲击响应

根据 GTAP 模型的拟合结果，中美贸易将引发美国通货膨胀率的上升，在当前美联储加息周期内，过高的通货膨胀预期将推升 10 年期美国国债到期收益率上升。根据图 9-4，美国国债利率上升对国债传导效应以正向为主，主要特征如下：

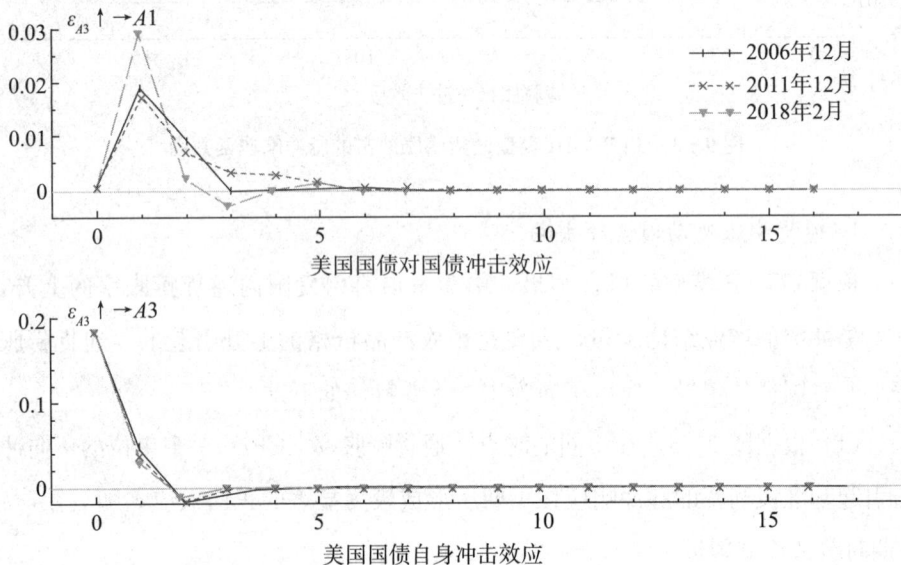

图 9-4 TVP-VAR 模型美国国债冲击的脉冲响应函数图

（1）在不同时期内，美国国债一单位的正向冲击引起基准利率债的脉冲响应在第 0 期均为不显著，在滞后 1 期时达到最大值，随后在第 2~3 期时冲击效应大幅下降，迅速收敛到 0 附近。

（2）美国国债对国债的冲击效应随着时间的变化有增强趋势，说明中国利率债市场跨境发展，尤其是"债券通"北向通的开通，使得外资持仓国债绝对值和相对比例增加，引发冲击效应逐步增强。

（3）基准利率债受美国国债冲击影响的黏性在减弱，在较前的时点上，美国国债冲击效应的衰减期为 2～3 期，在时点 3 缩减到了 1 期，这在一定程度上反映了当前利率债市场效率的提高。

由上述影响利率债的时变效应分析可以得到：一是当前以国债为代表的利率债市场效率已经介于弱有效和半强有效之间的水平，投资者的预期行为已经能够对利率债价格形成一定的冲击甚至由于情绪的过度悲观或兴奋形成放大效应。二是一旦中美贸易摩擦进入实质性阶段，考虑到美国国债市场的高流动性和高效率，1 期冲击影响以美国国债预期的正向冲击为主，通货膨胀预期对市场的驱动将存在 1 期的滞后。从利率债的走势推测，由于国债以长期配置盘为主，其理论的冲击效应会打折扣。一旦利率债利率走高，自身冲击的正向效应叠加 2 期通货膨胀预期上升增强的效应将在贸易摩擦持续期内维持较长时间的高位，并伴随影响事件的干扰形成较大的震荡行情。

第四节　中美贸易摩擦研究的结论和建议

一、主要结论

第一，通货膨胀预期先降后升，利率债利率将出现同向波动趋势。GTAP 模型的模拟结论认为随着贸易摩擦的升级（从单方面关税制裁到双方互裁），通货膨胀增长会出现短期负向后转为正向的趋势。回顾德国、日本与美国贸易摩擦的历史通货膨胀和债市数据，均出现了相同的"先降后升"的趋势特征。脉冲响应分析结论表明中国利率债市场中期受基本面影响，在单一因素的影响下，通货膨胀变化对利率债的走势具有正向冲击效应。

第二，利率债市场跨境影响效应显现，美国国债冲击推动利率债利率上行。GTAP 模型的模拟结论认为随着贸易摩擦对美国宏观经济指标存在正向效应影响，通货膨胀率和 GDP 增长率上升，增加了美联储 2018 年加息的可能性。此外，虽然模型模拟贸易摩擦对欧盟等经济体的通货膨胀率存在负向效应，但在经济全球化的背景下，金融市场的联动性增强，相关央行虽存在加息可能性但影响程度弱于美联储。外部加息预期将推动美国国债利率上升，脉冲响应分析结果推测中国利率债市场将受到一定的正向冲击，如果无国内货币政策调控，利率的波动性将可能增大。

第三，央行货币政策调控是债市走势的"驱动力"，投资者对政策理解的预期反应形成短期市场波动因素。GTAP 模型的模拟结果显示，随着贸易摩擦的升级，中国的收入呈现负向效应，表明贸易摩擦冲击将影响到中国经济稳定发展。比较德国、日本的应对策略：一是负面警示，日本采取持续的宽松货币政策，流动性投放过度引发"泡沫"破灭；二是正面借鉴，德国采取阶段性宽松货币政策，紧货币盯住通货膨胀，调结构推动产业发展。本书认为中国央行参考德国的政策路径具有一定的借鉴意义，中国央行当前将继续采取稳健中性的货币政策，积极应对主要经济体央行加息缩表和全球货币政策日益增强的外溢性影响。面对中美贸易摩擦，考虑到引发贸易摩擦短期对经济的剧烈冲击，初期资金面会保持相对宽松，严金融监管措施有可能暂缓，但是中长期中国利率水平难以维持持续下行趋势，利率债利率以"先降后升"的趋势为主，可能会受投资者情绪影响出现阶段性震荡。

二、策略建议

第一，把握当前债市向好格局，适时、适量调增发行规模和债券品种。回顾德国和日本发生贸易摩擦时的债券走势特征，在贸易摩擦发生当年均出现了利率下行、债市转好的特征。对比 2018 年基本面和监管态势，央行降准、"资管新规"轻轻落地、通货膨胀低于预期等均利好利率债市场，熊牛转换预期成为缓和投资者悲观情绪的"驱动力"。发行方应把握住当前的发行窗口期，调整发行规模，适当增加长久期债券品种的发行计划。在发行时，应重点关注供给压力的扰动，如地方债增发徒增，可延迟或提早发行以确保发行成果和成本最优。

第二，关注国际债市波动对金融稳定性的影响，利用"债券通"渠道优化利率债投资者结构。一是建立利率债市场金融稳定性监测手段，对债市压力期提前判别，关注汇率和利率传导的外部冲击，择机调整债券发行计划，规避债市压力期对发行的潜在风险，实现发行机构的融资目标。二是发行机构推进利率债投资者结构优化，加大境内外路演力度，提升境外投资者的认知度，在债券产品创新和发行规模上实现突破，增加境外债券投资者的持有量，推进利率债在国际三大指数中的影响，形成跨境债券市场的良性联动效应。

第三，关注利率市场投资者的情绪波动，完善债市基础设施，推动一、二级市场健康发展。当前短期利率债债市波动的驱动力主要来自投资者情绪的波动。从 2016 年底至 2017 年底，在基本面未发生根本性改变的背景下，债市"慢熊"多次经历资金面严重趋紧和利率跳升，甚至出现国开债借贷做空等事件，造成了发行价格和二级市场价格异动偏离正常水平。因此，债券发行方应通过建立投资者情绪指数监测市场驱动力走向，与监管部门和行业管理部门完善利率债市场基础设施建设，不断创新产品和对冲工具，适时用好债券置换等缓释工具，提高利率债市场效率和基准债流动性，规避借贷做空模式的"裸空交易"发生。

安全处置篇

—— 第十章 ——
中国利率债市场开放下的市场稳定性指数构建

随着经济全球化和金融创新的不断发展，金融风险对全球金融市场的冲击影响加剧，危机爆发呈现突然性特征，如果无法预警应对，剧烈的市场震荡对脆弱的金融体系会产生致命的破坏。中国的债券市场经过近 30 年的迅猛发展，债市总存量超过 76 万亿元，成为全球第二大债券市场，其中利率债存量近 42 万亿元。然而，中国债券基础设施和市场制度尚未完善成熟，庞大的规模易在遭受外部冲击情况下危及实体经济，尤其作为与实体经济联系紧密的利率债市场更是如此。经过 2013 年"钱荒"、2016 年"信用危机"和 2017 年"严监管"等利率债市出现的几次典型的危机事件，中国的监管当局和金融机构已将金融风险度量研究和市场预警放到了至关重要的位置。

国外风险度量的研究集中在构建指数跟踪预测，且均以交易数据为研究指标，频度达到周度甚至日度。其中，Illing 和 Liu（2003）首次提出了金融压力概念，并选取银行部门、外汇市场、债券市场和股票市场等 9 个相关指标，运用因子分析、信用权重等方法构建了加拿大金融压力指数（Financial Stress Index，FSI）。国际货币基金组织（IMF）的 Cardarelli（2005）采取等方差权重法构建了全球 17 个发达国家的金融压力指数（AF-FSI）。美联储的 Hakkio 和 Keeton（2009）通过主成分法构建了堪萨斯金融压力指数（KSFSI）。

中国国内类似指数的构建研究刚刚起步，受研究数据的限制，数据频度和指标多样性不足。徐国祥和李波（2017）采用因子分析方法，选取日度高频的 9 个指标构建了中国金融压力指数，并对压力期识别和动态传导效应进行了探索性的研究。陈守东和王妍（2011）选取 6 个指标构建了中国金融压力指数，并通过马尔可夫区制转换自回归（MS-VAR）模型分析了中国金融体系压力期的区制特征。

本书借鉴国内外成熟研究方法构建利率债市场金融稳定性指数（RS-FSI）具有创新性，主要的创新点为：一是首次在银行间利率债市场进行市场稳定性指数构建；二是首次在指标构建方法上进行主成分和因子分析方法比照评价；三是首次将美国国债指标加入研究范畴，使用高频日度数据，指标种类包括金融市场和实体经济相关 17 个代表性指标，指标数超过国内相关分析；四是首次利用指数采用 MS-VAR 模型在周度的频率下对利率债市场进行压力期识别。

第一节 稳定性指数构建与方法比较

一、指数构建指标的选取

根据银行间市场利率债发行和交易的实际情况，选择 17 个典型因素指标进行指数的构建。如表 10 - 1 所示，指标体系中影响银行间利率债价格波动的因素指标可分为 5 类：债券市场指标、货币市场指标、证券市场指标、国际市场指标及大宗商品指标。考虑到数据的可获得性和债券市场发展的阶段性特点，在 Wind 数据库中筛选 2015 年 3 月 20 日到 2018 年 3 月 28 日的日度高频数据作为因素指标的计算数据来源，有效数据为 21 组，每组基础数据为 713 个，累计近 15 000 个数据。

表 10 - 1 　　　　　　　　构建利率债市场稳定性指数的指标体系

类别	变量名称	指标	变动方向
债券市场指标	期限利差	A1	反向
	基准债利差	A2	同向
	利率债隐含税率	A3	同向
	信用债利差	A4	同向

续前表

类别	变量名称	指标	变动方向
债券市场指标	同业存单利差	A5	同向
	10 年期国债到期收益率波动率	A6	同向
	10 年期国开债到期收益率波动率	A7	同向
货币市场指标	银行间市场 7 日回购利率波动率	A8	同向
	3 个月 SHIBOR 波动率	A9	同向
	TED 利差	A10	同向
证券市场指标	股票市场波动率	A11	反向
	股票收益率	A12	反向
国际市场指标	汇率波动率	A13	同向
	10 年期美国国债到期收益率波动率	A14	同向
	美国国债期限利差	A15	反向
大宗商品指标	石油期货价格波动率	A16	反向
	黄金期货价格波动率	A17	反向

注：变动方向指指标变量与利率债市场稳定性指数变动的方向。

各类指标的具体说明如下：

（1）债券市场指标。① 期限利差（A1）为 10 年期国债与 1 年期国债到期收益率的差值。该指标数值决定国债收益率曲线形态变化，在债市进入熊市期，会出现利差缩窄、曲线变平的特征。② 基准债利差（A2）为 10 年期国开债与 10 年期国债到期收益率的差值。该指标数值反映国开债相对于非国债利率债的高流动性特点。在债市进入牛市期，利差缩窄；在债市进入熊市期，利差走阔。③ 利率债隐含税率（A3）。该指标数值反映了不同利率债税收政策对债券价格的影响。隐含税率的上限为 25%。在债市繁荣的时期，隐含税率远低于上限值；在债市低迷的时期，隐含税率大幅上升，极端情况出现逼近上限情况。④ 信用债利差（A4）为 1 年期 AAA 级企业债与 1 年期基准利率债（国债或国开债）的到期收益率的差值。该指标是衡量市场风险偏好和流动性偏好的重要指标，在牛市中，市场风险偏好较高，流动性充裕，利差收窄；反之在熊市时，利差走阔。⑤ 同业存单利差（A5）为 3 个月同业存单与 3 个月基准利率债（国债或国开债）到期收益率的差值，其在牛、熊市时的特征同信用债利差。⑥基准债波动率，包括 10 年期国债到期收益率波动率（A6）和 10 年期国开债到期收益率波动率（A7）。在波动率的处理上，使用在金融领域研究价格波动常规使用的广义自回归条件异方差模型（Generalized Autoregressive Conditional Heteroscedasticity Model，GARCH 模型）进行测算。

（2）货币市场指标。①银行间市场 7 日回购利率波动率（A8）为银行间市场 7 日回购利率的 GARCH 波动率。② 3 个月 SHIBOR 波动率（A9）为 3 个月上海银行间同业拆借利率（Shanghai Interbank Offered Rate，SHIBOR）的 GARCH 波动率。上述指数与货币市场流动性关联紧密，短期的资金紧张会造成波动率加剧，推升利率急速跳高。③ TED 利差（A10）为 3 个月银行间同业拆借加权平均利率与无风险利率之差，其中无风险利率可用同期的定期存款利率表示。该指标反映了银行间市场的流动性风险和交易对方风险，是联系货币市场流动性与信贷市场银行资金成本的关联指标。TED 利差走阔表示银行对同业间要求的风险溢价增加，资金成本的上升导致银行间金融压力提高，并通过信贷端向实体经济传导。

（3）证券市场指标。该类指标集中对国内股票市场对债券市场产生的影响进行研究。①股票市场波动率（A11）为选择具有代表性的上证综合指数的日度收盘值作为研究对象，对上海证券综合指数进行自然对数处理后计算的 GARCH 波动率。② 股票收益率（A12）为当日上海证券综合指数收盘值相对于上一个交易日收盘值的变化率。根据历史经验，在金融市场平稳期，股市和债市的相关性不是很显著，但是当金融稳定出现破坏、金融压力增加时，股市和债市将呈现负相关的变化趋势，如果股市震荡，投资者将资金转向债市"避险"，从而缓解债市压力，抑制市场利率走高。

（4）国际市场指标。王中和郭栋（2017）基于抛补利率平价理论，实证地验证了人民币汇率和美国国债利率变化对基准债券利率（国债和国开债）

有冲击影响。人民币国际化和"债券通"北向通的发展，使得国内债券市场受外汇市场和境外债市影响的显著性逐步增强，尤其是在当前受美联储加息、贸易战等突发事件的扰动下更是如此。① 汇率波动率（A13）为人民币兑美元汇率的 GARCH 波动率。② 美国国债指标包括 10 年期美国国债到期收益率波动率（A14）和美国国债期限利差（A15，10 年期美国国债与 2 年期美国国债到期收益率的差值）。

（5）大宗商品指标。由于缺乏反映宏观经济发展情况和市场预期的高频数据，本书选择具有代表性的大宗商品的期货价格进行替代，包括石油期货价格波动率（A16）和黄金期货价格波动率（A17），波动率的计算方法均为 GARCH 建模以确定波动率。

二、数据标准化及 KMO 检验

本书将分别通过主成分法和因子分析法构建利率债市场稳定指数，为了消除 17 个指标的量纲影响，我们先对数据进行标准化处理。在进行标准化后，通过 SPSS 中的 KMO 检验和 Bartlett 检验结果，判别指标变量的相关性。

根据表 10-2 的检验结果，我们得出如下结论：17 组指标变量数据间有比较紧密的相关性，其中 Sig 值为 0，拒绝变量相互独立的原假设，满足主成分法和因子分析法指数构建的数据要求。

表 10-2　　　　　　　　　　KMO 检验和 Bartlett 检验结果

KMO 值	0.733	
Bartlett 检验值	近似卡方	12 705.093
	Df	136
	Sig	0

三、主成分法过程

我们在 Eviews8.0 的主成分法模块中进行指数构建。通过主成分法实现了指标降维，从 17 个指标组降到 5 个主成分。如图 10-1 所示，在主成分个数为 5 处出现拐点，主成分的个数确定为 5 个（见表 10-3），累计贡献率在 75% 以上。

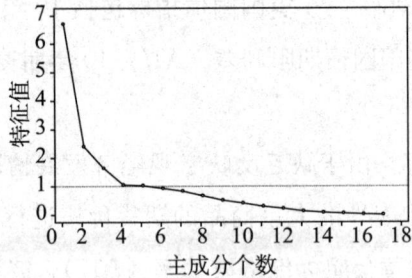

图 10-1　主成分个数判定

表 10-3　　　　　　　　　　　　　指标组主成分分析结果

指标	第 1 主成分 (PC1)	第 2 主成分 (PC2)	第 3 主成分 (PC3)	第 4 主成分 (PC4)	第 5 主成分 (PC5)
A1	0.243 2	0.294 8	−0.376 2	0.104 9	0.010 7
A2	−0.344 1	0.201 3	−0.057 4	0.084 6	−0.093 2
A3	−0.337 1	0.165 1	−0.016 2	0.099 5	−0.086 4
A4	−0.229 7	0.419 1	−0.082 3	−0.000 8	−0.145 0
A5	−0.269 7	0.216 5	−0.187 0	−0.115 4	0.132 6
A6	0.112 5	0.438 3	0.389 0	−0.051 8	−0.015 6
A7	0.020 3	0.291 2	0.556 7	0.011 1	−0.270 7
A8	−0.193 0	0.109 6	0.050 0	0.320 6	0.027 8
A9	0.012 6	0.272 8	0.183 1	0.060 8	0.520 9
A10	−0.364 1	0.021 7	0.071 5	−0.058 1	0.067 2
A11	0.247 5	0.228 5	−0.341 9	0.009 7	−0.054 5
A12	−0.015 0	−0.026 5	0.172 1	0.047 0	0.730 3
A13	0.014 8	−0.042 2	−0.018 3	0.903 3	−0.040 5
A14	0.327 1	0.208 2	−0.160 1	0.077 4	−0.034 7
A15	0.276 7	0.375 0	−0.089 3	−0.072 4	0.079 7
A16	0.264 8	−0.037 0	0.286 9	−0.006 3	−0.221 4
A17	0.291 5	−0.137 6	0.219 0	0.128 5	−0.023 1

指数构建中第 1 主成分占比为 39%，第 2 主成分占比为 14%，其他 3 个主成分均在 10%以下。根据表 10-3，第 1 主成分中的基准债利差（A2）、利率债隐含税率（A3）、TED 利差（A10）、10 年期美国国债到期收益率波动率（A14）以及第 2 主成分中的信用债利差（A4）、10 年期国债到期收益率波动率（A6）、美国国债期限利差（A15）共 7 个指标是权重影响比较大的指标。从重要指标的构成比例看，国开债比国债显著，例如，观测第 1 主成分，与国开债相关的指标——基准债利差（A2）和利率债隐含税率（A3）——累计载荷绝对值约为 0.68，高于与国债相关的指标——期限利差（A1）和 10 年期国债到期收益率波动率（A6）——累计值约为 0.36，且单一指标比较均低于国开债。其经济解释为：一是国开债在银行间市场是具有基准利率特征的债券品种，与之相关的指标是债券市场稳定性的重要反映；二是 TED 利差指标和信用利差权重较大，反映在银行间市场上，债券市场稳定性和流动性余缺对金融同业和企业资金成本影响很大，债市与实体经济存在一定的传导机制；三是国内债市受美国国债变动影响的显著性已经显现，汇率的影响传导效应弱于债市间的影响。

通过主成分分析法得到的利率债市场稳定性指数（RS-FSI）的表达式如下：

$$FSI_{主成分法} = 0.394\ 5PC1 + 0.141\ 5PC2 + 0.096\ 4PC3 + 0.619\ 0PC4$$
$$+ 0.060\ 4PC5$$

四、因子分析法过程

我们在 Eviews8.0 的因子分析模块中进行指数构建。通过因子分析法实现了指标降维，从 17 个指标组降到 3 个公因子。如表 10-4 所示，公因子 F1 和公因子 F2 对指数构建的权重占比较大，累计贡献率在 81%以上。

表 10 - 4　　　　　　　　　　　　　指标组因子分析结果

	公因子 F1 上的载荷	公因子 F2 上的载荷	公因子 F3 上的载荷	共性方差	剩余方差
A1	0.832 3	0.169 5	0.299 2	0.810 9	0.189 1
A2	(0.583 2)	0.812 3	0.000 0	1.000 0	0.000 0
A3	(0.551 5)	0.802 6	(0.053 5)	0.951 1	0.048 9
A4	(0.343 6)	0.675 7	0.365 1	0.707 9	0.292 1
A5	(0.610 4)	0.361 8	0.325 2	0.609 2	0.390 8
A6	0.185 8	(0.008 8)	0.581 0	0.372 2	0.627 8
A7	0.005 8	0.086 7	0.237 2	0.063 8	0.936 2
A8	(0.284 4)	0.418 9	(0.062 2)	0.260 3	0.739 7
A9	0.119 6	0.110 7	0.205 3	0.068 7	0.931 3
A10	(0.932 0)	0.362 3	(0.000 0)	1.000 0	0.000 0
A11	0.586 9	(0.043 4)	0.403 9	0.509 4	0.490 6
A12	(0.042 3)	(0.013 1)	(0.018 7)	0.002 3	0.997 7
A13	0.060 7	0.034 0	(0.092 9)	0.013 5	0.986 5
A14	0.746 1	(0.202 7)	0.444 4	0.795 3	0.204 7
A15	0.614 3	(0.172 1)	0.744 8	0.961 7	0.038 3
A16	0.437 5	(0.392 3)	0.045 0	0.347 3	0.652 7
A17	0.605 8	(0.450 0)	(0.085 3)	0.576 8	0.423 2

注：括号表示负值。

公因子组成为：公因子 F1 中载荷较大的指标有基准债利差（A2）、利率债隐含税率（A3）、同业存单利差（A5）、TED 利差（A10）、股票市场波动率（A11）、10 年期美国国债到期收益率波动率（A14）、美国国债期限利差（A15）；公因子 F2 中载荷较大的指标有基准债利差（A2）、利率债隐含税率（A3）、信用债利差（A4）；公因子 F3 中载荷较大的指标有 10 年期国债到期收益率波动率（A6）、股票市场波动率（A11）、美国国债期限利差（A15）。相比于主成分分析的权重指标，因子分析法中增加了股票市场波动率和同业存单利差两个重要指标。从重要指标的构成成分看，国开债依旧显著于国债，例如，公因子 F1 上的载荷，与国开债相关的指标基准债利差（A2）和利率债隐含税率（A3）累计载荷绝对值为 1.13，高于与国债相关的指标期限利差（A1）和 10 年期国债到期收益率波动率（A6）累计值（1.02），虽然在公因子中 A1 的指标载荷达到 0.83，但是在公因子 F2 中的载荷已经减少到 0.17，但国开债指标的 A2 和 A3 均在 0.8 以上，公因子 F2 完全成为国开债因素的反映。其经济解释为：一是从 2015 年 3 月到现在，在该期间内的数据说明，债市和股市相互影响的显著性在增强，股债资金间的相互流动现象显现，即出现股债"跷跷板"现象。二是同业存单存量已经超过 8.5 万亿元，仅次于信用债，是债市稳定性判断不可忽略的指标。相比于其他债券指标，在债市震荡期，同业存单价格的波动具有更强的敏感性和更大的幅度。

我们取前 2 个公因子构建利率债市场稳定性指数，具体表达式如下：

$$FSI_{因子分析法} = 0.515\,8F1 + 0.295\,8F2$$

五、稳定性指数评价

利率债市场稳定性指数评价的结论为：因子分析法构建的 FSI 优于主成分分析法构建的指数。具体分析如下：

为了有效地评价两种方法构建的利率债市场稳定性指数的实际效用，我们选择 10 年期国债期货价格作为参照。在利率债市场中，投资人和发行人普遍将国债期货的价格走势作为债市发展的重要预测参考，当债市处于压力期时，国债期货价格会出现下跌；当债市进入稳定期时，国债期货会止跌反弹；当债市处于繁荣期时，国债期货价格处于阶段性历史高位。根据上述国债期货走势的规律特点，利率债市场稳定性指数应与期货走势存在负相关关系，即 FSI 数值上升，债市稳定性减弱，国债期货价格对应下跌；反之，FSI 数值下降，债市稳定性增强，国债期货价格相应上升。

对比图 10－2 和图 10－3，由主成分法确定的 FSI 在 2016 年上半年以前与国债期货走势具备负向特征，但随后出现了同向的趋势。由因子分析法确定的 FSI 与国债期货走势在数据观测期内负向特征明显，在 2016 年底和 2017

年第四季度 2 次债市压力期内，显现出与国债期货曲线的显著负向背离。基于模型构建，我们发现造成主成分法分析失效的原因有：一是因子分析法的权重指标量多于主成分法；二是因子分析法的指标构建因素的累计贡献率明显高于主成分法。

图 10 - 2　主成分法中指数与国债期货走势的比较

图 10 - 3　因子分析法中指数与国债期货走势的比较

第二节　债市稳定性识别判断

一、模型构建

本书以 RS-FSI 识别债市压力期（即债券市场进入熊市、利率震荡的时期），采用 MS-VAR 模型进行客观性的判别。徐国祥和李波（2017）对 MS-

VAR 模型与传统金融压力期识别方法进行了比较。传统方法主要有两种：一种是设定发生危机时的数值为参考值，高于该临界值则判定为压力期；另一种是设定样本数据期间内的历史均值为参考值，高于该临界值则判定为压力期。传统方法的判定标准由于受主观和阶段性因素干扰，缺乏准确性和稳健性。MS-VAR 模型是由 Hamilton（1989）提出的，它在 VAR 模型的基础上假定各变量之间的结构关系是变动的，在不同的时期该结构关系处于不同的状态，而状态的转换则是由外生的、不可观测的马尔可夫链决定的。

具体模型构建如下：

$$y_t = \alpha(s_t) + \beta_1(s_t) y_{t-1} + \cdots + \beta_p(s_t) y_{t-p} + \mu_t$$

其中，$\alpha(s_t)$ 为常数项，$\beta_1(s_t)$，…，$\beta_p(s_t)$ 为 y_t 滞后项的系数，残差 $\mu_t \sim$ IID$(0, \sum(s_t))$，s_t 为时间 t 的不可观测的状态随机变量，其随机性导致 s 仅能以某种概率取值，且从第 i 种状态转移到另一种状态 j 时服从马尔可夫链过程，其转移概率为 p_{ij} 为：

$$p_{ij} = p_r(s_{t+1} = j | s_t = i)$$

$$\sum_{j=1}^{N} p_{ij} = 1 \quad \forall i, j \in \{1, \cdots, N\}$$

通过构建上述模型来划分利率债市场稳定性指数（RS-FSI）所处的不同区制，以此识别利率债市场稳定状态（包括平稳期和压力期），同时通过重大事件和历史危机发生期进行对照，从而验证 RS-FSI 对利率债市场压力期识别的衡量效果。

二、区制识别

由于日度数据属于高频类数据，会导致马尔可夫链的转移概率显著性不强，本书在进行区制识别时采用周度的 RS-FSI 进行建模分析，计算方法是对日度 RS-FSI 在每周内进行简单平均。使用 Eviews8.0 建模，拟合结果如表 10-5所示。

表 10-5   MS-VAR 模型的拟合结果

	变量	系数	Z 检验	预期的持续期
区制 1	Const	0.141 3	0.413 1	9~10 周
	FSI(−1)	0.710 4	7.120 8	
	FSI(−2)	−0.177 1	−1.868	
区制 2	Const	0.288 6	0.845 5	2~3 周
	FSI(−1)	1.020 5	8.895 4	
	FSI(−2)	−0.744 6	−7.040 1	
模型拟合效果	AIC：−1.112 5 HQ：−1.117 1 Log likelihood：104.161 4 SC：−0.961 6			

结论：模型估计的系数基本通过检验，AIC、SC、HQ 值满足拟合要求，MS-VAR 模型的拟合结果良好。从两个区制的特征来看，区制 1 代表利率债市场平稳或下降的状态，区制 2 代表利率债市场承压出现危机或压力急剧上升的状态。近三年来，债券市场震荡频繁，牛熊市场转换后持续时间缩短，区制 1 和区制 2 交替出现，区制 1 的时长虽然超过区制 2，但由于多空因素博弈造成的锯齿状图形明显增多。根据模型测算，区制 1（9~10 周）的预期持续期长于区制 2（2~3 周）。

如图 10-4 所示，将区制 2 的图形与 10 年期国债到期收益率曲线和 10 年期国开债到期收益率曲线进行对比，RS-FSI 对利率债市场稳定性的识别如下：

（1）在 2015 年 11 月之前受股灾、"8.11" 汇改、地方债增发、监管当局去杠杆预期等因素的交替影响，10 年期国债到期收益率水平在 3% 以上出现了震荡，对应区制 2 出现了锯齿状形态。在 2015 年第 46 周（11 月）后，区制 2 从尖峰下落，判断债市由压力期向平稳期转换，对应 10 年期国债到期收益率跌破 3% 的低位水平，国开债与国债保持同向变化，基准债利差（A2）缩窄。

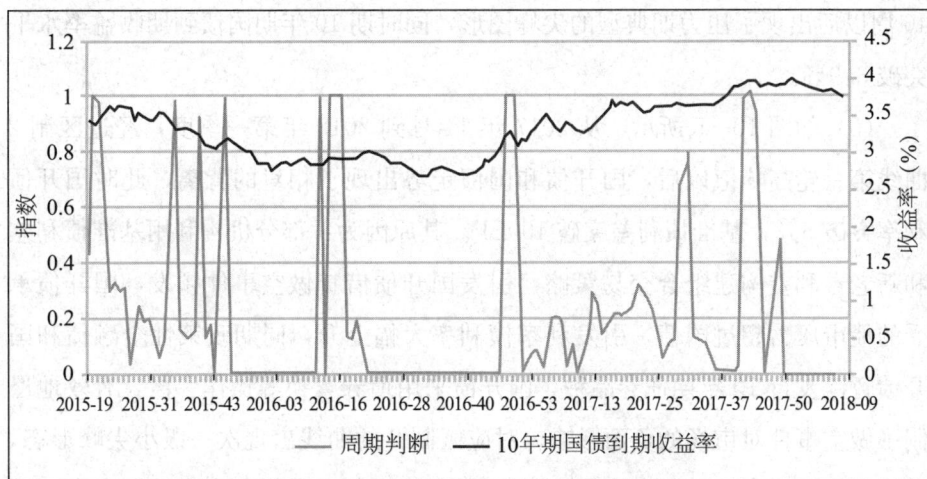

图 10 - 4　MS-VAR 模型区制 2 对应国债走势比对

注：横轴中第一个数字为年份，第二个数字为周数，如 2015—19 指 2015 年第 19 周。图 10 - 5 同此。

（2）在 2016 年 3 月下旬，中国人民银行首次 MPA 考核等因素发酵，债市利空，4 月和 5 月多空因素频出，国债和国开债收益率出现焦灼态势，反映在区制 2 的曲线图上为同期出现压力期辨识的梯形高峰。随后的资金面宽松维持到 2016 年 11 月，维持了一段时间的债市牛市，在该时段中区制 2 的线型贴近横轴，为平坦状。

（3）在 2016 年第 50 周（12 月）附近，区制 2 判断债市进入压力期。对应债市走势情况为：在 11 月中下旬，人民币贬值、外储流出和月底中期借贷便利（medium-term lending facility，MLF）到期等因素叠加，资金面紧张，与此同时，去杠杆预期不断增强、通货膨胀率上升、信用事件频发（如国海证券"萝卜章"事件）等加深了债市利空，进入 12 月后的 10 年期国债到期收益率已经突破 3.2%，国开债到期收益率曲线也上升到 3.8% 以上，基准债利差（A2）走阔。

（4）进入 2017 年，区制 2 的曲线出现了锯齿状的波动形态，反映出利率债市场牛市的结束，进入震荡的熊市期。严监管、去杠杆、MPA 考核、美联储加息等债市利空因素叠加，造成第四季度后出现了剧烈震荡。在 2017 年第

46 周以后出现了压力期典型的尖峰图形，同时期 10 年期国债到期收益率水平突破 3.9%。

（5）如图 10-5 所示，从 2017 年 11 月到 2018 年第一季度，经过区制 2 曲线第一轮高峰值以后，国开债和国债走势出现了相对的背离，此时国开债利率突破 5%，基准债利差突破 100BP。其原因为：部分机构利用基准债利差和新老券利差构建组合交易策略，引发国开债借贷做空事件频发，国开债承受的债市压力超过国债，引发利率债利率大幅上升，同期政策性金融债和国开债暂停发行 10 年期债券品种，国开债采用债券置换等操作手段，有效地遏制了做空事件对市场的负面影响。对应区制 2 的曲线出现次一级小尖峰形态，次一级的峰值意味着压力峰值减弱。截至 2018 年 3 月底，利率债利率出现了一段时间的下行，主要债券品种维持常态化发行，区制 2 识别曲线认为处于区制 1（平稳或压力下降期）。

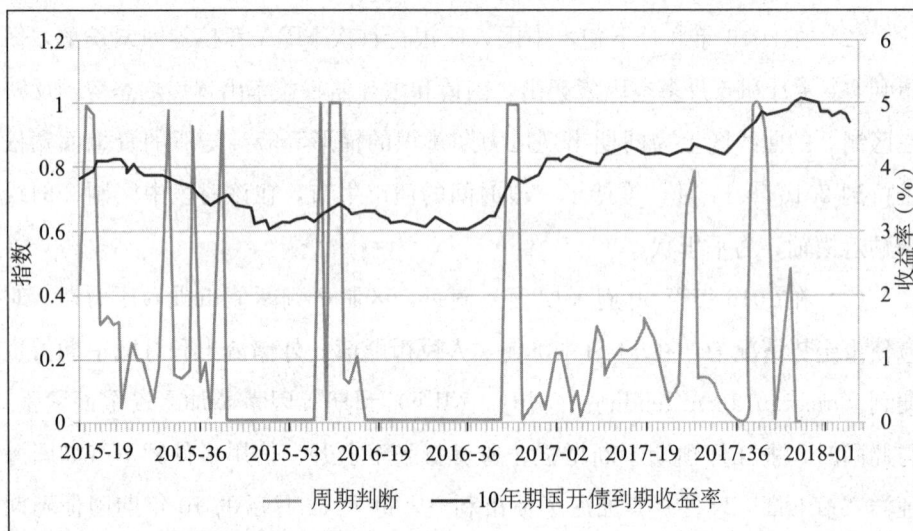

图 10-5　MS-VAR 模型区制 2 对应国开债走势比对

第三节　稳定性指数研究的结论与建议

本书在综合考虑利率债市场特点和发展情况的基础上，选取债券市场、货币市场、股票市场、汇率、美国国债和大宗商品等 17 个相关指标，分别采用主成分法和因子分析法构建了日度中国利率债市场稳定性指数（RS-FSI），并建立了 MS-VAR 模型来分析利率债市场稳定性的区制特征，得到以下主要结论和建议：

第一，国债、国开债在 RS-FSI 中权重占优，股市和美国国债的影响显现。在主成分法和因子分析法的指数构建过程中，17 个指标的权重存在一定的差异，国债和国开债指标权重绝对占优。其原因为：国债和国开债为市场基准利率产品，流动性强，具体从指数个数和权重值上看，国开债显著度更高。在权重较大的指标中，10 年期美国国债到期收益率波动率贡献率显现，说明当前利率债市场与美国国债市场已经产生了相互影响的传导机制。

第二，因子分析法在 RS-FSI 构建评价中占优。一是 FSI 与国债期货走势比对显示：由主成分法确定的 FSI 不能完全反映利率债市场的趋势变化，由因子分析法确定的 FSI 指数与国债期货走势满足负向特征规律。二是根据拟合检验所得结论为：因子分析法的权重指标多于主成分法；因子分析法的指标构建因素的累计贡献率明显高于主成分法。

第三，RS-FSI 呈现明显两区制特征，可用于债市稳定性识别预测。指数两区制特征与债券市场基准利率债（10 年期国债和 10 年期国开债）走势吻合，指数上升期对应的压力期（区制 2）与样本期内重大压力事件基本吻合，较好地反映了利率债市场稳定性的变化过程。

第四，RS-FSI 对利率债定价预测和发行策略调整具有支撑作用。指数具有高频金融数据的特征，满足时间序列分析预测的要求。国债、国开债的指数权重显著性特点表明其与指数相关性强，在后续研究中可依照成熟的价格预测方法在债券发行前进行定价预测。在发行策略上，两区制的周频度识别满足每周发行前的策略选择。如果按照当前两区制预期持续期数值可选择非对称的发行策略：一是本周出现债市震荡，可在未来 2～3 周内（月度）调减发行量或变动发债期限结构；二是本周债市出现明显复苏迹象，可在未来 9～10 周（季度）调增发行量并维持常规发行机制，增加长久期债券的发行安排。

第十一章
中国利率债市场开放下的投资者情绪指数构建

回顾利率债市走势，从 2016 年底至 2017 年，在基本面未发生根本性改变的背景下，债市"慢熊"多次经历资金面严重趋紧和利率跳升，甚至出现国开债借贷做空触发 10 年期债券停发和债券置换操作调节的事件，造成了发行价格和二级市场价格异动偏离正常水平。从行为金融学的视角分析，债市非理性波动的主要驱动力为投资者情绪因素。

对于股票市场上投资者情绪的研究相当丰富，但是针对利率债市场上投资者情绪的研究相对匮乏。Delong 等（1990）提出投资者情绪是影响资本市场定价的系统性风险。就投资者情绪引发的卖空交易，人们主要从卖空制度的限制或放松的视角进行了研究。Mill（1977）认为当市场中存在卖空约束时，对市场持悲观预期的投资者只能不参与市场交易，资产价格无法有效吸收负面消息，导致市场资产价值的估值溢价。Stambaugh 等（2012）认为卖空限制显著阻碍了投资者情绪主导型资产错误定价的消除路径。然而，从历史发展来看，卖空制度放松在牛市平稳期有利于价格发现和市场效率提高，在牛熊转换期，由于缺乏预警和健全制度，投资者悲观情绪引发做空产生了多起恶性事件。

当前债券市场监测投资者情绪的指标多为单一的流动性指标，缺乏有效的综合性复合指标。Baker 和 Wurgler（2006）认为投资者情绪是投资者基于对资产未来现金流和投资风险的预期而形成的一种信念，采用主成分法构建股票市场投资者情绪指数（年度频率，方差解释率为 50%）。巴曙松等（2016）分析了融资融券、投资者情绪与市场波动关系，以主成分法构建了投资者情绪指数（日度频率，方差解释率为 86%），并在市场波动层面采用 VAR 模型脉冲分析法分析了投资者情绪效应。

本书从行为金融学视角构建利率债市场投资者情绪指数（RS-ISI），具有创新性，且主要的创新点为：一是尝试在银行间利率债市场进行投资者情绪的量化研究；二是采用主成分法构建，并构建了高频复合性质的指标 RS-ISI，弥补了单一流动性指标分析的功能缺失；三是采用 VAR 模型，研究央行货币政策和债券供给等因素对市场情绪的冲击传导效应。

第一节　情绪指数构建与债市识别

一、样本数据：流动性指标筛选

资金面的松紧，即货币市场的流动性情况是反映银行间利率债市场投资情绪的重要体现。因此，围绕主要的流动性特征指标，我们选择 8 个典型因素指标进行指数的构建，包括波动率指标和利差指标，主要的组成考虑到货币市场、利率互换市场、银行间同业拆借市场、同业存单市场等特点。考虑到数据的可获得性和货币市场产品交易频率特征，在 Wind 数据库中筛选 2013 年 12 月 13 日到 2018 年 4 月 12 日的日度高频数据作为计算数据来源，为避免出现交易产品数据空缺，将高频数据进行周度处理，得到有效数据 18 组，每组基础数据 228 个，累计近 4 200 个数据（见表 11-1）。

表 11-1　　　　　构建利率债市场情绪指数的指标体系

序号	分类	变量名称	指标	计算方法	变量与情绪指数变动的方向
1	波动率指标	短端利率波动率	A1	银行间市场 7 日质押式回购利率的 GARCH 波动率	同向
2		利率互换利率1	A2	利率互换利率（IRS1Y-REP07）的 GARCH 波动率	同向

续前表

序号	分类	变量名称	指标	计算方法	变量与情绪指数变动的方向
3	波动率指标	利率互换利率 2	A3	利率互换利率（IRS6M-REP07）的 GARCH 波动率	同向
4		同业存单利率波动率	A4	6 个月同业存单利率的 GARCH 波动率	同向
5		SHIBOR 波动率	A5	3 个月 SHIBOR 的 GARCH 波动率	同向
6	利差指标	SHIBOR 利差	A6	（当周 3 个月 SHIBOR-上一周 3 个月 SHIBOR）/上一周 3 个月 SHIBOR	同向
7		IRS 隐含利率预期	A7	利率互换利率 1（IRS1Y-REP07）与 R007 的 30 天移动平均数据差值，代表市场对未来资金利率上行的预期	同向
8		流动性溢价	A8	6 个月同业存单利率与利率互换利率 2（IRS6M-REP07）的差值，反映银行为获得现金资产所付出的溢价成本	同向

各类指标组的具体说明如下：

（1）波动率指标。在波动率的处理上，使用在金融领域研究价格波动常规使用的 GARCH 模型进行测算。① 短端利率波动率（A1），即银行间市场 7 日质押式回购利率的 GARCH 波动率。R001 和 R007 是货币市场短端利率的代表性指标，在资金面宽松期，利率值下降，波动率不大；一旦市场投资情绪发生转换，在资金面收紧的背景下，波动率会出现陡增，利率值会大幅上升。② 利率互换利率的波动率，包括利率互换利率（IRS1Y-REP07）的 GARCH 波动率（A2）和利率互换利率（IRS6M-REP07）的 GARCH 波动率（A3），其中，指标 A2 对应利率是浮动利率 FR007（7 天回购定盘利率）

互换为 1 年的固定利率，指标 A3 对应利率是浮动利率 FR007（7 天回购定盘利率）互换为 6 个月的固定利率，该指标数值反映浮动利率掉期成长期的固定利率成本，在市场资金面趋紧的情况下，该指标和对应互换利率同向上升，提升资金成本。③ 同业存单利率波动率（A4），该指标数值为 6 个月同业存单利率的 GARCH 波动率。目前，同业存单存量已经超过 8.5 万亿元，仅次于信用债，是债市稳定性判断不可忽略的指标，在一定程度上反映了股份制和城市商业银行在资金市场上的筹资情况。相比于利率债市场，同业存单价格的波动与资金面和政策监管紧密相关，具有更强的敏感性和更大的波动幅度。考虑到 2018 年 MPA 考核主要针对 6 个月同业存单，鉴于当前市场监管的重要影响程度，我们选择 6 个月而非 3 个月的同业存单利率指标。④ SHIBOR波动率（A5）为 3 个月 SHIBOR 的 GARCH 波动率。3 个月 SHIBOR 和 6 个月同业存单属于中期资金利率指标，在 2017 年债券市场熊市期间，由于在严监管等利空因素下，资金面出现紧缩，市场情绪恶化，金融机构间的信用派生紧缩成为市场焦点，中期利率指标比短期货币利率上行的幅度更大。

（2）利差指标。① SHIBOR 利差（A6）为当周 3 个月 SHIBOR 的简单算术平均值相对上一周 3 个月 SHIBOR 的简单算术平均值的相对变化率。该指标反映金融机构中期利率指标周频度相对变化情况，当市场情绪恶化时该指标上升，且对应中期利率指标大幅走高。② IRS 隐含利率预期（A7）为指标 A2 对应的利率互换利率（IRS1Y-REP07）与指标 A1 对应的银行间市场 7 日质押式回购利率 30 天移动平均值的差值。该指标代表市场对未来资金利率走势的预期，市场情绪恶化，未来利率溢价上升；市场情绪好转，IRS 中隐含的利率上行溢价会出现持续回落。③ 流动性溢价（A8）为指标 A4 对应的 6 个月同业存单利率与指标 A3 对应的利率互换利率（IRS6M-REP07）的差值。流动性溢价反映了银行为获得现金资产所付出的溢价成本。在 2017 年债券熊市中，随着中期资金利率的大幅上升，该指标屡屡创下 2016 年债灾以来的新高。

二、数据标准化及 KMO 检验

构建利率债市场情绪指数，要消除 8 个指标的量纲影响，先对数据进行标准化处理。在标准化后，通过 SPSS 中 KMO 检验和 Bartlett 检验结果，判别指标变量的相关性。

根据表 11 - 2 中的检验结果，我们可得出如下结论：8 组指标变量数据间有比较紧密的相关性，其中 Sig 值为 0，拒绝变量相互独立的原假设；KMO 值小于 0.7，如果采用因子分析法构建指数则效果不好。因此，我们选择主成分法进行多指标降维，构建利率债市场投资情绪指数。

表 11 - 2   KMO 检验和 Bartlett 检验结果

KMO 值	0.543	
Bartlett 检验值	近似卡方	561.95
	Df	28
	Sig	0

三、主成分法过程

在 Eviews8.0 的主成分法模块中进行指数构建。具体构建过程如下：

如图 11 - 1 和表 11 - 3 所示，碎石图中在 $i=3$ 处出现拐点，前 3 个主成分累计贡献率不足 64%，因此我们选择前 4 个主成分进行指数构建（累计贡献率接近 75%）。

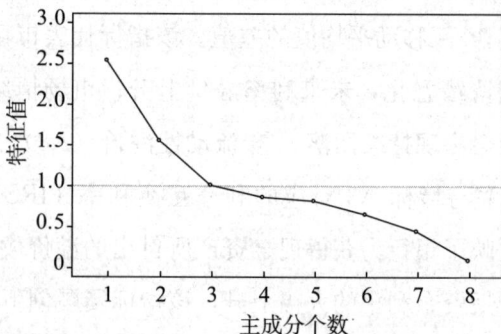

图 11 - 1   主成分个数判定碎石图

表 11 - 3 主成分个数判定累计贡献率

主成分	数值	差值	占比	累计值	累计贡献率
1	2.540 608	0.979 930	0.317 6	2.540 608	0.317 6
2	1.560 677	0.549 078	0.195 1	4.101 285	0.512 7
3	1.011 60	0.145 734	0.126 4	5.112 855	0.639 1
4	0.865 866	0.046 031	0.108 2	5.978 750	0.747 3
5	0.819 834	0.163 517	0.102 5	6.798 585	0.849 8
6	0.656 317	0.206 376	0.082 0	7.454 902	0.931 9
7	0.449 941	0.354 784	0.056 2	7.904 843	0.988 1
8	0.095 157	—	0.011 9	8	1

通过主成分法实现了指标降维，从 8 个指标组降到 4 个主成分，其主要特征如表 11 - 4 所示：①第 1 主成分（PC1）贡献率为 32%，其中，利率互换波动率指标 A2 和 A3 在 PC1 上有较高的载荷（绝对值），可被称为利率互换（IRS）因子；②第 2 主成分（PC2）贡献率为 20%，其中，利差指标 A7 和 A8 在 PC2 上有较高的载荷（绝对值），可被称为溢价预期因子；③第 3 主成分（PC3）贡献率为 13%，其中，波动率指标 A5 和利差指标 A6 在 PC3 上有较高的载荷（绝对值），这两个高载荷的指标都是 3 个月 SHIBOR 的衍生指标，可被称为同业拆放因子；④第 4 主成分（PC4）贡献率为 11%，其中，波动率指标 A4 和利差指标 A7 相对其他指标在 PC4 上有较高的载荷（绝对值），但利差指标 A7 低于 0.5 且明显不如波动率指标 A4 的载荷高，第 4 主成分可被称为同业存单因子。

表 11 - 4 指标组的主成分分析结果

		第 1 主成分	第 2 主成分	第 3 主成分	第 4 主成分
特征向量	A1	0.388 8	0.355 0	−0.374 7	−0.262 4
	A2	0.544 9	−0.056 7	0.252 6	−0.171 8
	A3	0.586 9	0.106 1	−0.026 8	−0.080 6
	A4	0.334 4	0.116 0	−0.165 7	0.741 0

续前表

		第1主成分	第2主成分	第3主成分	第4主成分
特征向量	A5	0.267 8	−0.352 9	0.638 2	0.025 3
	A6	−0.116 6	0.432 7	0.477 4	−0.258 2
	A7	−0.098 7	0.509 0	0.363 9	0.478 5
	A8	0.024 7	−0.524 5	−0.005 3	0.222 9

通过主成分法得到的利率债市场投资者情绪指数（RS-ISI）表达式如下：

$$RS\text{-}ISI_{主成分法} = 0.317\,6PC1 + 0.195\,1PC2 + 0.126\,4PC3 + 0.108\,2PC4$$

情绪指数构建的结论：在指标组中波动率指标大于利差指标，其中，在波动率指标中，利率互换利率指标相对更加敏感；在利差指标中，流动性溢价指标和 IRS 隐含利率预期指标变化幅度更大、敏感度更强。

经济解释：利率互换市场的利率指标反映投资者对未来利率的预期，其相关波动率和利差指标敏感度反映当前利率债市场受投资者预期影响较大，外部因素对预期的影响直接反映在市场情绪指数上。

四、债市识别：情绪指数与债市走势比对

我们对由主成分法构建的情绪指数进行数值的标准化，并选取 2016 年第一季度（回顾历史，此时被认为是债市"牛头"期）的指数平均值作为基数 100。由于资金市场流动性受各种因素的干扰比较多，当前利率债市场投资者结构未达到成熟市场水平，情绪指数遇到干扰因素则会出现非理性的高频震荡。因此，我们使用 Eview8.0，利用 HP 滤波方法，剔除利率债市场情绪指数的循环要素得到指数的趋势序列（见图 11-2 和图 11-3 的 INDEXTREND 曲线）。

将情绪指数趋势线与 10 年期国开债到期收益率曲线和 10 年期国债到期收益率曲线进行比对，情绪指数与利率债市场的重大压力事件基本吻合，能准确地反映市场情绪与利率债牛熊转换的情况（见图 11-2 和图 11-3）。具体解读如下：

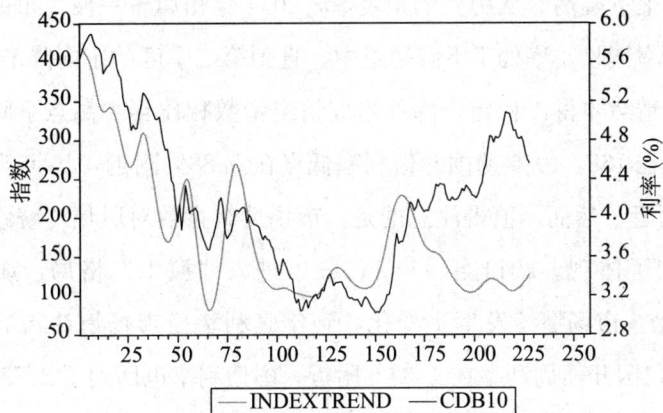

图 11-2 情绪指数趋势线与国开债利率走势比较

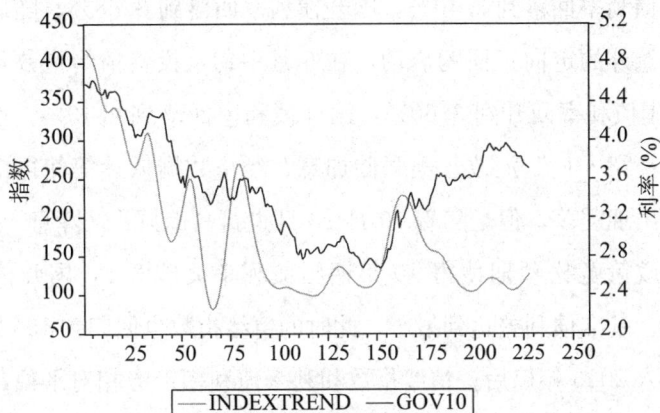

图 11-3 情绪指数趋势线与国债利率走势比较

（1）2013 年最后 2 个月，该阶段从历史回顾的角度看为 2013 年熊市的尾端。此时的市场情绪指数为 414，反映当时市场悲观情绪恶化，货币紧缩预期浓重，甚至出现了第二波"钱荒"事件。此时利率债市场利率处于高点，10 年期国开债利率在 5.70％线上，10 年期国债利率在 4.58％附近。

（2）2014 年初至 2014 年 4 月中旬，利率债市场处于市场纠结期，投资者针对央行货币政策松紧转变，顾虑重重。在第一季度，央行公开市场操作出现了"正回购—逆回购—暂停逆回购—重启正回购"的循环，此时的市场情绪指数出现上下震荡。从历史的角度看，2014 年初属于一波牛市的开始，情绪指数与利率债收益率处于下降通道中。直到第二季度的定向降准政策落地，市场投资者情绪才得以稳定，降准当周情绪指数相比年初高点下降近 70 点，年内最低点在 168，10 年期国开债利率低点在 3.88% 附近，10 年期国债利率在 3.51% 附近。然而，值得注意的是，市场情绪指数对股债"跷跷板"也在2014 年得到了体现。2014 年 11 月，股市进入"疯牛"格局，加上地方债"天量"供给，市场情绪发生了变化，到年底利率债市场情绪指数重新站上250 的高点，国开债周利率在 4.34% 附近，国债利率也回到了 3.75% 的水平。

（3）在 2015 年初，市场情绪受货币政策宽松预期影响出现了"亢奋"，情绪指数的最低点达到 83，2 月 4 日的降准和 2 月 28 日的降息事件兑现了市场预期，国债利率回落到 3.40%，国开债利率回落到 3.68%。随后的地方债供给冲击和意外的定向正回购启动，在 6 月中旬，投资情绪指数重新拉升到270 附近，国债利率回升到 3.60%，国开债利率回落到 4.10%。然而，随后发生的股灾、"8·11"汇改、美联储加息、经济数据低迷等使得情绪指数与利率债价格出现震荡，但是随着 10 月 23 日央行"双降"（降息＋降准），持续到年底的政策宽松预期使得 10 年期国债利率突破 3%，国开债利率也在3.10% 附近，基准债利差达到最小，此时的情绪指数也回归到 100 附近。

（4）进入 2016 年以后，情绪指数和利率债利率走势相对平稳，从历史回购的角度进入债券牛市阶段。情绪指数的波动期间在 4 月前后，对应的影响事件为：2016 年 3 月下旬，央行首次 MPA 考核等因素发酵使债市利空，4 月和 5 月多空因素频出，国债收益率和国开债收益率出现焦灼态势。然而，随后的资金面宽松使得较低的情绪指数维持到 2016 年 11 月。在 11 月中下旬，人民币贬值、外储流出和月末 MLF 到期等因素叠加使得资金面紧张，与此同时，去杠杆预期不断增强、通货膨胀率上升、信用事件频发（国海证券"萝卜章"事件）等加深了债市利空，此时的情绪指数高点站到了 226 附近，10年期国债到期收益率已经突破 3.2%，国开债到期收益率曲线也上升到 3.8%以上，基准债利差走阔。

（5）进入 2017 年后，债市进入了慢熊时期，遭遇"严监管、紧货币"的政策组合（见图 11 - 4）。年初的资金面紧张，缴税、缴准、加息等利空因素持续推动基准利率债收益率上行，但是由于 2016 年底市场情绪的过度波动，情绪指数出现了一定的回落。进入第二季度，严监管预期已经确认，市场心态在谨慎的同时出现了钝化的现象，出现了资金面缺口不紧张但利率债持续走高的局面。7 月债券通"北向通"开通，在诸多利空因素未消除的情况下，市场却出现了唱多势力，"谨慎乐观、憧憬债牛"将市场情绪指数推低到 100 附近。然而，进入第四季度，严监管、金融去杠杆等利空因素将"债牛"梦想做空，情绪指数上升到 120 以上的位置，国开债收益率和国债收益率分别破 5％和破 4％。

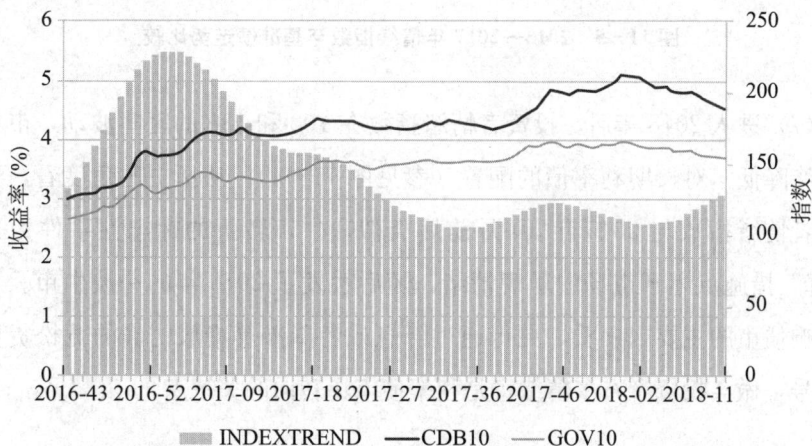

图 11 - 4　2016—2018 年情绪指数与基准债走势比较

注：横轴中第一个数字为年份，第二个数字为周数。图 11 - 5 同此。

（6）在图 11 - 5 的阴影部分，基准债利差走阔（线 GAP 代表 10 年期国开债与国债的利差），部分机构利用该机会进行 10 年期国开债（170215）的借贷做空（包括基差交易和"裸空"）。

经济解释：当 RS-ISI 指数由平稳出现恶化时，由于此时市场预期存在分歧，容易出现恶性借贷做空事件。如果出现基准债借贷余额、国开债和国债基差或新老债券利差等相关指标异动，市场做空势头占优，出现"裸空"，将放大悲观情绪、影响基准债常态化发行和债市的不健康波动。

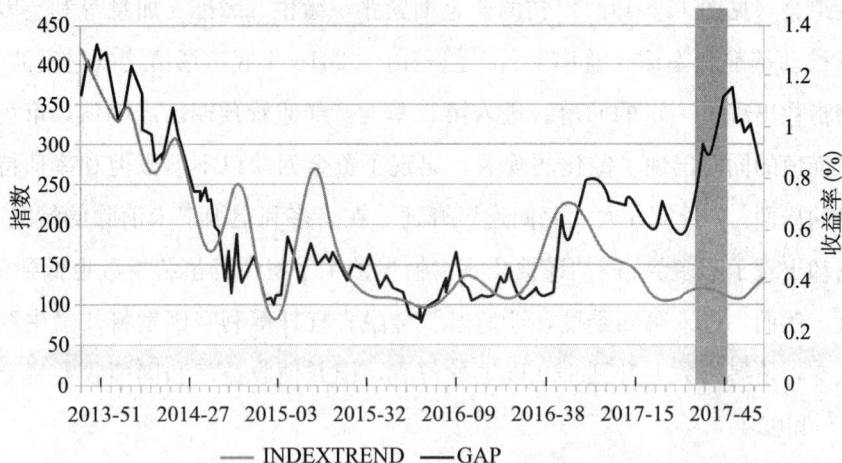

图 11 - 5　2013—2017 年情绪指数与基准债走势比较

（7）进入 2018 年后，投资者情绪指数在 100 和 130 的区间波动，市场谨慎情绪降低了对长期利率债的配置（参见图 11 - 4）。从历史的角度看，当前投资者情绪指数与 2015 年 10 月前后类似，牛市转折的标志性事件为央行"双降"措施点燃了市场的乐观情绪，随后触发了 2016 年的一波牛市。从当前影响债市的主要因素看，央行通过降息或者降准等释放明确的宽松货币政策信号，做实投资者看多情绪将是利率债市场转向的关键点。

第二节　情绪指数冲击传导效应分析

本书选取央行公开市场净投放（量和方向）和债券市场周供给量（总量和结构分量）作为分析指标，与利率债市场情绪指数（RS-ISI）一起建立向量自回归（VAR）模型，实证分析利率债市场情绪的动态冲击传导效应。

一、VAR 模型的构建

根据利率债市场的历史回顾情况，选取对利率债市场投资情绪影响比较大的两类指标，即货币量因素和债券量因素，两类指标的具体构成参见表 11-5。样本区间与利率债市场情绪指数构建的指标保持一致，频度为周，数据来源于 Wind 数据库。

表 11-5　　　　　　　　　　　　冲击影响因素变量列表

序号	分类	变量名称	指标	计算方法
1	货币量因素	公开市场操作净投放	A9	央行公开市场周净投放
2		货币政策调控方向	A10	央行货币政策周方向
3	债券量因素	债券总供给因素	A11	债券周供给总量的自然对数
4		国债供给因素	A12	国债周供给量的自然对数
5		地方债供给因素	A13	地方债周供给量的自然对数
6		政金债供给因素	A14	政金债周供给量（含国开债）的自然对数
7		同业存单供给因素	A15	同业存单周供给量的自然对数

进行 VAR 模型构建前的条件检验：一是单位根检验。如图 11-6 所示，各指标检验值均在单位圆内，证明分析指标间不存在单位根，满足 VAR 模型稳定性要求。二是滞后期确定。如表 11-6 所示，选择 LR、AIC 等多个检验原则，确定滞后期为 1（当期带 ∗ 号的为选择期）。

AR特征多项式的逆根

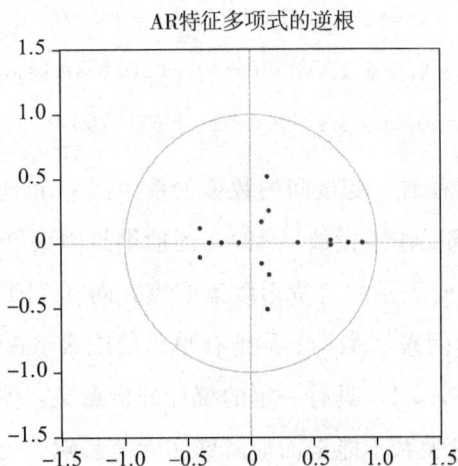

图 11-6　VAR 模型指标条件检验图

表 11-6   VAR 模型滞后期确定检验

滞后期	LogL	LR	FPE	AIC	SC	HQ
0	−10 448.50	NA	4.10e+31	95.492 9	95.616 7	95.542 9
1	−10 143.50	584.989 6	4.53e+30*	93.291 74*	94.405 95*	93.714 74*
2	−10 086.50	105.036 5	4.85e+30	93.356 2	95.460 9	94.206 2
3	−10 035.50	90.343 5	5.49e+30	93.475 0	96.570 1	94.725 0
4	−9 967.27	115.929 1*	5.33e+30	93.436 2	97.521 7	95.086 2
5	−9 926.74	65.874 1	6.72e+30	93.650 6	98.726 5	95.700 6
6	−9 889.95	57.118 2	8.85e+30	93.899 1	99.965 4	96.349 1
7	−9 846.62	64.105 3	1.11e+31	94.087 9	101.144 6	96.937 9
8	−9 810.45	50.869 0	1.50e+31	94.342 0	102.389 1	97.592 0

选用 VAR 模型对上述 7 个指标变量进行时间序列分析，市场情绪指数冲击变量 VAR 预测方程如下：

$$RS-ISI = 0.677\ 4RS\text{-}ISI \times (-1) + 0.000\ 3A9 \times (-1) - 7.434\ 5A10$$
$$\times (-1) - 4.616\ 2A11 \times (-1) + 0.005\ 3A12 \times (-1)$$
$$-0.003\ 1A13 \times (-1) + 0.022\ 8A14 \times (-1)$$
$$-0.005\ 8A15 \times (-1) + 131.753\ 9$$

从 VAR 预测方程看，变量间的数量关系为：① 正向关系的有情绪指数自身因素、公开市场操作净投放（A9）、国债供给因素（A12）、政金债供给因素（A14）；② 负向关系的有货币政策调控方向（A10）、债券总供给因素（A11）、地方债供给因素（A13）、同业存单供给因素（A15）。预测方程拟合优度（R^2 值）为 0.675 1，具有一定的统计分析意义，但就其进行预测准确度不足，方程的变量关系不能全面地解释实际的影响。为了更好地分析指标对情绪指数的影响，我们对 VAR 模型进行脉冲响应分析。

二、脉冲响应分析

VAR 模型的脉冲响应图如图 11-7 所示。

其经济解释为：

（1）情绪指数自身因素的脉冲响应以正向为主。根据图 11-7（INDEX 对 INDEX 的响应），上一期情绪指数自身增加一单位的正向冲击，对滞后 1～5 期都会产生显著的正向影响，在 30 期内产生明显的收敛趋势。这是因为投资情绪具有一定的黏性，前期悲观情绪一旦形成，即使当前有利好消息也会产生负面的抵消作用，除非做实资金面宽松的预期，以反向的较大脉冲响应抵消前几期的影响。

（2）货币量因素对利率债市场情绪指数的冲击效应以负向为主。根据图 11-7（INDEX 对 A9 的响应），公开市场操作净投放增加一单位的正向冲击引起 RS-ISI 的脉冲响应，滞后 1 期出现负向影响。这是因为，央行公开市场增加净投放，利率债市场货币量增加，市场产生货币宽松预期，市场情绪指数下行。脉冲的负向响应在滞后 3 期以后出现显著的走弱，在观测的 30 期内向 0 逐渐收敛。根据图 11-7（INDEX 对 A10 的响应），央行货币调控方向指标为非数量指标，代表央行货币政策的方向，当方向为正时，引起 RS-ISI 脉冲响应，滞后 1 期出现负向影响，且系数大于 A9 的脉冲响应。这是因为，央行货币政策调控方向代表央行向市场传递货币政策信号操作，央行通过逆回购、MLF 投放等操作手段传递宽松政策，市场投资者悲观情绪缓和。虽然央行公开市场操作的量和方向性指标对情绪指数存在负向关系，但是从短期冲击效果和收敛速度来看不强。这与王中和郭栋（2017）在分析央行回购操作对国开债收益率曲线的影响时的研究结论保持一致。作为常规性质的公开市场操作工具对资金面有一定弹性引导作用，但是显著性不如降准或降息等事件，不能引发牛熊市转折。

（3）基准利率债净供给对利率债市场情绪指数的冲击效应以正向为主。根据图 11-7（INDEX 对 A12 的响应），国债净供给量增加一单位的正向冲击

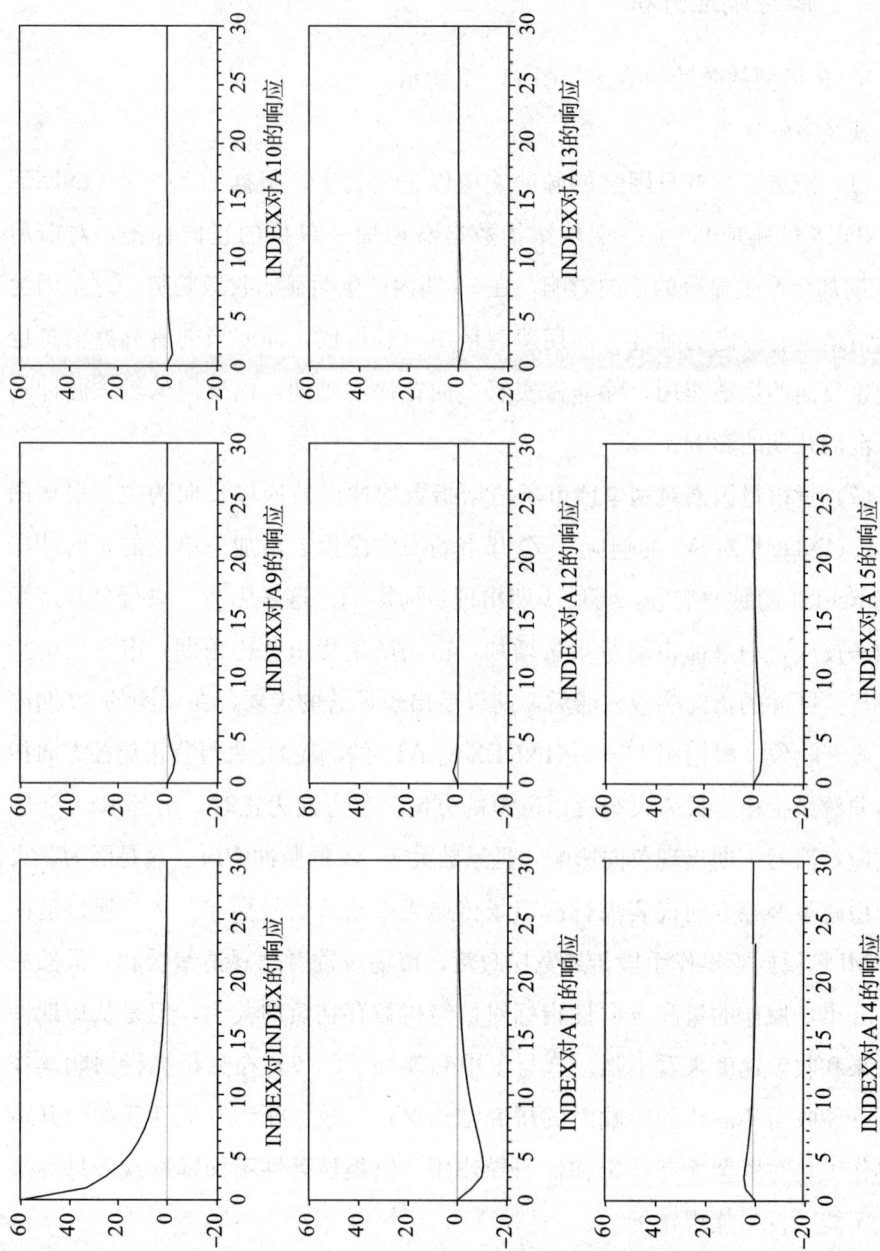

图11-7 利率债市场情绪指数多因素冲击脉冲响应分析图

引起 RS-ISI 的脉冲响应，滞后 1 期出现正向影响。这是因为，国债净供给量的增加，在市场货币量不变的情况下，改变了债券的供求平衡，债券利率和 RS-ISI 出现上升压力。同理，根据图 11 - 7（INDEX 对 A14 的响应），国开债占绝对比例的非国债基准利率债净供给的增加，引起 RS-ISI 正向冲击影响力大于国债，非国债基准利率债净供给量在滞后 1 期出现正向影响，逐步在以后 3 期增强，在 30 期内递减并显著地收敛到 0。这是因为，以国开债为例，国开债长久期品种的流动性强于国债，基于流动性和套利保值操作的需求，国开债交易盘配置明显多于其他利率债。此外，国开债常态化发行在投资者心目中的市场基准地位优势明显，因此，其供给量的变化会对市场情绪产生显著的影响。

（4）地方债和同业存单净供给量对利率债市场情绪指数的冲击效应以负向为主。根据图 11 - 7（INDEX 对 A13 的响应、INDEX 对 A15 的响应），从地方债和同业存单的实际发行特征看，地方债和同业存单净供给量的负向冲击效应不反映对实际的市场情绪的影响。负向关系的经济解释为，地方债和同业存单的发行主体一般在市场情绪缓和的时期增加发行量，一旦出现市场情绪恶化，发行方考虑到发行规模和成本因素会选择减量和推迟发行的策略。

第三节　情绪指数研究的结论与建议

本书选取短端利率波动率、利率互换利率波动率等 5 个波动率指标和 SHIBOR 利差、IRS 隐含利率预期等 3 个利差指标，分别采用主成分法构建了周频度利率债市场投资者情绪指数（RS-ISI），并建立了 VAR 模型分析央行货币政策和债券供给增加对利率债市场投资者情绪的影响。我们得到了以下主要结论：

第一，投资者预期是构建 RS-ISI 的重要指标因素。指数的构建选择具有代表性的市场流动性指标，我们从主成分法的结论可发现，利率互换市场中的利率指标影响程度占优，表明投资者对未来市场流动性的预期是 RS-ISI 的重要构成因素。波动率指标敏感度强于利差指标，说明当前利率债市场投资理性不足，影响预期的冲击因素会出现反应过度或反应钝化的情况。

第二，RS-ISI 与利率债市场走势吻合，有预测参考价值。RS-ISI 的走势与利率债市场的重人事件基本吻合，能够准确地反映银行间利率债市场基准债券（国债和国开债）的牛熊市场变化特征。样本区间内发现的规律特征有：一是牛市前期 RS-ISI 为 120～130，如央行宽松货币信号（降准或降息），可能触发牛熊转折；二是当 RS-ISI 由平稳出现恶化时，尚未超过 200，市场多空预期存在分歧，如出现借贷余额、基准债利差或新老券利差等指标异动，预警借贷做空的可能性增强。

第三，央行货币政策和基准债发行安排对 RS-ISI 存在冲击传导效应。一是央行公开市场操作的量和方向性指标对情绪指数存在负向关系，但是从短期冲击效果和收敛速度来看不强，只能作为市场情绪缓和的操作措施，不能像降准或降息等事件那样引发牛熊市转折。二是基准债券（国债和国开债等政金债），尤其是以国开债为代表的非国债品种，由于常态化发行机制和较好的市场流动性，其净供给量变化与利率债市场投资者情绪存在正向关系。地方债和同业存单等发行仍处于随行就市阶段，停发、减量或推迟发行情况频繁，不存在实际意义上的冲击效应。

第十二章

全书总结与政策建议

第一节　全书总结

全书以货币回流理论作为研究利率债市场开放的命题核心，通过对现有理论文献和金融史的总结回顾，理论联系实际地探索中国实践，得出结论：人民币货币国际化要"水到渠成"，但在利率债市场开放中，政府应该"有为而治"；货币国际化需要多模式的货币回流，其中在岸利率债市场回流机制对于大国经济尤为重要，外国官方附加发行机制具有重要的借鉴意义；任何形式的开放都应该是渐进的和审慎的，风险防范是金融安全的关键，债市开放需要强大的内政和大国外交的配合。

在理论方面，一是厘清对货币国际化与利率债市场开放的逻辑认识，这有助于破解当前的债市开放瓶颈，也有利于防控开放中的金融风险。首先，本书指出目前流行的国际货币"三大职能"分析框架并未抓住货币国际化的核心。本书提出货币国际化的核心是价值担保和流动性管理，这是普遍存在于任何一种国际货币体系中的客观规律。其次，适应货币国际化的关键是畅通境外货币回流机制。在布雷顿森林体系下，货币回流的对价物是黄金，在"后布雷顿森林体系"下就是货币发行国的利率债。因此，货币国际化的重点问题就是开放利率债市场。二是从货币回流的一般范式审视利率债市场开放问题。本书以"霸权稳定理论"（Kindleberger，1973，1986）为框架，提出境外货币回流的五种回流模式，并以发达国家利率债市场开放历程进行验证。

基于理论，回顾研究美国国债开放与美元回流演进历史，揭示美国的利率债市场的开放是渐进有序的，而非"大爆炸"式的。其区分了开放对象，先是外国官方和国际或区域组织，而后是外国银行和其他非居民；针对某一主体，还应分市场准入，先是非流通利率债市场，再是国库券市场，最后是中长期利率债市场。在"开放阶段Ⅰ"（1960—1984年）完成了向两类主体多市场的渐进、有序开放，经过20世纪80年代的开放低迷期，在20世纪90年代全球收支失衡扩大和2008年金融危机的作用下，达到"开放阶段Ⅱ"（1990—2014年）。在这两个阶段中，美元国际化进程迅速，正是得益于利率债市场的开放。

本书从中国的实践出发，梳理了人民币回流的研究动态，并结合人民币国际化和在"一带一路"倡议下进行的探索：一是本书使用国际货币基金组织公布的全球官方外汇储备币种数据，以货币国际化产生的储备投资需求为假设前提，动态测算人民币国际化对应储备利率债潜在需求，以其与实际境外持有量的缺口作为评判利率债市场开放增长潜力的标准。截至2018年底，该缺口规模仍为3 000亿~4 000亿元，我们的测算结果支持以下结论：在人民币国际化境外增持趋势下中国利率债市场开放潜力巨大。二是当前的缺口既有机制的缺陷，也受产品模式缺乏创新的制约。本书进行了中国版"外国官方附加发行"机制的构建，成功的经验做法是利率债开放主体以外国官方作为增持对象，利率债品种以中长期利率债为主，通过"外国官方附加发行"隔离对国内经济政策的价格冲击，借鉴美国国债市场渐进式开放的道路，实现在岸利率债市场开放的健康、可持续发展。

本书还对债市开放的金融安全进行了开创性研究：一是围绕美国国债的政策溢出效应，对包括中国在内的主要国际货币国进行量化比较，美国货币政策紧缩会对中国、欧元区和日本的国债或公债价格形成抑制作用。从时变研究的结论看，中国利率债市场受美国国债的影响在逐步提高，波动率和利率的联动效应已经超过日本国债。二是就中美利差"舒适区"问题进行研究，量化分析了银行间利率债价格风险传导效应，认为中美利差冲击效应具有时变特征且强于汇率，是当前境外风险冲击债市的主要价格传导渠道。三是从宏观基本面和实际价格两个方面分析债市开放下中美贸易战的负面影响，基于贸易摩擦下的经验借鉴和中国情形，推测通货膨胀预期先降后升，利率债利率将出现同向波动趋势。回顾德国、日本与美国贸易摩擦的历史通货膨胀率和债市数据，均出现了相同的"先降后升"的趋势特征。利率债市场跨境影响效应显现，美国国债对利率债冲击的时变特征趋显。央行货币政策调控是债市走势的"驱动力"，投资者对政策理解的预期反应形成了短期市场波动的因素。最后，基于外部冲击风险，本书构建了利率债市场稳定性指数和投资者情绪指数，并建立预测和风险判别机制，形成在全球金融周期下的风险预判和安全处置。（1）市场稳定性指数（RS-FSI）具有债市周期识别和预测功能，对利率债定价发行具有策略支撑作用。（2）投资者情绪指数（RS-ISI）弥补了当前单一指标的功能缺失，高频数据反映银行间利率债市场中的投资者情绪，与债市走势吻合，能有效区分货币政策和发行增加等冲击传导的效应的差异。

第二节 政策建议

习近平总书记的相关重要讲话精神既显示了中国继续深化改革、扩大开放的决心，也为未来中国金融改革和开放指明了方向。在"一带一路"倡议有序推进人民币国际化的要求下，中国有必要不断推进利率债市场跨境发展。《中华人民共和国国民经济和社会发展第十三个五年规划纲要》提出提高债券市场对外开放程度，放宽境外机构境内发行、投资和交易人民币债券。2019年2月22日，习近平总书记在中共中央政治局第十三次集体学习时强调深化金融供给侧结构性改革，增强金融服务实体经济能力。其中，围绕金融改革开放，主张提高金融全球竞争能力，扩大金融高水平和双向开放。本书认为，在"一带一路"倡议下推进人民币进一步国际化，利率债市场的跨境发展和回流机制构建具有重要意义。具体政策和业务建议如下：

一、构建利率债回流机制，发挥人民币国际公共产品属性

毋庸置疑，中国的经济体量和市场规模已经位于全球前列，国际社会对

大国货币的需求逐步显现，以伦敦为代表的西方国家金融市场对人民币投融资的兴趣日益强烈。作为货币的发行国，中国必须担负起与经济大国相称的国际金融大国责任，尤其是在 2008 年全球金融危机后，中国积极参与国际货币体系治理。在这种历史责任和国际要求下，中国应当进一步开放利率债市场，作为与"一带一路"相关的人民币栖息地。换言之，利率债市场的对外开放标志着中国主动保障境外人民币价值、提供国际公共产品。当下，人民币国际化已经发展到新的历史阶段，在贸易项下的计价和结算货币持续发展的同时，更要集中力量以利率债作为境外主体手中人民币头寸的价值担保和流动性管理工具。疏通利率债回流在岸市场的渠道，能更好地在"一带一路"倡议下有序地推进人民币向更高阶段的国际化发展。

二、强化中国利率债基准地位，做好风险预案，顺势而为

回顾美国债市开放的历程，始终以自身债券市场稳定为本，从未动摇美国国债收益率曲线在债市的基准地位。当前国债和国开债共同发挥银行间市场的基准收益率作用，债市开放应不断强化其基准地位，才能实现中国债市健康、可持续发展。债市进一步开放也将受到一些外部冲击，我们应做到事前进行风险监测，风险研判有预案。在风险可预测、可承受的情况下，利率债对外开放和提供国际公共产品的过程要有序推进、水到渠成、顺势而为。

三、推进数量增发机制，建立有序扩大外资持债比例的新模式

中国金融市场需要开放，也需要充分考虑金融稳定。银行间债券市场是中国最重要的金融市场之一，开放的基本要求就是准入和退出的去管制。因此，中国有必要参考"外国官方附加发行"机制分阶段开放利率债市场。具体来说，这可以包括两个方面：一是特殊附加发行。对于敏感项目和国别，要选择合规的买方代理进行附加发行或定向发行，即在一级市场发行时确定发行价格，配置国别通过买方代理按确定的价格进行资产配置，买卖基础通

过双边协议或贷款协议确定，对持有人数据保密。二是常规附加发行。对于一般项目和国别，在一级市场进行附加发行，在发行额度上进行定制服务；在二级市场按照现有债券通等合规流程进行交易。常规附加发行的发行和交易数据可完全公开。

四、实现中国债市的互联互通，形成在岸和离岸双循环体系

我们知道，回流利率债市场的模式既可以是直接的，也可以是间接的。货币一旦流到境外，将以多种方式回流在岸市场，既有直接模式，也有间接模式。所谓的间接模式往往是通过全球重要的离岸金融中心完成的。"一带一路"倡议的平台属于世界，既然"一带一路"沿线国家人民币头寸的中转栖息地可能是伦敦、新加坡和中国香港，那么在"一带一路"倡议下的投融资合作方的外延应该有所拓展。我们以宽广的胸襟欢迎"一带一路"倡议涉及的多类投融资主体：既有债券发行人，也有债券投资人；既包括直接投资人，也包括间接投资人。双循环体系的构建需要不断完善现有的债券市场金融基础设施建设，在中国债券市场互联互通方面，优化跨境债券业务登记托管、清算结算服务，保障市场参与各方的合法权益。

五、讲中国故事，遵循国际规则，创新产品，形成中国方案

为了更好地向国际社会提供用于回流手中人民币头寸的国际公共产品，利率债产品创新应满足两个方面的要求：一是遵循国际惯例和市场规则；二是要结合利率债市场的中国国情。具体的行动策略包括：一是债券发行应组建国际化的承销团队，加大国际路演，宣讲中国故事，贡献中国智慧，提出中国方案；二是境外投资人在购买利率债的同时，对汇率、利率风险的对冲操作存在衍生产品的配置要求，比如利率互换和国债期货等市场也要具有足够的深度和流动性。然而，事实上这些市场建设本身难以一蹴而就，而中国利率债所面对的境外需求将随着 2019 年 4 月后的 20 个月彭博巴克莱全球综合指数分步将人民币计价纳入后相关 ETF 主动配置中国国债和政策性银行债

券而变得极其可观。为了缓解衍生品市场发展不充分和境外需求日益强烈的暂时性矛盾，当前阶段建议试点双币种货币债券，具体参照美国卡特债券的做法。如果境外市场投资人担心人民币对美元波动的风险，可以设计以美元作为债券本息的计价货币，按照约定或实时汇率进行债券的人民币结算。

—— 附录一 ——
美国利率债开放程度的基础数据及测算方法

一、指标测算的基础（Ⅰ）：数据统计

美国国债是仅次于现金的被最广泛接受的抵押品[①]，且自 20 世纪 70 年代以来是美元国际地位得以维持的重要因素（Schinasi et al.，2001），更成了金融危机中全球流动性的"避风港"（Craig，2008）。为了适应国债市场从"财政"功能拓展到"财政＋金融"功能、再拓展到"财政＋金融＋国际金融"功能的发展，自 20 世纪 70 年代初开始，美国财政部与美联储合力对统计系统和数据发布做出了巨大的改革。

目前，美国所有关于国债市场开放程度的统计都源于"财政部国际资本"（treasury international capital，TIC）统计。[②] 该系统始于 1934 年的罗斯福政府，其初衷是应对银行危机，同时美国商务部为了厘清美国每年支付给外国人多少利息和股息，于 1934 年和 1937 年开展了两次持有头寸调查。[③] 由于

[①] 按照国际掉期和衍生工具协会的调查，2014 年全球接受和给出美国国债作为抵押的金额占比分别为 3.54％和 4.92％，其一贯高于英镑、日元或其他现金，见：International Swaps and Derivatives Association. ISDA Margin Survey，2015，http：//www2.isda.org/functional-areas/research/surveys/margin-surveys/。

[②] 美国最早关于外国持有美国债券的统计，可追溯至 1853 年美国财政部为回应美国国会对境外主体是否过多拥有对美国的国债权利的担忧（Griever et al.，2001）。

[③] 然而，早期因为各机构间缺乏统一协调而造成统计数据质量偏低，故于 1943 年中止。在第二次世界大战后，"布雷顿森林体系"下的国际货币基金组织要求美方提供相应的数据，便在联邦统计政策和标准办公室（Office of Federal Statistical Policy and Standards）的指导下，重启这项统计。直至 20 世纪 80 年代美国财政部取而代之，全面领导外国对美和美国对外的投资统计工作。经过长期洽谈，到了 1983 年美国财政部出于统计的便利，终于同意授权美联储系统地负责原始数据的收集工作。

1974 年美国中长期国债市场对外开放加速，TIC 统计系统被重新设计，并于当年底进行了首次外国对美国国债持有头寸的现代意义上的调查，以应对西欧、日本和石油输出国对美国国债持有的担忧。当然，这种趋势也使得观测国债市场开放程度成了 TIC 统计系统的最大的价值所在。

值得注意的是，随着国际金融的不断发展，"国际资本流动"（international capital flow）与"国际金融流动"（international financial flow）日益不同，前者与实际生产或贸易密切相关，后者却以获取资产差价和金融性收益为目的（姜波克，2012）。而跨境资金流动具有三种形式：（1）买卖证券；（2）贷款；（3）直接投资。前两种是 TIC 统计系统所关注的，第三种则是专门由美国商务部的经济分析局收集。TIC 统计系统的核心机关是美联储，其各辖区分行从存管和发行双重角度收集非居民持有和交易证券的基础数据[1]，再由纽约分行处理数据并分发给以下机构：（1）美国财政部，形成发布数据[2]，其情况如表 A1-1 所示，而其结构性数据载于《财政公报》；（2）经济分析局和国际清算银行等机构，用来计算每季度的美国国际收支表的投资收入和金融流动账户，以及美国国际投资头寸（international investment position，IIP）；（3）国际货币基金组织，以完成协调证券投资调查（coordinated portfolio investment survey，CPIS）。

表 A1-1　　　美国财政部国际资本系统（TIC 系统）的数据发布情况

数据及发布时点	表格名称〔其中，国债境外持有或交易相关〕	发布频度	发布日期
在 2014 年 9 月前，月度 TIC 数据为华盛顿时间下午 4:00，证券和银行数据为下午 4:00—4:15	TIC 数据〔私人、官方对中长期国债和国库券的交易数据〕	月度	月中
	长期证券持有数据〔私人、官方对中长期国债的持有数据〕	月度	月中

---

① 更多"居民"和"非居民"的概念见：TIC Glossary，June 2014. https：//www.treasury.gov/resource-center/data-chart-center/tic/Documents/ticglossary-june2014.pdf。

② 通常在发布后 15 分钟会将数据分别张贴于美国财政部和美联储的固定网页，前者参见 www.ustreas.gov/tic，后者参见 www.federalreserve.gov/econresdata/releases/secholdtrans/current.htm。

续前表

数据及发布时点	表格名称［其中，国债境外持有或交易相关］	发布频度	发布日期
在 2014 年 9 月后，二者分别为上午9：00和上午 9：00—9：15	证券和银行数据［私人、官方对国库券的持有数据］	月度	月中
	衍生品数据［国债期货相关数据］	季度	季末月月中
	银行债权债务数据；证券债务数据［国库券数据］	季度	季末月月中
	非金融公司数据［中长期国债和国库券数据］	季度	季末月月中
年度 TIC 证券持有数据为华盛顿时间下午4：00—4：15	外国持有美国证券（至每年 6 月底）［私人、官方对中长期国债和国库券的持有数据］	年度	4 月底
	美国持有外国证券（至每年 12 月底）［无］	年度	10 月底
其他为华盛顿时间下午4：00—4：15（12 月为下午 1：00）	美国外债总额［美国国债境外持有数据］	季度	季末月月底

注：方括号内为其中与国债境外持有或交易有关的数据内容。

资料来源：笔者根据美国财政部 TIC 统计系统网站的相关信息整理，www.ustreas.gov/tic。

二、指标测算的基础（Ⅱ）：数据加工

在测度国债市场开放程度而使用统计数据时，有一个十分突出的问题：由于统计口径和统计方法的问题，在一段时间内外国居民净买入的流量数据与两个时点下其持有的头寸存量差值非常不一致，即年存量调查与月流量统计拼接失效，故需要进一步对原序列进行加工。

（一）问题的描述：存量差不等于流量和

一方面，在头寸数据方面，每年的 TIC SHL（A）调查最为准确和详细

(Griever et al.，2001；Bertaut et al.，2006)。[①] 该调查是在单只证券层面进行的，且区分持有国家和持有人类型（官方或私人）。[②] 另一方面，在跨境交易流量方面，每月的 TIC S 统计数据最为详尽，其提供一年中各时点间的交易量信息，是及时且有用的跨境投资月度标尺。由于在 2011 年 12 月之前的月度海外主体持有美国国债的头寸数据，都是将 TIC S 月流量不断加到年中存量的 TIC SHL（A）调查中所得，因此，到了每年 6 月都会出现一种"断点形态"，这种现象在国别数据（major foreign holders，MFH）方面更为严重。

（二）问题的来源：两类误差

一是"交易误差"（transactions bias），即因为 TIC S 数据是根据首次跨境交易方的国家来记录的，而非根据证券的最终购买者或真实的出售者来记录的，从而形成的统计偏差。在结果上，交易的地理分布往往集中于金融中心，而私人和官方交易的划分也偏向于私人流动（Warnock and Cleaver，2002）。举例来说，若一个德国居民通过伦敦的经纪人购买了美国国债，TIC S 系统会把英国作为买入方。同理，若俄罗斯政府通过某离岸中介代购美国国债，TIC S 系统会把交易记在私人交易名下。若直接用 TIC 数据来衡量外国官方/私人或国别对美国资产的需求，会产生"偏差"。

二是"托管误差"（custodial bias），即由于托管结构性问题带来的统计偏差。又可细分为两种：第一种是外国所持有的证券常托管于另一个国家的私

---

① TIC SHL（A）调查可分为 TIC SHLA（非基准调查）和 TIC SHL（基准调查）。该调查负责收集每年 6 月底外国居民对美国证券的持有，即美国对外国居民的证券负债数据，且记录的是在单只证券层面的外国居民对美国证券的持有额（包括部分货币市场工具）。其报告主体是由上一次基准调查和上一年底 TIC SLT 确定的大型托管行、经纪人自营商、发行人和基金。这项调查区分了外国官方和外国私人，同时包括国库券和中长期国债，形成一种基准的 TIC 调查数据（benchmark TIC survey data）。在 20 世纪，这种基准调查的频度是 3～5 年进行一次，且只针对中长期证券（原始期限大于 1 年的证券），自 2002 年 6 月起改为年度调查，并拓展至短期证券，但美国行政管理和预算局（Office of Management and Budget，OMB）根据 1995 年《文案节省法案》（Paperwork Reduction Act of 1995）区分基准与非基准，以在精准、及时的数据与节约调查成本之间寻找平衡点。

② 当然，这种年度调查数据还有两个致命缺点：一是年数据的频度不能满足日趋重要的金融监管需要；二是时滞太长，其初步的加总信息时滞为 8 个月，而最终详细信息更是长达 10 个月。初步信息被称为 Preliminary data from survey of Foreign Portfolio Holdings of U. S. Securities at End-June。

人机构中，虽然其总量数据是准确的，但其结构数据（官方/私人和国别）还存在偏差；第二种是若美国居民持有的美国证券被托管于外国人，而这个外国人又下属于美国机构，这部分便被计入，且记在外国人名下。

综上，从总量角度看，可能因非居民代理美国居民而高估海外持有，也可能因外国居民购买美国国债但存于第三国托管账户则不记在统计中而低估海外持有；从结构角度看，离岸市场所在国家或地区交易和持有的美国国债被高估了。因此，拥有离岸中心的国家的数据倾向于被高估，例如，比利时、卢森堡、瑞士和英国（见图 A1-1 上图）；而大规模通过海外私人代理暗暗购买美国国债的国家倾向于被低估，同时带来私人部门被高估，或通过其暗暗抛售倾向于被高估（见图 A1-1 下图）。

（三）问题的解决：统计方法和估计方法的改良

为了解决上述问题，有两种实用的方法。一是统计方法，即采取周期性、全口径年度调查并建立在"单只证券层面"而非加总的统计数据结构，极大地避免了重复计算和错误计算，克服了"托管误差"，这使得在 2002 年 6 月后每年年中有了参考值。此外，自 2012 年 1 月开始的 MFH 数据发布不再使用 TIC SHL（A）存量调查加上每月 TIC S 流量数据，而是直接使用 TIC SLT 数据（见图 A1-1）。二是使用"调查＋S 数据"的估计方法（survey-S estimate）从 TIC SHL（A）调查和 TIC S 数据中估计每月头寸。实际上，美国商务部经济分析局正是把二者结合起来估计每年的国际投资头寸以及美国国际收支表中的投资收入和金融流动项目的。其公式为：$x_t = x_{t-1}(1+V_t) + S_t + A_t$，其中，$x_t$ 是经调整后的本月头寸数据，x_{t-1} 是基于调查的上个月的头寸数据，V_t 是美国或外国证券的标准价格指数，S_t 是基于 S 统计的本月交易数据，A_t 是 ABS 本金偿付、通过股票互换的股票购买和非流通国债的交易。[①]

三、指标分子：外国持有额

历史上，国外居民对美国国债持有的品种共有以下三种，即非流通国债、

[①]　由于篇幅有限，更多资料请见以下重要文献：Bertaut 和 Judson（2014），以及其他的估计方法如 Bertaut-Tryon 方法，见：Bertaut 和 Tryon（2007）。

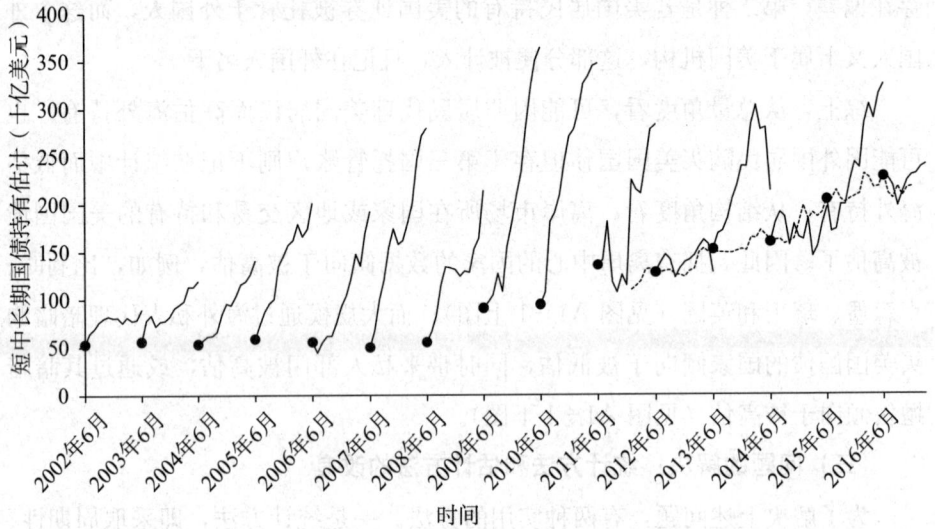

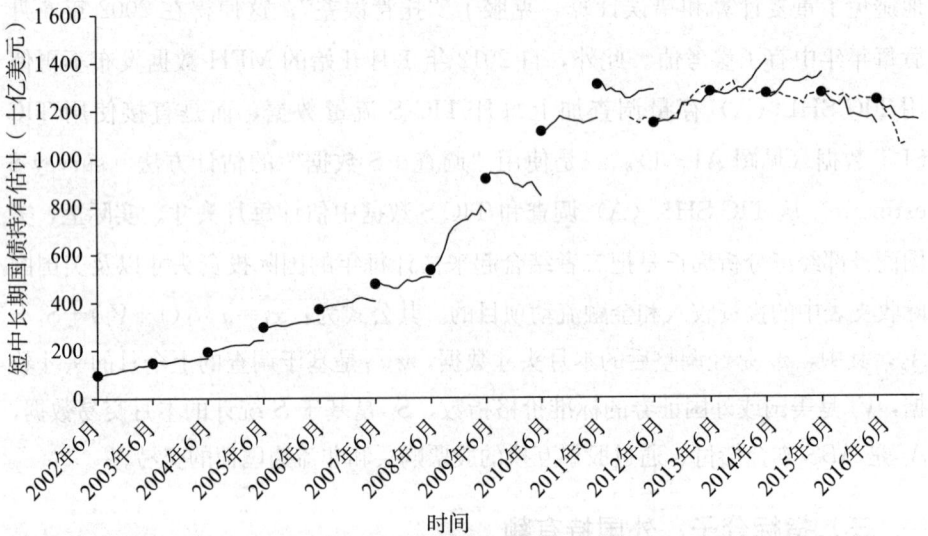

图 A1-1 英国（上图）和中国（下图）TIC S、TIC SHL（A）和 TIC SLT 的统计误差对比

注：黑点为当年 6 月底的 TIC SHL（A）调查数据，黑实线为基于最近一次 TIC SHL（A）和 TIC S 的流量所得估计，黑虚线为始于 2012 年的 TIC SLT 月度头寸统计。

资料来源：笔者根据美国财政部 TIC 统计系统网站披露的数据整理，www.ustreas.gov/tic。

流通国债中的国库券和流通国债中的中长期国债，下面分别探讨其外国持有的绝对值。

（一）向外国人发行的非流通国债

第一，非流通国债对外开放的发端。在各类美国国债产品的对外开放中，非流通国债最早，成为市场开放的先锋，其始于20世纪60年代，并且是分三步进行的：第一步，自1962年起尝试向外国官方出售"非流通不可兑换美国中长期国债"（nonmarketable nonconvertible U. S. treasury bond and note）；第二步，自1963年1月起向外国官方出售"非流通可兑换美国中期国债"（nonmarketable convertible U. S. note），自1964年9月起向外国官方出售"非流通可兑换美国长期国债"（nonmarketable convertible U. S. bond），二者合起来就是"非流通可兑换美国中长期国债"；第三步，自1975年8月起《财政公报》将以上两步中的统计合为"非流通美国中长期国债"。

第二，非流通国债的口径与收录。"特殊发行"（special issue）是美国财政部专向政府机构和信托基金的特别发行，曾一度与流通国债和非流通国债并列，形成美国国债的三大类别。然而，自1974年7月起（即自1975财政年度起），该栏合并于非流通口径，而且改称为"政府账户系列"（government account series），此后至今的美国付息公债仅有流通和非流通两大类。因此，在计算美国非流通国债的开放程度时，要特别注意将该时点之前的分母基数扩大为非流通和特殊发行两栏之和，方能做到同后来的口径严格一致。非流通国债数据被收录于《财政公报》"国际金融统计"（International Financial Statistics）的表IFS-4中。[①]

（二）美国国库券的外国人持有

美国国库券的对外开放是早于中长期国债的，而且因其期限小于1年的关系，常被列于银行体系统计，属于前文所述的"国际资金流动"。通常参考《财政公报》表CM-I-2"美国对外分类别短期债务"中各主体的"美国国库券

---

① 随着规模的萎缩，2013年12月《财政公报》最后一次披露国际金融数据和资本流动数据，此后的公报所报告的国际数据仅含有外汇头寸和外汇平准基金。

和凭证"栏目。该表格分为两部分：A 部分细分为外国官方、银行、其他外国人；而 B 部分则针对非货币性的国际组织。因此，我们可以把银行和其他外国人两项相加得到外国私人的金额。值得注意的是，随着美国商业银行在20 世纪 70 年代的海外网点扩张，从 1978 年 7 月开始专设"银行自身外国分支"的统计以区分银行受托于外国人的托管和自身外国分支的持有，且报告方扩大到证券自营商和交易商，它们都被要求按照表 B 报告。① 因此，口径完全一致的短期国债统计时间序列是始于 1978 年 4 月的，比如 TIC 统计系统网站或《财政公报》表 CM-I-3 中国库券持有的国别数据，获取之前数据的唯一途径是查阅《财政公报》表 CM-I-4 的月数据。另外，在外国官方和其他外国人项下，有很小额度的外币支付，并仅公布季度数据，在 2013 年 9 月后无此表格。

关于国库券海外持有的国别数据则可参考《财政公报》的表 CM-I-3"美国短期债务的外国持有"不含国际机构，但"官方机构"含国际清算银行和欧洲基金。此外，各国数据加总所得即 IFS-2 中美国对外国官方机构、银行和其他外国人中的短期债务之和，在 2013 年 9 月后无此表格。

（三）美国中长期国债的外国人持有

美国中长期国债的对外开放数据披露程度最低，这与 1974 年美国中长期国债开放的双边协议机制很有关系。目前可得的有时间轴两端的数据：

第一，TIC 统计系统网站中可得的数据是可追溯至 2000 年 3 月的 MFH 数据，其又可细分为两段，第一段至 2011 年底为止，第二段始于 2012 年 1 月。前一段采用每年 6 月 TIC SHL（A）存量数据累计叠加 TIC S 交易数据，因此个别国家可能具有比较明显的误差；后一段由于直接采用了 TIC SLT 表格汇总，故而误差较小，披露的国别数目也从 31 个增加到 44 个。此外，其附有外国官方的中长期国债和国库券持有量，但非官方并不包括国际或区域组织。

第二，在 1982 年 2 月前的《财政公报》中表 CM-V-4"美国中长期国债

---

① 这方面的详细资料参见：Treasury Bulletin，May 1979：89-90。

的外国持有"也不含国际机构，但"官方机构"含国际清算银行和欧洲基金。并且这些国家的数据加总所得即 IFS-2 中外国官方机构、银行和其他外国人持有美国中长期国债之和。

然而，TIC 统计系统网站在 2016 年 5 月披露 12 个石油出口国的三类国债持有数据时，还披露了 1939—1999 年国债外国持有额的季度数据，其写明的来源是《财政公报》表 OFS-2"美国国债的估计所有权结构"，而该表对应的加总额是公债总额，所以我们可以用该金额扣除上文所述国库券和非流通这两项海外持有得到中长期美国国债开放金额的海外持有。然而，这种方法有两个缺陷：一是单位为十亿美元，不够精确；二是只有加总数据，缺少官方私人的细分数据，国别数据就更加不可得了。

四、指标分母：外国持有占比的基数选择

当我们考虑外国持有占比时，必须面对分母的选择，而美国国债总额的口径多样，且在历史中不断演变，这造成了选择上的困难。如果我们马虎地选用其一，可能带来国债市场对外开放程度衡量的极大不同。在理论界和实务界，人们常把"主权债""联邦债务总额""联邦债务余额""公债总额""公债余额""付息公债余额"等混淆。

在各类国债口径中，公债总额，或称财政部债券总额，最为核心，也是联邦债券最主要的组成部分。在《财政公报》的表 FD-1"联邦债务概要"中我们可知，其可分为公债（public debt security，PDS）和机构债，但从持有主体的角度可以将其分为政府账户和公众，从计息角度则可将其分为净未摊销额和利息额。[1] 于是我们有：联邦债券总额＝公债总额＋机构债总额＝净未摊销额＋利息额，其中，净未摊销额是在年底或月底将付息债券以年化利率摊销后扣去利息的金额。1968 年 6 月美国财政部进行了债务口径的重大调整，

---

[1] 《财政公报》反映的是加总数，进一步的详细信息（特别是机构债和联邦政府自身对联邦债券的投资数据）需要查阅《美国公债月报》（*Monthly Statement of the Public Debt of the United States*，MSPD）和《美国财政收支月报》（*Monthly Treasury Statement of Receipt and Outlays of the United States*）。

将联邦债务总额从公债总额＋担保的机构债（计为 PDS＋AG）扩大到公债总额＋机构债总额（计为 PDS＋A），而其全口径下的细类如表 A1－2 所示，我们必须注意以下四点：

表 A1－2　　　　　　始于 1968 年 6 月的联邦债务总额（TFO）口径

结构细分			付息债券（interest-bearing debt, IBD）	不付息债券（non-interest-bearing debt, NIBD）	到期未赎回债券（matured debt on which interest has ceased, MD）
联邦债务总额（TFO）	公债总额（PDS）		P-IBD　　　P-NIBD 公债余额（public debt outstanding, PDO）		P-MD
	机构债总额（A）	担保的机构债（AG）	AG-IBD	AG-NIBD	AG-MD
		其他机构债（AO）	AO-IBD	—	AO-MD

资料来源：笔者根据 1968 年 6 月以后的《财政公报》整理所得。

第一，严格来说，联邦债务余额（federal debt amount outstanding, FDAO）是联邦债务总额扣去不付息的担保的机构债，但 AG-NIBD 往往为零。故在统计中，二者基本无异，且美国行政管理和预算局使用"gross federal debt"的概念，与这二者一致。

第二，"公债总额"在文献中也会被表述为下列名词：总公债债券（total public debt security）、总公债（total public debt）、公债债券（public debt security）、总债务余额（total gross debt outstanding）和财政债券（treasury security）。

第三，表中斜线底纹部分称为"债务余额"（debt outstanding），而灰色填充部分付息的公债余额（P-IBD）只是其中的一部分，又可以细分为可流通和非流通两类。

第四，公债余额中不付息债券的部分（P-NIBD）主要包括：发给国际货币基金组织的美国特别债券（special note of the United States）、抵押保证保险公司税收和损失债券（mortgage guaranty insurance company tax and loss bond）、美国储蓄邮票（US saving stamps）、超额利润税退税长期债券（excess profits tax refund bond）以及国民银行和联储银行退休储蓄债券（deposits for retirements of national bank and Federal Reserve Bank note）。

因此，从分母的大口径角度来看，可以选择的基数种类很多，且在主体口径上具有以下大小关系：联邦债务总额（TFO）＞联邦债务余额（FDAO）＞公债总额（PDS）＞公债余额（PDO）＞付息公债余额（P-IBD）＝付息可流通公债余额（P-IBD-M）＋付息非流通公债余额（P-IBD-N）。而其小口径的细类需要细查表FD-2或表FD-2（H）"付息公债"的相关栏目。[①]

另外，从偿债能力角度看，有从公债余额到债务上限的一组大小关系：债务上限＞受限的债务余额（debt outstanding subjected to limitation）＝债务余额－其中不受限部分。

五、指标分子比分母：外国持有占比及其主体结构的计算

国债市场对外开放程度一般是从存量角度来衡量的，但有时也要参考流量统计数据对存量做细微的调整，比如在研究美国国债开放早期动态中存续于1961年10月—1979年3月、面向外国官方的"鲁萨债券"（Roosa Bond）和存续于1978年12月—1983年6月、面向外国私人的"卡特债券"（Carter Bond）的相关问题时，应从《财政公报》中对照表PDO-9的分笔流量数据。美国国债市场开放程度的指标选取与数据来源见表A1－3，而分主体结构见表A1－4。

---

① 实际上，政府账户自1988年2月起持有占流通国债的1%以下，自2008年5月起则不再持有流通国债，所以表FD-2（H）中的产品细分数据几乎就是私人持有的情况。故此，自2001年1月起表FD-2的口径从付息债券缩小为公众持有的公债，之前的则被称为表FD-2（H）以示区别。

表 A1－3　　　　　　　　美国国债市场开放程度的指标选取与数据来源

总类别	分子选用			分母选用	数据来源
非流通国债	含国际和区域机构	本币债券		非流通国债中的本币规模/非流通国债余额	表 FD-2（H）或表 FD-2 中的"外国系列"
		外币债券		非流通国债中的外币规模/非流通国债余额	表 FD-2（H）或表 FD-2 中的"外国系列"
	剔除了国际和区域机构	本币债券	拉美国债券	向外国国家发行的非流通本币国债余额/非流通国债中的本币规模/非流通国债余额	国别存量见：表 IFS-4，分笔流量见表 PDO-8 其中，1988 年 3 月—2012 年 12 月
		外币债券	鲁萨债券	向外国国家发行的非流通本币国债余额/非流通国债中的本币规模/非流通国债余额	国别存量见：表 IFS-4，分笔流量见表 PDO-9 其中，1961 年 10 月—1979 年 3 月
			卡特债券		其中，1978 年 12 月—1983 年 6 月
流通国债	国库券的海外持有			国库券余额	分子：表 CM-I-2（分官、私见 TIC 网页），分母见表 FD-2；国别：表 CM-I-3（分官、私见 TIC 网页）
	中长期国债的海外持有			中长期国债余额	分子：表 IFS-2，分母：表 FD-2；国别：1982 年 2 月前见表 CM-V-4，2000 年 3 月起见表 MFH
三类国债总和	方法一：现成的加总额（含国际和区域组织）			公债总额/公债余额/公众持有的公债余额	表 OFS-2（单位：十亿美元）或"1939—1999 年公债总额的外国持有"（季度数据）
	方法二：人工将三类加总			公债总额/公债余额/公众持有的公债余额	上述各表（单位：百万美元）
特别统计	12 个石油出口国三类国债总和（实为流通国债）			付息可流通公债余额/付息公债余额/公债余额/公债总额	1974 年 12 月—2016 年 3 月（单位：十亿美元）

资料来源：笔者根据历年《财政公报》和 TIC 网页整理所得。

表 A1 - 4　　　　　公债余额（PDO）分持有主体的数据可得情况

持有主体			分类数据					
			流通国债			非流通国债		
			加总数据	细分数据		加总数据	细分数据	
				持有者	产品		持有者	产品
付息债券表（P-IBD）	政府账户持有		表 OFS-1	无	无[a]	表 OFS-1	无	无
	公众持有	美联储持有	表 OFS-1	无	无	/	/	/
		除联储外私人持有	表 OFS-1	表 OFS-2[a]	表 FD-2[b]	表 OFS-1	可得[c]	表 FD-2[b]
	政府账户与公众持有之和		表 OFS-1	/	表 FD-2（H）[b]	表 OFS-1	/	无
不付息债券（P-NIBD）			不细分流通国债和非流通国债，二者加总数据见表 FD-6					

a. 内含"外国人和国际持有"专栏统计。

b. 实际上，政府账户自 1988 年 2 月起持有占流通国债的 1‰ 以下，自 2008 年 5 月起则不再持有流通国债，所以表 FD-2（H）中的产品细分数据几乎就是私人持有的情况。故此，自 2001 年 1 月起表 FD-2 的口径从付息债券缩小为公众持有的公债，之前的则被称为表 FD-2（H）以示区别。

c. 虽然非流通国债的持有者细分数据是未披露的，但事实上表 FD-2 中的"外国系列"扣去表 IFS-4 中的相应数值，即可得到国际组织持有。

资料来源：笔者根据历年《财政公报》整理所得。

附录二
利率债市场效率判别：理论、方法与实证

一、市场有效性理论

Fama（1970）提出的有效市场假说（efficient market hypothesis，EMH）在现代证券理论中占有重要的位置，为金融资产价格的形成机制和期望收益率变动构造了严密、规范的科学模式，其理论被当前众多量化交易基金使用。根据 EMH，按照信息集的不同类型我们可将市场有效性划分为三种不同的水平：

1. 弱式有效性市场

金融资产价格已经反映了过去的信息，如成交价格、成交量等。在该类市场中，任何投资者都不能利用过去的信息制定投资策略来进行金融资产买卖而获得异常收益。

2. 半强式有效市场

金融资产价格已经反映了所有公开的信息，如公布的宏观经济数据、货币政策、公司经营业绩宣告等。在该类市场中，任何投资者都不能利用公开的信息制定投资策略来进行金融资产买卖而获得异常收益。

3. 强式有效市场

金融资产价格已经反映了所有的信息，如所有公开信息和私人信息以及内部信息。强式有效市场是有效市场的最高形式。在该类市场中，任何投资者都无法获得异常收益。事实上，这是一种无法达到的理想状态。

我们可以将 EMH 应用到银行间债券市场上。银行间债券市场有效性指

市场所能达到的效率，具体指在现有成本和技术水平下，最大限度地利用资源，且无法进行帕累托优化。债券市场效率可以分为内在效率和外在效率：内在效率指市场的运行效率，表现为债券交易费用的多少和时间的长短等；外在效率指市场的资金配给效率，表现为市场资产价格随信息变化的波动幅度和速度，反映市场对于资金的调节能力。外在效率的水平可以通过 EMH 中利率的三种假说进行判别。

二、文献综述与研究方法

中国的银行间债券市场与股票市场在资产规模上已经跻身全球资本市场前三，成为重要的组成部分。围绕中国资本市场有效性的研究文献很多，但是主要集中在股票市场和国债市场，针对国开债市场的研究存在空白地带。本书借鉴对股票、国债等其他金融资产市场有效性的文献结论和方法，展开对国开债市场有效性的研究分析。

（一）文献综述

在股票市场方面，戴晓凤等（2005）采用单位根方法，根据鞅假定检验的要求，对截至 2004 年 6 月 18 日的沪深股票指数数据进行有效性检验，得出中国股票市场除上证综合指数外，已经达到弱式有效的结论。瞿宝中等（2010）以 2008 年 6 月至 2009 年 10 月被收购上市公司的股价效应为中心，运用事件研究法进行检验，认为在全流通时期，中国股市效率已有较大提高，但尚未达到半强式有效。

在国债市场方面，李贤平等（2000）通过国债市场对四次降息的反应进行分析，得出结论：国债市场尽管当前仍然不是半强式有效市场，但有效性具备逐渐提高趋势。王晋忠等（2015）运用无套利均衡分析方法，发现国债期货市场与现货市场并不均衡，国债期货市场的效率有待提高。秦亚峰等（2016）通过对国债等关键期限利率债进行 Delay 系数分析比较，认为经过综合治理，银行间债券市场效率已显著改善，通过健全完善债券市场交易机制，可以减少市场摩擦，提升市场效率。

（二）研究方法

1. 事件研究法

事件研究法是一种运用统计思想，针对某个经济事件对资产价格造成影响的程度和持续时间进行度量以及检验的研究方法。事件研究法由 Dloey（1933）提出，Ball 和 Brown（1968）、Fama（1969）以及 Kothari 和 Warner（1997）对其进行了发展和完善。半强式有效市场检验一般选择事件研究法进行判断。

2. 鞅假定检验

戴晓凤等（2005）在股票弱有效的检验中，对实证方法的选择进行了论证，对随机游走假说和有效市场假说的不同进行了界定。弱式有效市场假说检验实际上是鞅假定的检验过程。随机游走过程与鞅过程是有区别的，满足随机游走过程的一定满足鞅过程；但是满足鞅过程的不一定满足随机游走假说。常用的检验方法有序列自相关分析、游程检验和"滤嘴"法则等。

三、市场有效性的事件研究

（一）计量模型设定

本书选择的研究事件为：2017 年 6 月 30 日，央行实施宏观审慎管理，对金融机构进行季度考核（以下简称"宏观审慎季度考核事件"），样本数据为国开债主要期限利率和货币市场主要利率。为了验证国开债市场半强式有效性判断的准确性，又选择"债券通"事件和"加息"事件进行双验证。宏观审慎季度考核事件的模型构建如下：

1. 样本的选择

中国央行从 2016 年起实施宏观审慎评估（MPA），包括资本和杠杆情况、资产负债情况、流动性、定价行为、资产质量、跨境融资、信贷政策执行七个方面指标的 MPA 考核，尤其是对商业银行进行全面评估，有效弥补了微观审慎监管对系统性风险监管的不足。从资产配置选择来看，为了改善资本充足率使之满足考核要求，银行间的机构将更加注重配置轻资本资产，国债、国开债均是轻资本业务的典型代表。从资金面来看，进入 2017 年后，在 MPA 监管压力下，对广义信贷的管控日趋严厉，银行间市场每逢考核月就会出现资金面的脉冲式紧张，该现象已经成为常态。选择该类事件进行市场的半强式有效性验证具有代表性。

研究样本：选择轻资产业务的代表国开债作为国开债市场有效性的指标利率样本，在货币市场利率的参照上选择 3 个月 SHIBOR、7 天 REPO 和 14 天 REPO 作为货币市场利率的代表。选择 2017 年 6 月 30 日为事件日，选择前后 20 个交易日作为事件窗的时间跨度。

2. 正常收益的计量模型

（1）国开债利率的市场模型。

在银行间市场上，国开债利率是在同期限国债利率基础上叠加信用利差，因此，我们假设在事件窗内国开债利率的正常收益 ER_{it} 与同期国债利率 R_{mt} 存在线性关系：

$$ER_{it} = \alpha_i + \beta_i R_{mt}$$

（2）货币市场利率的均值调整模型。

对于货币市场利率的正常收益，选择常数均值模型进行估计，模型假定指标在事件窗内每期的正常收益为一个常数：

$$Er_{it} = u_i$$

其中，u_i 以事件窗之前的估计窗计算正常收益，估计窗的长度 L 为 50 个交易日，计量模型为：

$$u_i = \frac{1}{L} \sum_{t=T_0}^{T_1} r_{it}$$

3. 异常收益率和累积异常收益率的计量模型

（1）市场调整模型。

异常收益率公式为：

$$AR_{it} = R_{it} - (\alpha_i + \beta_i R_{mt})$$

累积异常收益率公式为：

$$CAR(t_1, t_2) = \sum\nolimits_{t_1}^{t_2} \left[R_{it} - (\alpha_i + \beta_i R_{mt}) \right]$$

（2）均值调整模型。

异常收益率公式为：

$$AR'_{it} = r_{it} - \frac{1}{L} \sum\nolimits_{t=T_0}^{T_1} r_{it}$$

累积异常收益率公式为：

$$CAR'(t_1, t_2) = \sum\nolimits_{t_1}^{t_2} \left(r_{it} - \frac{1}{L} \sum\nolimits_{t=T_0}^{T_1} r_{it} \right)$$

上述公式通过双尾 t 检验对异常收益率和累积收益率进行了显著性检验，在宏观审慎季度考核事件中都进行了计量检验，在验证事件中简化构成仅对累积收益率进行显著性检验。本书的计量过程使用 Eviews5.0 软件，程序包参考了汪昌云等（2011）并对其进行了修正。

4. 稳定性检验

（1）异常收益检验。

通过对异常收益进行横截面平均，将异常收益率标准化：

$$\hat{AR}_{it} = \frac{AR_{it}^*}{\sqrt{VAR(AR_{it}^*)}}$$

建立原假设：异常收益率 AR_{it}^* 在事件窗内为 0。由中心极限定理得到检验统计量：

$$J_1 = \left[\frac{N(L-2)}{L-4} \right]^{\frac{1}{2}} \frac{1}{N} \sum\nolimits_{i=1}^{N} \hat{AR}_{it}^*$$

（2）累积异常收益检验。

令 $T_1 + 1 < t_1 < t_2 < T_2$，计算 $[t_1, t_2]$ 期间的累积异常收益 $CAR_i(t_1, t_2) = \sum\nolimits_{t^*=t_1}^{t_2} AR_{it}$。如果有多只不同种类的债券或者多种货币市场利率，为了提

出个别因素对收益变动的影响，需要进行横截面平均，得到平均的累积异常收益率为：

$$\overline{\mathrm{CAR}(t_1,t_2)} = \frac{1}{N} \sum_{i=1}^{N} \mathrm{CAR}_i(t_1,t_2)$$

建立原假设：$[t_1, t_2]$ 期间的累积异常收益率为 0。

当每期的平均异常收益率之间不相关时，结合上述公式，由中心极限定理得到检验统计量：

$$J_2 = \frac{\overline{\mathrm{CAR}(t_1,t_2)}}{\sqrt{t_2-t_1+1}} \left[\frac{N(L-2)}{L-4} \right]^{\frac{1}{2}}$$

（二）样本数据的统计描述

根据表 A2-1，各指标的描述性统计特征如下：

表 A2-1   **事件研究法指标描述性统计**

	CDB1	CDB3	CDB5	CDB7	CDB10	REPO1	REPO7	SHIBOR3M
均值	3.896 9	4.127 9	4.197 1	4.312 2	4.220 3	2.776 7	3.339 6	4.431 9
中位数	3.846 1	4.060 5	4.159 6	4.285 0	4.200 8	2.805 5	3.305 5	4.384 8
最大值	4.259 6	4.342 4	4.410 3	4.511 0	4.385 0	3.108 7	4.364 9	4.782 7
最小值	3.578 9	3.907 1	3.991 9	4.113 1	4.048 8	2.392 8	2.693 8	4.250 0
标准差	0.224 5	0.134 0	0.119 4	0.120 9	0.090 6	0.184 9	0.348 5	0.169 7
偏度	0.235 2	0.381 1	0.243 8	0.178 7	0.093 1	−0.352 5	0.489 0	0.702 3
峰度	1.504 6	1.601 2	1.811 4	1.642 2	2.092 2	2.074 6	2.916 8	2.202 1
样本数	83	83	83	83	83	83	83	83

（1）国开债样本数据的峰度均大于 0，总体数据分布比正态分布陡峭，出现尖峰；偏度均大于 0，总体数据分布出现右拖尾特征。

（2）货币市场样本数据的峰度均大于 0，出现尖峰，且大于国开债样本数据，总体数据分布相对正态分布更陡峭；隔夜 REPO 偏度均明显小于 0，数据分布出现左拖尾特征；7 天 REPO 和 3 个月 SHIBOR 的偏度均大于 0，总体数据分布出现右拖尾特征。

（三）实证分析与稳健性检验

1. 宏观审慎季度考核事件

（1）异常收益率实证经济解释。

图 A2－1、图 A2－2 分别表示国开债市场主要利率异常收益率对比情况和货币市场主要利率异常收益率对比情况，对其的主要经济解释如下：

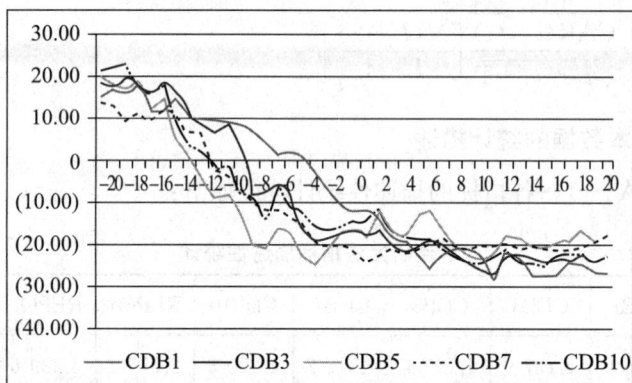

图 A2－1 国开债市场主要利率异常收益率对比

注：直接使用了软件导出的图，保留了原图格式，以下同。

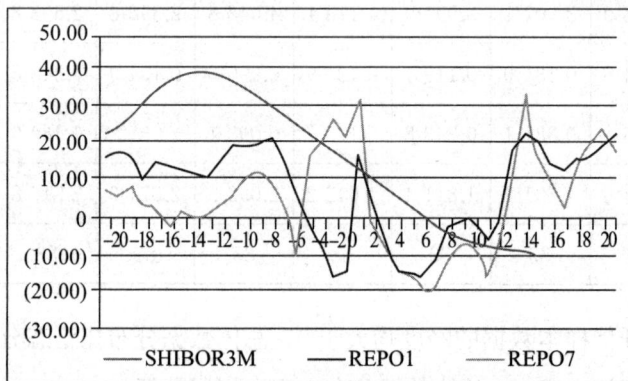

图 A2－2 货币市场主要利率异常收益率对比

第一，国开债市场主要利率异常收益率在 [−20，20] 期间内波动趋势具有一致性特点。具体的差异性表现在：一是从期限结构来看，1年期、3年期和10年期国开债波动幅度相对最大，主要原因为上述期限国开债在银行间市场流动性大，MPA考核事件通过投资者的交易行为将影响的幅度放大。二是各期限国开债均在事件日之前出现负的异常收益率，而且负收益率一直持续到事件结束。其中10年期国开债在事件日之前11天出现负的异常收益率，1年期国开债在事件日之前3日出现负的异常收益率。其主要原因是MPA考核的时间已经成为市场上的公开信息。商业银行在事件日之前1个月就启动应对考核，导致市场在事件日之前较长的时间就开始产生反应，提前出现资金面趋紧的预期，从而推动利率上行。随着事件日的临近，资金面趋紧的情绪反而出现缓解，即使在月底前一周市场主要资金拆出方大幅缩减投放资金量，仍未推升利率反而由于提前过激反应出现异常收益率为负的情况。央行如果感觉市场资金面过紧，在事件日通过公开市场操作进行净投放，更加会改善投资者心理预期和市场资金面宽松程度。

第二，货币市场主要利率异常收益率的波动强度和时长均比国开债显著，其中，3个月SHIBOR的波动剧烈程度明显小于隔夜REPO和7天REPO的波动。在事件日之前，3个货币市场利率均出现了正的异常收益率情况。其中，3个月SHIBOR的期初波动幅度最大，在事件日之前13日达到最大，随后异常收益率衰减，在事件日之后4日出现负值，推测SHIBOR的报价机制决定了其受商业银行考核的影响最大，资金面预期趋紧的过激反应持续时间最长。影响隔夜REPO和7天REPO剧烈变动的因素非单一时间，虽然总体波动与SHIBOR有趋同特征，事件日之前一段时间的表现为利率上升、资金面趋紧，但是在事件期间内受其他因素影响造成多次正负异常收益率轮动的情况发生。

第三，稳健性检验。无论是国开债主要利率还是货币市场主要利率，其累积概率密度都在 [−0.025，0.975] 期间，在5%的显著性水平下接受异常收益率不显著异于0的原假设。

（2）累积异常收益率实证经济解释。

图 A2 - 3、图 A2 - 4 分别表示国开债市场主要利率累积异常收益率对比情况和货币市场主要利率累积异常收益率对比情况，对其的主要经济解释如下：

第一，在［-20，20］期间内，从对累积异常收益率影响程度上看，短期限国开债利率的受影响程度强于中长期限国开债。具体的差异性表现在：一是 1 年、3 年异常收益率最高累积值分别达到 37BP 和 26BP，而 10 年期最高累积值只有 13BP。这一变化趋势进一步说明了目前国开债收益率曲线的"平坦化"特征，这与王中（2017）分析央行回购对国开债收益率曲线的影响

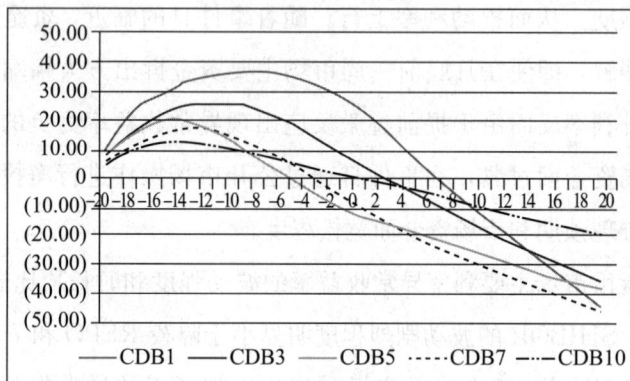

图 A2 - 3 国开债市场主要利率累积异常收益率对比

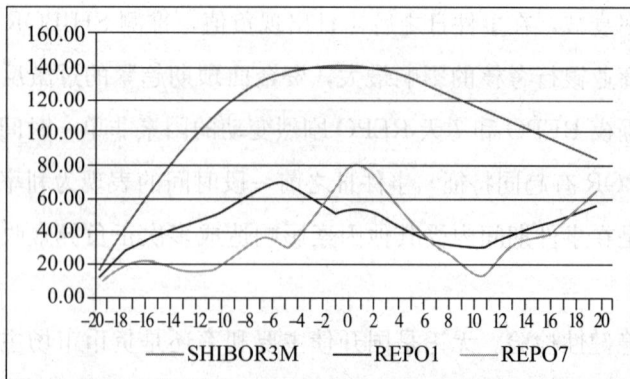

图 A2 - 4 货币市场主要利率累积异常收益对比

结论一致，说明短期限的债券品种多为交易类投资者关注的产品，事件发生对投资者情绪变化的影响更为明显。10 年期国开债在事件发生后相对稳定，更能体现其市场基准的特性。二是事件对短期限的影响时间更长，1 年期在事件日之后 7 日趋于 0 且转负，3 年期在事件日之后 3 日由正转负，10 年期在事件日当日即趋于 0。这反映了短期限的债券受事件的影响存在一定的惯性，可能是债券利率存在价格黏性的原因，在事件发生后仍在短时间内存在异常收益率的延续。推测由于 10 年期国债的高流通性，投资者在事件日之前 13 日达到最高累积值后，悲观情绪逐渐减弱，利率价格出现"均值回归"的趋势，在事件日当日累积值缩减到 0 附近。5 年期、7 年期国开债的投资者多为资产配置需要，市场流动性不强，整体受事件的影响时间较短，在事件日之前就已经反映了投资者价格预期的影响。

第二，货币市场异常收益率的累计值在事件日附近达到峰值，在事件日后虽然出现明显的递减，但是在 [−20，20] 期间内均为正值。推测可能的原因为：一是事件对货币市场利率的影响惯性强于国开债市场；二是货币市场利率的价格黏性在货币市场趋紧的形势下明显强于在货币宽松期，价格涨跌存在非对称性的变化特征。主要货币市场的利率存在一定差异：一是 3 个月 SHIBOR 的波动趋势性更加明显，峰值高于隔夜 REPO 和 7 天 REPO，原因与上述异常收益率特征经济解释相同。二是隔夜 REPO 和 7 天 REPO 在事件发生后在第 11 日出现，累积值惯性下降后反弹，推测原因为 REPO 受市场多因素影响累积出现异常收益率偏离均值现象。

第三，稳健性检验。如表 A2-2 所示，国开债主要利率和货币市场利率虽然因事件产生一定变化，但是异常收益率累积值的累积概率密度仍未超过 [−0.025，0.975] 的范畴，在 5% 的显著性水平下接受异常收益率不显著异于 0 的原假设。然而，累积值显著性出现了结构性的差异，3 个月 SHIBOR 已经达到在 20% 的显著性水平下明显异于 0，REPO 的显著性也明显高于国开债。

表 A2-2　　国开债市场和货币市场主要利率累积异常收益率稳定性检验

	CDB1			CDB3			CDB5		
	累积值	概率	稳定性	累积值	概率	稳定性	累积值	概率	稳定性
国开债市场利率	(44.38)	32.86%	0.00	(35.75)	36.04%	0.00	(38.58)	34.9%	0.00
	CDB7			CDB10					
	累积值	概率	稳定性	累积值	概率	稳定性			
	(45.17)	32.58%	0.00	(18.99)	42.47%	0.00			
	SHIBOR3M			REPO1			RENO7		
货币市场利率	累积值	概率	稳定性	累积值	概率	稳定性	累积值	概率	稳定性
	85.15	80.28%	0.00	56.94	71.55%	0.00	62.71	73.47%	0.00

结论：接受原假设，累积异常收益率不显著异于 0

（3）判断结论。

在银行间市场上，国开债市场的有效性未达到半强式有效市场的有效性，但是流动性较好的短期限和 10 年期国开债的有效性有增强的趋势。相对于国开债市场，货币市场主要利率的有效性强于国开债市场，其中 3 个月 SHIBOR 的有效性强于 REPO。

2. 多事件检验的判断验证

（1）"债券通"事件。

2017 年 7 月 2 日，中国人民银行与中国香港金融管理局发布公告，决定批准香港与内地"债券通"上线。其中，"北向通"于 2017 年 7 月 3 日上线试运行。设定 7 月 3 日为事件发生日，事件期为 21 个交易日（剔除周末因素），区间为 [-10, 10]，设定估计窗口期从事件期前 50 个交易日开始。

如图 A2-5 所示，除了 1 年期国开债在事件日前第 3 个交易日出现负的累积值外，在事件期开始前国开债异常收益率的累积值就出现负值。出现负值的经济解释存在两种可能：一是投资者较早地预期"债券通"北向通开通这一利好信息，价格在较早的时点就包含了事件信息影响；二是中国人民银行选择在货币市场相对宽松环境下启动"北向通"。在事件日之后，影响已经存在，累积值负值趋势扩大，在事件期内递增。

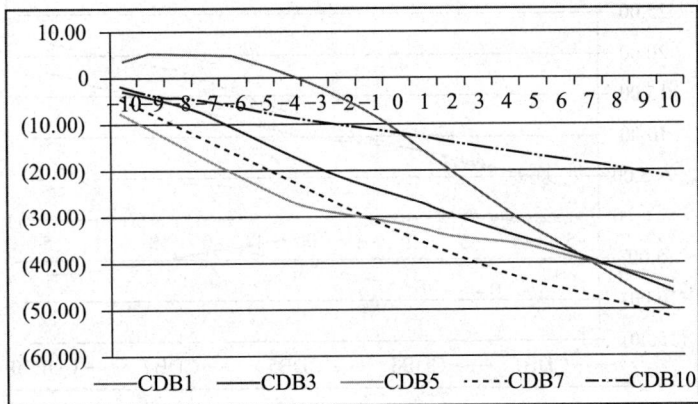

图 A2 - 5　"债券通"事件累积异常收益率对比

　　稳健性检验：国开债主要期限利率对"债券通"事件产生相对持续的反应，但是异常收益率累积值的累积概率密度仍未超过 [－0.025，0.975] 的范畴，在 5％的显著性水平下接受异常收益率不显著异于 0 的原假设。这里验证了国开债市场有效性尚未达到半强式市场的有效性。

　　（2）"加息"事件。

　　2017 年 1 月 24 日，为维护银行体系流动性基本稳定，结合近期 MLF 到期情况，中国人民银行对 22 家金融机构开展 MLF 操作共 2 455 亿元，其中 6 个月 1 385 亿元、1 年期 1 070 亿元，中标利率分别为 2.95％、3.1％，较上期上升 10BP。中国人民银行上调 MLF 半年和一年期利率，标志着加息从"间接＋隐性"转向"间接＋显性"。设定 1 月 24 日为事件发生日，事件期为 11 个交易日（剔除周末因素），区间为 [－5，5]，估计窗口期设定为从事件期前 50 个交易日开始（见图 A2 - 6）。

　　此次"加息"事件对银行间市场的货币基本面影响十分重大。货币市场异常收益率的累积值在事件期内明显强于国开债市场，尤其是 3 个月 SHIBOR 累积值增加到 233BP。国开债受事件影响，各期限累积值出现分化，中短期增加不明显，1 年期和 5 年期在事件期内累积值不超过 10BP，3 年期甚至出现了负值，7 年期和 10 年期的累积值在事件期持续提高，在 20BP 左右。这表明"加息"事件对国开债收益率曲线的长端影响显著，属于长期利率变化因素，对 1 年期等短期国开债利率影响不显著。

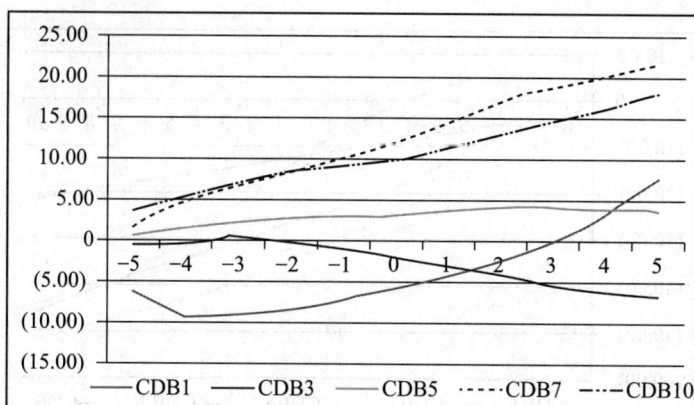

图 A2-6 "加息"事件累积异常收益率对比

（3）稳健性检验。

如表 A2-3 所示，国开债主要期限利率对"加息"事件的反应出现分化，长期限的异常收益率累积值的累积概率密度超过了短期限，但均未超过 [−0.025，0.975] 的范畴在 5％ 的显著性水平下接受异常收益率不显著异于 0 的原假设。这里验证了国开债市场有效性尚未达到半强型。

表 A2-3 "债券通"事件和"加息"事件累积异常收益率稳定性检验

国开债市场利率		"债券通"事件	"加息"事件	稳定性检验结论
CDB1	累积值	(50.20)	7.73	
	概率	30.78％	53.08％	
	稳定性	0	0	
CDB3	累积值	(45.98)	−6.50	
	概率	32.28％	47.41％	
	稳定性	0	0	
CDB5	累积值	(43.80)	3.87	结论：接受原假设，累积异常收益率不显著异于 0
	概率	33.07％	51.54％	
	稳定性	0	0	
CDB7	累积值	(51.24)	21.73	
	概率	30.42％	58.08％	
	稳定性	0	0	
CDB10	累积值	(21.69)	18.07	
	概率	41.41％	57.17％	
	稳定性	0	0	

四、市场有效性的实证检验

(一) 计量模型设定与数据说明

本书使用戴晓凤（2005）对中国股票市场的弱式有效性检验的方法进行国开债市场弱式有效性检验，即采用扩展的迪基-富勒（augmented Dickey-Fuller，ADF）单位根检验法。

迪基-富勒（Dickey-Fuller，DF）单位根检验法可简称为"DF 检验"。当一个时间序列存在单位根时，利用普通最小二乘法（OLS）所计算出的 t 统计值不能进行检验，DF 检验利用模拟方法对统计量的极限值进行计算。DF 检验的隐含假设是误差项 ε_t 不存在序列相关，但是金融经济变量的时间序列是不能满足这一假设的，ADF 检验法引入因变量滞后项，以保证模型的单位根检验具有白噪声。

由此可以有如下三个模型：

模型 1：只包含误差项 ε_t，则

$$\Delta x_t = (p-1)x_{t-1} + \sum_{i=1}^{n} \theta \Delta x_{t-1} + \varepsilon_t$$

模型 2：增加常数项 C，则

$$\Delta x_t = C + (p-1)x_{t-1} + \sum_{i=1}^{n} \theta \Delta x_{t-1} + \varepsilon_t$$

模型 3：增加时间趋势项 U_t，则

$$\Delta x_t = C + U_t + (p-1)x_{t-1} + \sum_{i=1}^{n} \theta \Delta x_{t-1} + \varepsilon_t$$

在上述模型中，p 代表滞后项的数目。为了保证 ε_t 是白噪声，最佳滞后项 p 的大小可以用阿肯克信息准则（Akanke's information criterion，AIC）的方法确定。

(二) ADF 检验的实证分析

本书所用的数据来源为 Wind 数据库，主要的数据样本为国开债收益率曲线上的主要期限利率，时间范围为 2002 年 1 月 4 日到 2017 年 9 月 5 日。ADF 检验通过 Eviews5.0 完成（见表 A2-4）。

表 A2-4 水平变量和差分变量序列平稳性的 ADF 检验

		CBD1		CBD3		CBD5		CBD7		CBD10	
		t-Statistic	Prob.	t-Statistic	Prob.	t-Statistic	Prob.	t-Statistic	Prob.	t-Statistic	Prob.
模型1	augmented Dickey-Fuller test statistic	(0.195 6)	0.615 9	(0.006 0)	0.680 7	0.023 3	0.690 2	0.023 3	0.690 2	(0.107 7)	0.646 6
	test critical values: 1% level	(2.565 6)		(2.565 6)		(2.565 6)		(2.565 6)		(2.565 6)	
	5% level	(1.940 9)		(1.940 9)		(1.940 9)		(1.940 9)		(1.940 9)	
	10% level	(1.616 6)		(1.616 6)		(1.616 6)		(1.616 6)		(1.616 6)	
模型2	augmented Dickey-Fuller test statistic	(2.029 4)	0.274 3	(1.859 1)	0.352 1	(1.910 1)	0.327 9	(2.032 8)	0.272 8	(1.998 1)	0.287 9
	test critical values: 1% level	(3.431 8)		(3.431 8)		(3.431 8)		(3.431 8)		(3.431 8)	
	5% level	(2.862 1)		(2.862 1)		(2.862 1)		(2.862 1)		(2.862 1)	
	10% level	(2.567 1)		(2.567 1)		(2.567 1)		(2.567 1)		(2.567 1)	
模型3	augmented Dickey-Fuller test statistic	(2.268 7)	0.450 5	(2.142 4)	0.521 3	(2.275 1)	0.447 0	(2.831 5)	0.185 8	(2.080 4)	0.556 0
	test critical values: 1% level	(3.960 4)		(3.960 4)		(3.960 4)		(3.960 4)		(3.960 4)	
	5% level	(3.411 0)		(3.411 0)		(3.411 0)		(3.411 0)		(3.411 0)	
	10% level	(3.127 3)		(3.127 3)		(3.127 3)		(3.127 3)		(3.127 3)	
一阶差分	augmented Dickey-Fuller test statistic	(32.199 6)	0.000 0	(36.160 7)	0.000 0	(35.996 8)	0.000 0	(28.825 7)	0.000 0	(29.936 1)	0.000 0
	test critical values: 1% level	(3.431 8)		(3.431 8)		(3.431 8)		(3.431 8)		(3.431 8)	
	5% level	(2.862 1)		(2.862 1)		(2.862 1)		(2.862 1)		(2.862 1)	
	10% level	(2.567 1)		(2.567 1)		(2.567 1)		(2.567 1)		(2.567 1)	

注：括号代表负值。表格保留了原软件中的部分英文名称。

主要的检验步骤为先对模型 3 进行单位根检验，顺次对模型 2 和模型 1 进行检验。在检验时，只要单位根假设被拒绝，就不再对其他模型进行检验。根据检验结果，在 5% 的显著性水平下，模型 3 的 ADF 统计量为 −3.411 0，模型 2 的 ADF 统计量为 −2.826 1，模型 1 的 ADF 统计量为 −1.940 9。根据表 A2 - 4 的实证结果：剩余期限为 1 年期、3 年期、5 年期、7 年期、10 年期的国开债主要期限的利率都通过了 ADF 检验，存在单位根，接受原假设，这说明国开债市场达到了弱式有效市场的条件。然而，注意，当我们对样本数据进行一阶差分后发现，主要期限国开债利率序列通过了 ADF 检验，表明数据具有一定的平稳性，是一阶单整。这在一定程度上说明了虽然国开债市场满足弱式有效的条件，但是差分后的样本序列可被用于对未来价格的预测，这反映了弱式有效的稳定性不强。

五、有效性研究结论与建议

在银行间市场上，国开债的托管量仅次于国债，关键利率产品的流动性甚至高于国债。在银行间，国开债市场外在效率反映了整体债券市场的效率问题。本书通过计量检验方法，对国开债市场有效性的外在效率进行了判别，得出如下结论：一是在银行间市场上，国开债市场未达到半强式有效市场的有效性，但 1 年期、10 年期国开债关键期限利率除了流动性较好外，在效率上也相对高于其他期限国开债，基于半强式市场的判断，对市场公开宏观经济数据和货币政策分析将有助对国开债利率的预测和价格发现；二是货币市场主要利率的有效性强于国开债市场，其中 3 个月 SHIBOR 的有效性强于 REPO；三是通过对主要期限国开债利率的计量检验，证明了国开债市场目前已达到弱式有效，但是否可以通过历史价格进行预测，仍需对差分后数据进行 Arch 效应等计量检验后建模才能确定。

综上所述，国开债市场效率现状反映了，中国债券市场经过近十年的高速发展，虽然在规模上已经位列全球第三、亚洲第二，但是市场效率尚未达到美国、日本等发达国家债券市场的效率水平。效率不足表明中国债券市场在信息效率、运行效率、配置效率和定价效率上都存在提高的空间。以国开债为例，本书提出了改善中国银行间债券市场效率的措施，具体如下：

第一，国开债常态化发行形成固定机制。建立国开债发行以及上市的固定时间和操作流程，每周的发行计划不受经济周期和市场因素的干扰。固定的机制容易建立市场的惯性思维：一方面有利于固化国开债市场地位和投资人信念；另一方面有利于避免突发性事件对其他发行主体造成影响，例如，国开债停发事件可能造成的市场恐慌情绪远大于债券替代效应的影响。

第二，完善国开债发行期限结构，实施做市机制优化流动性。截至 2017 年 8 月，国债、国开债占银行间利率债市场发行总量的 35%，已经成为利率债市场的主体。进一步完善国开债发行期限结构，提升关键期限产品发行频率，降低甚至停发非关键期限国开债很有必要。应在国债做市的基础上，建立国开债二级市场的做市机制，活跃国开债二级市场，发挥其流动性和价格发现职能。

第三，创新国开债交易种类，吸引多元化投资主体。目前国开债交易品种匮乏，现有的交易品种除了活跃债券借贷、债券质押式买断外都处于很低的活跃度水平，债券远期交易和买断式回购等的成交量极低。为了提高市场的有效性，吸引多元化的主体参与国开债交易：一方面应优化现有交易品种，以增加其活跃性；另一方面应推进更符合市场需要的产品种类，如在国债期货的基础上建立国开债做空机制，推出期货等交易类衍生产品。

第四，促进利率市场化建设，完善市场定价基础。随着债券市场效率的提高，债券的市场化定价成为债券市场成熟的标志。国开债收益率具有基准利率的特征，目前债券市场的市场化定价最佳选择是以国债收益率和国开债收益率作为基础和参考标准。因此，稳定国开债发行、完善期限结构、提高市场活跃度，将有利于市场价格的发现以及促进市场成熟度和有效性的提高。

附录三

债市开放的产品创新：
以浮息债基准利率选择为例

在这里，我们基于中债估值方法，通过实证方法对影响浮息债净价波动的因素进行遴选，在此基础上，采用均值回归模型构建了基准利率选择评价体系，借鉴美国国债经验，验证研究结论并提出策略建议。我们的研究结论是：① 期限利差等因素在短期和累积效应方面具有较强的显著性，是浮息债评价的关键指标。② 浮息债基准理论最优策略为短期选择 7 天回购定盘利率；中长期选择高流动性国开债到期收益率，其中，5 年期选择 3 年期或 5 年期国开债利率为基准净价波动率最小，10 年期以上则以同期限为优。③ 在以国债收益率为基准的美元浮息债中，以高流通性债券利率（2 年期和 10 年期）为基准的占优，短期基准较少采用（如 3 个月美国国库券收益率）。这里，我们的策略建议是：① 当前短期浮息债不是发行的最佳时机，如遇发行窗口，以回购定盘利率作为基准；② 债市不确定因素增多，投资者避险情绪在积蓄，未来对中长期浮息债产品需求增加，应以 3 年期或 5 年期的中期品种为主，3 年期和 10 年期国开债到期收益率基准特征明显，可作为最优选择。

一、研究背景和文献研究

（一）研究背景

浮息债长期以来被市场认为是利率上行周期中具有防御价值的债券品种。自 2007 年经济危机以来，主要国际货币发行国均进入量化宽松周期，债券市场利率进入下行周期，其防御功能在债市繁荣期未能体现，固息债仍处于绝对主流的位置。以美元债为例，在路透社数据统计的全球美元债中，浮息债发行笔数仅占全部美元债的 8.8%，且绝大多数债券已经到期或为不活跃债券。当前随着美联储加息、各国央行结束量化宽松政策等，未来全球债市利率大概率进入上升周期。聚焦中国银行间人民币利率债市场：一方面，固息债利率在近 2 年的市场波动中持续攀升，市场避险情绪上升，对抵消利率波动风险的产品需求强烈；另一方面，在当前去杠杆、资管新规等热点事件的推动下，净值管理型货币基金将成为未来货币基金的发展方向之一，新增产品需求将对债券的净值波动性的敏感度增强。内外形势变化将使得人民币浮息债成为新的关注点。

在研究中，我们发现存在两个方面的困难：一是银行间目前尚处于存续期的浮息债不足 600 只，其中以政策性金融债为主的利率债浮息品种 51只，以 1 年期定存和 3 个月 SHIBOR 为主，显然，当前的浮息债不能满足避险需求，且历史经验不能为产品设计提供足够的借鉴；二是国内外对人民币浮息债研究文献不足，更多的借鉴只能来自股票等其他金融市场的相关研究成果。

（二）文献研究

国内有一些有启发的研究：董德志（2016）在进行固定收益专题研究时阐述了 SHIBOR 浮息债的投资框架，并提出了全景投资时钟的策略，在界定的四个象限的投资时钟下，总结了浮息债和固息债投资表现的差异特征。程昊和何睿（2017）基于 2016 年底债市震荡行情，对浮息债的风险特性和投资价值进行了分析。研究对当前的定价机制、点差构成进行了探讨性的分析，量化验证了浮息债和固息债均值回购速度的差异性。上述研究局限于SHIBOR 利率，缺乏对不同期限的浮息债的量化差异比较，且由于研究标的单一，无法提出多样化基准利率选择的策略建议。

本书的方法论主要包括 VAR 模型冲击影响和均值回归模型的预测。上述两种方法论的研究文献相对较多且方法成熟，主要的文献研究包括：一是关于 VAR 模型的文献，Sim（1980）开创性地将向量自回归模型（VAR）作为计量经济学的流行分析工具，为全球模型框架下进行经济的预测和政策模拟提供了有力的支撑。Garratt 等（2006）提出了全球向量自回归（global vector auto regressive，GVAR）模型。Primiceri（2005）提出了时变的参数随机波动率向量自回归（TVP-VAR）模型。王中和郭栋（2017）构建了 VAR 模型，在债券通启动后，以国开债为研究标的，对利率和汇率影响进行了脉冲分析，实证揭示了中国的利率传导的政策溢出效应，境内债券利率变化对汇率有冲击扰动等结论。二是关于均值回归（mean reversion）主要数量分析方法的文献，包括自相关检验、方差比率检验、单位根检验、ANST-GARCH 模型分析法等，Balvers 和 Gilliland（2000）运用对 18 个具有代表性国家股票市场的样本数据进行了实证研究，发现 1969—1996 年的股票价格数据具有均值回归特征。宋玉辰和寇俊生（2005）运用 1990—2004 年的沪深股市主要指数数据进行了均值回归实证检验，发现上证综合指数具有显著的均值回归特征。张跃军和魏一鸣（2011）用均值回归对国际碳期货价格进行了实证分析，发现该金融产品价格发散性强，不具备均值回归特征。

我们的研究思路是：第一部分，围绕防御避险和基金管理新趋势，从浮息债净价波动入手，基于中债估值定价方法，对影响浮息债净价波动的主要因素进行判别；第二部分，就主要因素进行脉冲响应分析，确定各因素对浮息债净价影响的强度和累积影响力，发掘主要关键指标；第三部分，遴选关键指标构建基准评价体系，依均值回归实证结论为基准利率的选择提出策略建议。

我们的主要创新点为：一是填补了当前研究文献中尚未对银行间市场利率债浮息债品种净价和基准选择进行实证深度研究的空白；二是短、中、长期的理论策略建议与美国国债借鉴经验相比具有很强的吻合性，我们的研究成果可用于银行间浮息债发行定价和基准利率选择；三是首次利用 VAR 模型研究浮息债净价波动因素，并验证了利率债市场的均值回归特征，实现了学术理论和实务操作的结合。

二、浮息债净价影响因素实证辨别

(一) 影响因素选择

我们选择以 3 个月 SHIBOR 为基准的 5 年期典型浮息利率债产品（即 16 国开 02）作为研究标的。结合利率债市场的特征，从浮息债净价估值公式入手，遴选存在影响关系的数据样本指标（9 个），按样本指标属性进行数据组分类，包括：

1. 公式指标

处于分子的基准利率（BR）和固定利差（SPREAD），处于分母的贴现利率为对应期限的浮息债到期收益率（R1），根据公式可以表示为基准利率（BR）与浮息债对应期限点差收益率（R3，简称"浮息债点差"）的和。

2. 市场关联指标

按照市场的历史特征，浮息债与其同一发行人同期限的固息债存在关联，选择相关研究变量，包括：浮息债净价（PV1）、固息债净价（PV2）、中债同期限固息债到期收益率估值（CDB5）。

3. 公式衍生指标

以 3 个月国开债到期收益率（R2）作为除基准利率（BR）外的参考利率[①]；根据程昊等（2017）对浮息债点差的分析，浮息债点差（R3）的构成可以分解为期限利差（TR 和 TR1，其中 TR 为 CDB5 与 BR 的差值，TR1 为 CDB5 与 R2 的差值）、非期限利差（FR，表现为浮息债与固息之间的非期限利差，主要以流动性利差为主）与期权利差（考虑到当前利率债中的浮息债不包含期权等特殊条款，暂无）。

(二) 格兰杰因果关系检验

我们利用 Eviews8.0 软件对 9 组样本数据进行格兰杰（Granger）因果关系检验，数据来源为 Wind 数据库，样本期间为 2016 年 1 月 18 日—2018 年 8

[①] 基于中债浮息债定价方法推算，该指标与国开债浮息债净价估值公式中分母部分（即远期）的贴现利率具有很强的相关性，在我们的分析中作为贴现因子进行考量。

月 24 日，数据频度为日度数据，每组数据为 638 个，共 5 742 个。

根据表 A3 - 1 的检验结果，主要的结论如下：

表 A3 - 1　　　　　　　　格兰杰因果检验结果汇总

组号	原假设	统计检验值	概率
1	PV2 does not Granger Cause PV1	7.114 4	0.000 9
	PV1 does not Granger Cause PV2	0.397 8	0.672 0
2	BR does not Granger Cause PV1	3.697 6	0.025 3
	PV1 does not Granger Cause BR	2.236 5	0.107 7
3	TR1 does not Granger Cause PV1	6.631 2	0.001 4
	PV1 does not Granger Cause TR	6.809 1	0.001 2
4	TR1 does not Granger Cause PV1	3.826 2	0.022 3
	PV1 does not Granger Cause TR1	5.272 3	0.005 4
5	FR does not Granger Cause PV1	4.382 3	0.012 9
	PV1 does not Granger Cause FR	39.949 0	0.000 0
6	R1 does not Granger Cause PV1	6.073 6	0.002 4
	PV1 does not Granger Cause R1	60.158 5	0.000 0
7	R2 does not Granger Cause PV1	9.155 5	0.000 1
	PV1 does not Granger Cause R2	1.807 8	0.164 9
8	R3 does not Granger Cause PV1	3.465 7	0.031 8
	PV1 does not Granger Cause R3	88.924 9	0.000 0
9	TR does not Granger Cause PV2	4.454 2	0.012 0
	PV2 does not Granger Cause TR	27.558 0	0.000 0
10	TR1 does not Granger Cause PV2	0.240 4	0.786 4
	PV2 does not Granger Cause TR1	12.839 8	0.000 0
11	R2 does not Granger Cause R1	32.234 1	0.000 0
	R1 does not Granger Cause R2	11.594 4	0.000 0
12	TR1 does not Granger Cause TR	13.078 0	0.000 0
	TR does not Granger Cause TR1	0.485 8	0.615 5

注：表格保留了原软件中的部分英文。

（1）在 5％的显著性水平下，浮息债净价（PV1）与固息债（PV2）净价不存在双向因果关系，从固息债净价（PV2）到浮息债净价（PV1）存在显著的单向因果关系。这说明固息债净价是引起同期限浮息债净价变动的原因，当前固息债是利率债市场的主流产品，占比处于绝对优势，固息债的变化对浮息债的影响明显强于浮息债对固息债的影响。

（2）3 个月 SHIBOR 的基准利率（BR）与浮息债净价（PV1）不存在双向因果关系，从基准利率（BR）到浮息债净价（PV1）存在显著的单向因果关系。这说明基准利率（BR）是引起 5 年期浮息债净价变动的原因，5 年期浮息债净价的变动并不能引起基准利率 3 个月 SHIBOR 的变化。这一结论与固息债的检验结论反向，从固息债（PV2）到基准利率（BR）存在显著的单向因果关系。其经济解释是：这反映了浮息债在利率债市场属于非主流产品，对货币市场的利率不具有互动特征，相对被动地接受利率市场波动的影响。而固息债的单向因果表明，银行间利率债市场已对 SHIBOR 的走势形成主动的影响作用，主要原因有：一是以 SHIBOR 为标的的利率互换等产品逐渐增多；二是银行间市场与货币市场利率和银行信贷资金存在传导机制，固息债的走势反映资金流动性松紧的趋势，市场之间单向的传导效应较强。

（3）期限利差（TR）与浮息债净价（PV1）和固息债净价（PV2）均存在双向的因果关系。期限利差（TR1）与浮息债净价（PV1）存在双向因果关系，但是期限利差（TR1）与固息债净价（PV2）不存在双向因果关系，固息债净价（PV2）到期限利差（TR1）存在显著的格兰杰因果关系。检验的结论为：期限利差（TR 和 TR1）是引起浮息债净价（PV1）变动的原因。期限利差（TR）和期限利差（TR1）的区别就在于短端利率的选择。考虑到银行间市场和银行信贷市场的结构性差异（主要是参与机构），期限利差（TR）由于 SHIBOR 与长端收益率分成两个市场，包含除期限以外的市场间差异产生的利差。期限利差（TR 和 TR1）之间不存在双向因果关系，期限利差（TR1）到期限利差（TR）存在显著的单向格兰杰因果关系。检验的结论为：期限利差（TR1）是引起期限利差（TR）变动的原因，因此研究期限利差对浮息债净价的影响，期限利差（TR1）具有代表性。

（4）浮息对固息流动性利差（FR，简称"流动性利差"）与浮息债净价（PV1）存在双向因果关系，从固息债净价（PV2）到浮息对固息流动性利差（FR）存在显著的单向因果关系。检验的结论为：流动性利差（FR）是引起浮息债净价（PV1）变动的原因，固息债的变化趋势将引起流动性利差的变化。

（5）浮息债到期收益率（R1）和浮息债净价（PV1）存在双向因果关系，从3个月国开债到期收益率（R2，又称"贴现因子"）到浮息债净价（PV1）存在显著的单向因果关系，从浮息债到期收益率（R1）到3个月国开债到期收益率（R2）存在双向因果关系。检验的结论为：3个月国开债到期收益率（R2）是引起浮息债到期收益率（R1）变动的原因，同时也是引起浮息债净价（PV1）变动的原因。

根据格兰杰因果关系检验结果，影响浮息债净价（PV1）变动的主要变量锁定为5个，包括：固息债净价（PV2）、基准利率（BR）、期限利差（TR1）、流动性利差（FR）和3个月国开债到期收益率（R2）。

（三）长期均衡关系的协整检验

将格兰杰因果关系检验确定的5个研究变量，利用 Eviews5.0 软件进行 Johansen 协整检验，来检验浮息债净价和4个研究变量之间是否存在长期稳定的均衡关系。

其线性组合的协整方程如下：

$$\Delta y_t^i = \alpha \beta' y_{t-1}^i + \sum_{j=1}^{p-1} \tau_j \Delta y_{t-j}^i + \varepsilon_t^i$$

其中，$y_t^i = (PV1_{it}, PV2_{it}, BR_t, TR1_t, FR_t, R2_t)'$，$i = 5$ 年期，$t = 1, 2, \cdots, T$）；向量 β 为协整向量。

表 A3-2 中的检验结果表明5个变量之间均存在协整关系，迹检验（Trace 特征根检验）表明存在2个协整向量，最大特征根（maximum eigenvalue）检验表明存在1个特征向量。检验的结论为：浮息债净价（PV1）与同期限国开固息债净价（PV2）、3 个月 SHIBOR 基准利率（BR）、期限利差（TR1）、浮息对固息流动性利差（FR）和 3 个月国开债到期收益率（R2）具有长期稳定的均衡关系。

表 A3 - 2　　　　　　　　　　Johansen 序列协整检验结果汇总

协整指标	No. of CE（s）	Trace 特征根检验				最大特征根检验			
		Eigenvalue	Statistic	Critical Value	Prob.	Eigenvalue	Statistic	Critical Value	Prob.
浮息债净价影响变量（PV1、PV2、BR、TR1、FR、R2）	None*	0.068 7	121.842 8	95.753 7	0.000 3	0.068 7	45.154 4	40.077 6	0.012 3
	At most 1*	0.051 3	76.688 4	69.818 9	0.012 8	0.051 3	33.402 5	33.876 9	0.056 9
	At most 2	0.037 3	43.285 9	47.856 1	0.125 8	0.037 3	24.082 6	27.584 3	0.131 9
	At most 3	0.015 6	19.203 4	29.797 1	0.478 4	0.015 6	9.975 5	21.131 6	0.747 0
	At most 4	0.007 8	9.227 8	15.494 7	0.344 7	0.007 8	4.945 5	14.264 6	0.748 7
	At most 5*	0.006 7	4.282 3	3.841 5	0.038 5	0.006 7	4.282 3	3.841 5	0.038 5
结果汇总	1. Trace test indicates 2 cointegrating eqn(s) at the 0.05 level; 2. Max-eigenvalue test indicates 1 cointegrating eqn(s) at the 0.05 level; 3. * denotes rejection of the hypothesis at the 0.05 level.								

注：表格保留了原软件中的部分英文。

三、浮息债净价波动因素冲击分析

基于格兰杰因果关系检验和协整检验遴选的 5 个关键变量，利用 Eviews8.0 软件构建向量自回归（VAR）模型进行浮息债净价波动因素冲击分析，确定各关键变量对浮息债净价的影响方向和量化特征。

（一）VAR 模型构建

进行 VAR 构建前的条件检验：一是单位根检验，如图 A3 - 1 所示，各指标检验值均在单位圆内，证明分析指标间不存在单位根，满足 VAR 模型稳定性要求。二是滞后期确定，如表 A3 - 3 所示，选择 LR、AIC 等多个检验原则，确定滞后期为 2 期（当期带 * 号的为选择期）。选用 VAR 模型，对上述 5 个指标变量进行时间序列分析，VAR 预测方程（滞后期为 2 期）系数见表 A3 - 4。

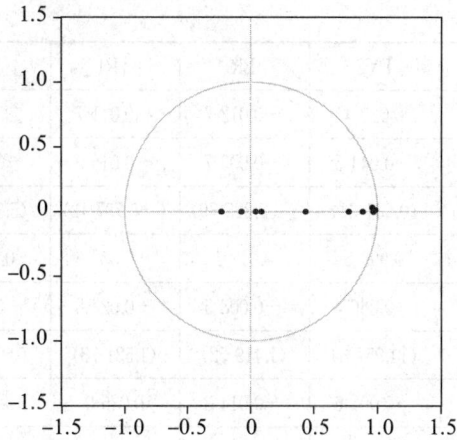

图 A3 - 1   VAR 模型指标条件检验图

表 A3 - 3   **VAR 模型滞后期确定检验**

Lan	LogL	LR	FPE	AIC	SC	HQ
0	(693.496 9)	NA	0.000 0	2.224 2	2.266 5	2.240 6
1	6 638.930 0	1 4 501.650 0	0.000 0	(20.975 9)	(20.679 2)	(20.860 7)
2	7 092.353 0	888.105 2	0.000 0	(22.303 2)	−21.752 09*	−22.089 11*
3	7 144.066 0	100.301 8	0.000 0	(22.353 2)	(21.547 7)	(22.040 3)
4	7 186.967 0	82.391 3	7.72e−18*	−22.375 09*	(21.315 3)	(21.963 4)
5	7 216.066 0	55.330 1	0.000 0	(22.353 2)	(21.039 0)	(21.742 7)
6	7 235.436 0	36.461 3	0.000 0	(22.300 3)	(20.731 8)	(21.691 0)
7	7 271.344 0	66.905 7	0.000 0	(22.300 0)	(20.477 1)	(21.591 9)
8	7 306.272 0	64.414 71*	0.000 0	(22.296 6)	(20.219 4)	(21.489 7)

表 A3 - 4   **浮息债净价和主要影响变量 VAR 模型构建系数列表**

	PV1	PV2	BR	TR1	FR	R2
	1.020 6	−0.010 6	0.007 4	0.014 1	−0.142 0	0.010 1
PV1(−1)	−0.045 1	−0.042 5	−0.005 5	−0.015 2	−0.019 6	−0.025 5
	(22.618 4)	(−0.250 68)	(1.362 77)	(0.930 32)	(−7.230 24)	(0.396 23)

续前表

	PV1	PV2	BR	TR1	FR	R2
PV1(−2)	−0.026 8	0.029 4	−0.012 7	−0.011 7	0.110 7	−0.012 3
	−0.047 3	−0.044 5	−0.005 7	−0.015 9	−0.020 6	−0.026 7
	(−0.566 30)	(0.661 64)	(−2.225 79)	(−0.737 12)	(5.378 55)	(−0.460 54)
PV2(−1)	0.039 7	0.993 5	0.012 1	−0.037 6	0.002 1	−0.074 1
	−0.070 6	−0.066 4	−0.008 5	−0.023 8	−0.030 7	−0.039 8
	(0.562 29)	(14.957 8)	(1.419 52)	(1.581 78)	(0.067 37)	(−1.859 21)
PV2(−2)	−0.053 6	−0.001 6	−0.014 3	0.036 0	0.012 1	0.075 0
	−0.070 6	−0.066 4	−0.008 5	−0.023 8	−0.030 7	−0.039 8
	(−0.758 68)	(−0.023 48)	(−1.674 22)	(1.512 61)	(0.393 96)	(1.883 60)
BR(−1)	−0.244 9	−0.685 0	1.848 8	−0.781 9	0.728 7	0.480 9
	−0.287 9	−0.271 0	−0.034 8	−0.097 0	−0.125 3	−0.162 5
	(−0.850 51)	(−5.527 88)	(53.174 8)	(−8.058 46)	(5.814 04)	(2.958 89)
BR(−2)	0.241 3	0.669 8	−0.850 5	0.767 7	−0.661 3	−0.454 6
	−0.286 9	−0.270 0	−0.034 6	−0.096 7	−0.124 9	−0.161 9
	(0.841 33)	(2.480 76)	(−24.550 5)	(7.940 57)	(−5.296 07)	(−2.807 40)
TR1(−1)	−0.289 3	−0.447 6	0.084 1	1.005 9	−0.166 5	0.386 5
	−0.217 7	−0.204 9	−0.026 3	−0.073 4	−0.094 8	−0.122 9
	(−1.328 94)	(−2.184 81)	(3.198 97)	(13.711 8)	(−1.756 82)	(−3.145 70)
TR1(−2)	0.326 0	0.509 3	−0.098 1	−0.023 4	0.126 4	−0.390 3
	−0.214 7	−0.202 1	−0.025 9	−0.072 4	−0.093 5	−0.121 2
	(1.518 52)	(2.519 96)	(−3.784 40)	(−0.323 00)	(1.352 71)	(−3.220 17)
FR(−1)	−0.030 0	0.002 0	−0.007 2	0.010 0	0.705 6	0.168 5
	−0.114 6	−0.107 9	−0.013 9	−0.038 6	−0.049 9	−0.064 7
	(−0.261 84)	(0.018 46)	(−0.518 51)	(0.285 33)	(14.137 4)	(2.604 29)
FR(−2)	0.140 8	0.085 0	−0.012 0	−0.014 3	0.171 2	−0.184 9
	−0.106 5	−0.100 3	−0.012 9	−0.035 9	−0.046 4	−0.060 1
	(1.322 21)	(0.847 88)	(−0.935 58)	(−0.398 42)	(3.692 99)	(−3.074 68)

续前表

	PV1	PV2	BR	TR1	FR	R2
	−0.266 3	−0.209 6	0.020 9	0.025 7	0.041 5	1.274 9
R2(−1)	−0.070 8	−0.066 7	−0.008 6	−0.023 9	−0.030 8	−0.040 0
	(−3.760 04)	(−3.143 94)	(2.448 47)	(1.078 84)	(1.347 22)	(31.892 6)
	0.209 5	0.199 7	−0.023 1	−0.016 2	−0.051 9	−0.309 4
R2(−2)	−0.070 9	−0.066 8	−0.008 6	−0.023 9	−0.030 9	−0.040 0
	(2.953 57)	(2.991 22)	(−2.693 37)	(−0.676 75)	(−1.679 98)	(−7.727 62)
R^2	0.983 9	0.997 7	0.999 8	0.986 1	0.970 5	0.990 2

从 VAR 预测方程看，变量间的数量关系为：① 正向关系如前期浮息债净价（滞后 1 期项）对当期浮息债净价、固息债净价对浮息债净价，滞后两期基准利率对浮息债净价，等等；② 负向关系如期限利差对浮息债净价，3个月国债到期收益率（滞后 1 期）对浮息债净价，前期浮息债净价（滞后 1 期项）对当期浮息债净价，等等。预测方程拟合优度（R^2 值）均高于 90%，表明通过 VAR 模型构建的预测方程具有较好的统计学意义上的预测功能。为了更好地分析指标间相互影响的关系，我们对 VAR 模型进行脉冲响应分析。

（二）短期脉冲响应

根据浮息债净价和主要影响变量构建 VAR 模型，实证分析变量间的动态冲击传导效应，具体脉冲响应分析如图 A3-2 所示。

（1）图 a：浮息债净价（PV1）一单位的正向变化会对下一期浮息债净价产生显著的正向冲击，而且具有一定滞后影响。结合 VAR 模型，浮息债前 1期净价的系数为正值，前 2 期净价的系数转为负值，从趋势上显示浮息债净价具备金融资产均值回归特征。其经济解释为：当期浮息债净价受上一期浮息债净价的同向影响一方面反映价格包含市场信息对价格的持续影响力，另一方面体现了浮息债投资者具有惯性操作模式。均值回归特征说明浮息债净价波动存在围绕价格中枢收敛的趋势特征，前 2 期净价 VAR 方程系数浮息债明显大于固息债，反映浮息债均值回归的速度将大于固息债，印证了浮息债

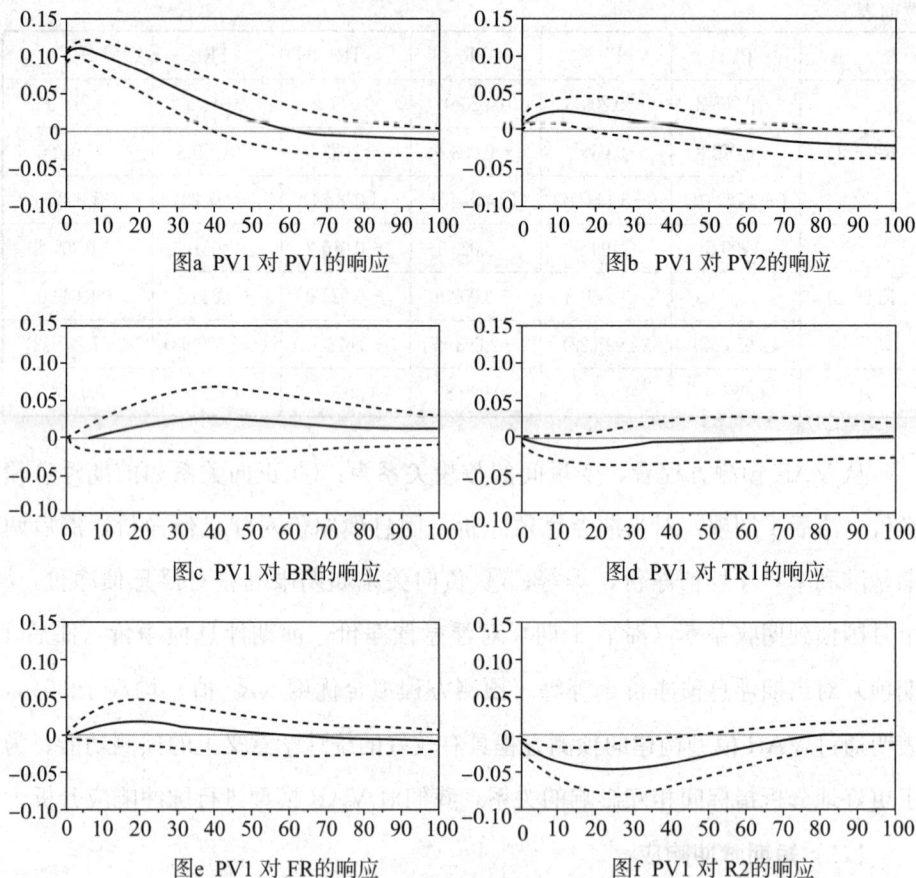

图a PV1 对 PV1的响应

图b PV1 对 PV2的响应

图c PV1 对 BR的响应

图d PV1 对 TR1的响应

图e PV1 对 FR的响应

图f PV1 对 R2的响应

图 A3－2　浮息债净价和主要影响变量脉冲响应分析图

与固息债风险暴露因素的差别：固息债受长期宏观经济和政策影响显著，浮息债基准利差的随行情调整减少了宏观因素风险，因此将承担短期市场波动风险。

（2）图 b：固息债净价（PV2）1 个单位的正向变化对浮息债净价（PV1）产生正向的冲击作用，从脉冲响应趋势看，当期响应不强，在滞后几期出现明显的增加，并在 50 期内脉冲响应衰减收敛到 0。当前固息债净价和浮息债净价之间不存在显著的负向替代关系，即当债市出现波动时，固息债净价上升（下降）并不能引起浮息债净价下降（上升），而是出现同向的变化。如当期固息债净价发生 1 个单位的冲击变化，滞后 4 期浮息债净价累计脉冲响应达到 0.05 个单位。其经济解释为：银行间市场以固息债为主，浮息债占比较少，考虑到估值方法、市场流动性等原因，很难与固息债形成显著的轮动特征，很难实现配置浮息债来分散投资风险的理论策略目标。

（3）图 c：基准利率（BR，3 个月 SHIBOR）对浮息债净价（PV1）存在滞后的正向冲击效应。在当期或者较近的期限内，正向脉冲响应弱。在滞后 10 期以后，基准的正向脉冲响应增强并在较长的期限逐渐衰减收敛。其经济解释为：从实证结果看，样本基准利率的波动并不能引起浮息债净价的大幅波动，但是其整体为偏正向的脉冲响应，这与中债浮息债净价估值公式相符：在基准处对于分子是正相关变量，但是其他变量的相互影响对其脉冲响应有所抵消。

（4）图 d：期限利差（TR1）对浮息债净价（PV1）存在负向冲击关系，在 50 期以后迅速衰减收敛。其经济解释为：浮息债基准利率随着债市波动进行调整变化，有利于维持投资者对其现金流的持有预期。随着债市的变化，保持净价不变的假设，利差值也应随投资者的预期判断进行再定价，但是浮息债票面确定的利差是一个在发行当日确定的固定值，这就产生了浮息债利差定价的偏离。当再定价利差大于固定利差（正偏离）时，意味着投资者会预期未来现金流减少，浮息债净价降低；反之，当再定价利差小于固定利差（负偏离）时，投资者预期未来现金流将增加，浮息债净价上升。

（5）图 e：流动性利差（FR）对浮息债净价（PV1）存在正向的冲击关系，在滞后 16 期达到最大短期冲击影响，即流动性利差增加 1 个单位，会引起浮息债净价 0.016 个单位的上升。其经济解释为：在牛市阶段，利率债高涨使得利差缩窄，浮息债净价低于固息债净价，出现下降趋势；反之，在熊市阶段，利差走高，浮息债净价高于固息债净价，出现净价上行。

在样本研究期内的浮息债和固息债的具体流动性利差如图 A3-3 所示。根据图 A3-3（下图），流动性利差的样本期间的数据特征为：一是偏度分析，偏度值为 -0.594 5，小于 0，数据分布形态与正态分布相比为左偏，存在左拖尾特征；二是峰度分析，峰度为 5.338 3，大于 3，与正态分布接近，陡缓程度略大，具有尖峰趋势。标准差体现的日波动率为 24BP，波动的区间在（−8，88）之间。根据图 A3 - 3（上图），流动性利差的债市周期趋势特征为：在 2016 年牛市阶段，流动性利差缩窄，在上限 20～30BP 内波动下行；进入 2016 年底后，债灾触发流动性利差急速上升，2017 年慢熊阶段在上限 80～90BP 内震荡波动，期限的低利差区间受债市小行情的影响较大；在 2018 年 6 月以后，出现了流动性利差大幅缩窄的行情，甚至在 8 月出现了负利差的行情。

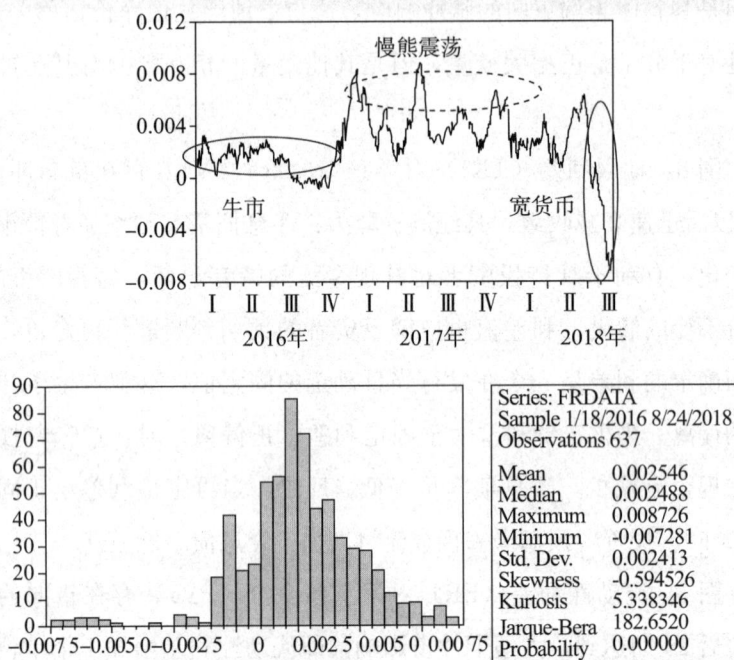

图 A3 - 3　浮息债和固息债流动性利差特征图

（6）图 f：贴现因子（R2）对浮息债净价（PV1）存在负向冲击效应，即 1 个单位 R2 的变化对 PV1 的冲击影响当期不显著，滞后期逐步增强，在 20 期附近达到冲击影响的峰值 0.05 个单位，持续几期后在 100 期内收敛到 0。

通过以上脉冲响应分析，我们获得了短期影响变量变化对浮息债净价的冲击效应特征：一是脉冲响应方向。期限利差（TR1）和贴现因子（R2）存在负向关系，基准利率（BR）、流动性利差（FR）、浮息债净价（PV1）和固息债净价（PV2）存在正向关系。二是脉冲响应幅度。除了浮息债净价（PV1）以外均呈现当期不显著、逐步增强再衰减收敛的特征形态，峰值（绝对值）的顺序关系为 PV1（0.114）＞R2（0.051）＞PV2（0.026）＞BR（0.22）＞TR1（0.017）＞FR（0.016）。

（三）累积脉冲响应

基于中债浮息债净价估值公式中的关键指标（R2、BR、TR1、FR），考量主要指标对浮息债净价的累积脉冲响应（见图 A3-4），考察期为 30 个交易日，其主要特征为：一是脉冲响应方向。期限利差（TR1）与 3 个月国开债到期收益率（R2）存在负向关系，基准利率（BR）与流动性利差（FR）存在正向关系。二是脉冲响应幅度，30 期内累积脉冲响应（绝对值）的顺序关系为 R2（1.233 4）＞ TR1（0.431 5）＞FR（0.321 5）＞BR（0.198 2）。

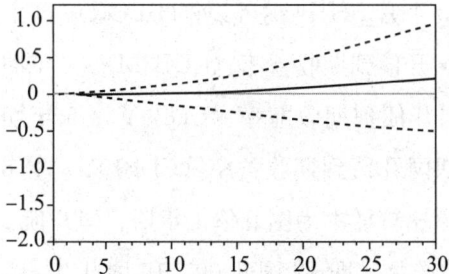

图g PV1 对 BR的累积脉冲响应

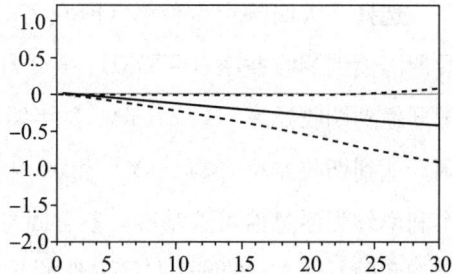

图h PV1 对 TR1的累积脉冲响应

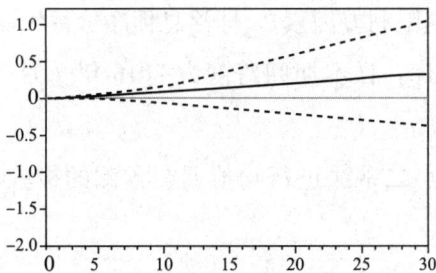

图i PV1 对 FR的累积脉冲响应

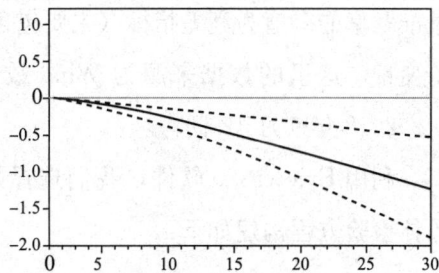

图j PV1 对 R2的累积脉冲响应

图 A3-4 浮息债净价定价公式主要变量累积脉冲响应图

四、浮息债基准利率评价体系构建

（一）评价指标选择

在中债浮息债净价估值公式中，分子上的主要指标包括基准利率和固定利差，两者具有内生性特征，即发行人可以依产品特征和发行目标选择基准利率，并与投资人确定该基准利率下的利差值；分母中的参数指标具有贴现因子的性质，外生性比较强。内生变量是浮息债基准选择的关键指标，在内生变量中虽然基准利率短期的冲击效应较大，但是长期累积的效应期限利差显著强于基准利率。通过分析影响浮息债净价的内生和外生变量因素，综合考虑短期脉冲和累计冲击效应因素，得出结论：利差因素（主要包括期限利差等）是影响浮息债净价变化的最主要的考量指标。在下面的实证中，作为基准选择的浮息债净价替代了评价变量。

（二）均值回归建模

选择 7 天回购定盘利率（FR007）、3 个月 SHIBOR（3MSHIBOR）、3 个月期国债到期收益率（GB3M）、3 个月国开债到期收益率（CDB3M）、1 年期国开债到期收益率（CDB1Y）、3 年期国开债到期收益率（CDB3Y）、5 年期国开债到期收益率（CDB5Y）和 10 年期国开债到期收益率（CDB10Y）等 8 个利率作为浮息债可选基准。参考固息债比较样本为国开债 1 年期、国开债 5 年期和国开债 10 年期具有代表性的基准产品，即 17 国开 09、16 国开 06（5 年期）和 16 国开 10（10 年期）。设定样本固息债估计到期收益率与对应可选基准利率的差值为利差指标（主要包含期限利差因素），即浮息债净价替代评价变量。这里的数据来源为 Wind 数据库，样本期间跨度为 2016 年 4 月 5 日—2018 年 9 月 13 日。

利用 Eviews8.0 软件，我们选择最小二乘法进行均值回归预测的检验，具体检验方程构建如下：

$$\beta_{t+1}^{ij} - \beta_t^{ij} = p - q\beta_t^{ij}$$

其中，β 为可选基准利率对应的期限利差，i 为 1 年、5 年和 10 年，j 为可选基准类型，如 FR007 等，q 为回归速度（天），p/q 是长期均值。（建模的目的在于选择基准利率，并不能被用于预测利率，对拟合优度和 t 统计量的检验值不做严格要求。）

（三）计量实证检验

根据表 A3-5，各期限浮息债的可选基准对应均值回归检验结论如下：

1. 短期浮息债基准评价

（1）均值回归速度。除 10 年期国开债到期收益率外，可选基准利率的浮息债净价替代变量的均值回归系数均在 0 和 1 之间，表示存在均值回归趋势。可选基准利率（除 10 年期）均值回归速度都较快，其中，7 天回购定盘利率（FR007）的替代变量的回归速度在 13 个交易日以内，3 个月期的基准利率都在 4 个交易日以内。3 年期国开债到期收益率与基准对应，回归速度相对较快，在 2 个交易日以内。较快的回归速度反映净价围绕均值震荡的频率会大大增强。

表 A3-5　　　　短、中、长期限浮息债基准选择净价替代指标评价

净价替代变量（期限利差）	短期（1年期）浮息债							
	FR007	3MSHIBOR	GB3M	CDB3M	CDB1Y	CDB3Y	CDB5Y	CDB10Y
均值（BP）	-7	38	19	-42	-99	-124	-134	0
回归系数	0.056 8	0.275 2	0.307 7	0.194 4	0.254 0	0.358 5	0.156 7	-0.118 0
回归速度（天）	12.21	2.52	2.25	3.57	2.73	1.93	4.42	-5.87
日波动率	0.078 5%	0.147 6%	0.105 8%	0.117 9%	0.105 8%	0.101 5%	0.134 5%	0.296 5%
年化波动率	1.246 4%	2.342 9%	1.679 8%	1.871 1%	1.679 1%	1.611 5%	2.135 2%	4.706 3%
均值（BP）	96	5	111	94	46	8	-5	-12
回归系数	0.196 9	0.018 8	0.030 0	0.026 7	0.039 8	0.032 1	0.038 7	0.026 2
回归速度（天）	3.52	36.92	23.12	25.93	17.40	21.58	17.92	26.48
日波动率	0.489 4%	0.262 4%	0.265 4%	0.311 6%	0.143 7%	0.067 9%	0.066 3%	0.120 8%
年化波动率	7.769 6%	4.166 2%	4.213 0%	4.945 7%	2.280 5%	1.078 4%	1.053 0%	1.917 9%

净价替代变量 (期限利差)	长期（10年期）浮息债							
	FR007	3MSHIBOR	GB3M	CDB3M	CDB1Y	CDB3Y	CDB5Y	CDB10Y
均值（BP）	117	—	190	122	77	34	19	11
回归系数	0.169 3	−0.006 0	0.003 4	0.010 7	0.010 7	0.010 3	0.015 7	0.015 2
回归速度（天）	4.09	—	204.89	64.66	64.66	67.31	44.08	45.47
日波动率	0.536 7%	0.339 3%	0.358 4%	0.400 0%	0.234 3%	0.125 0%	0.087 3%	0.069 5%
年化波动率	8.519 7%	5.386 4%	5.690 1%	6.349 9%	3.719 4%	1.985 0%	1.385 9%	1.103 2%

（2）长期均值。除3个月SHIBOR和3个月国债到期收益率外，其他可选基准对应利差变量的长期均值为负。其经济解释为：从利差值的变化来看，没有明显的期限差异特征，主要原因为1年期固息债具有明显的交易盘特征，货币基金以短久期交易策略配置资产受债市周期性波动和流动性状况影响大。长期基准对应较大负向均值利差，反映短期浮息债与基准之间的期限利差补偿关系。7天回购定盘利率（FR007）的负向利差关系，反映7天回购定盘利率受货币市场影响程度大于短期债券市场，负向利差是货币市场利率放大器效应的抵扣因素。

（3）波动率。可选基准的波动性期限特征不明显，其中，7天回购定盘利率（FR007）的年化波动率最低（1.25%），3个月SHIBOR的年化波动率最高（2.34%）。

根据均值回归速度、长期均值和波动率判断，短期（1年期）国开债浮息债首选方案为7天回购定盘利率（FR007），当前将3个月SHIBOR作为短期浮息债基准利率不满足投资避险需求，不推荐选择。

2. 中期浮息债基准评价

（1）均值回归速度。可选基准利率的浮息债净价替代变量的均值回归系数均在0和1之间，表示可选的8个基准利率的浮息债净价（替代变量）的波动存在均值回归趋势。7天回购定盘利率（FR007）的替代变量的回归速度最快（在4个交易日以内），3个月SHIBOR的替代变量的回归速度最慢（接近37个交易日）。以1年期和5年期国开债到期收益率为基准的替代变量回归速度在 20 个工作日以内，即在 1 个月以内替代变量驱动浮息债净价回归到均值水平。选择 10 年期国开债到期收益率为基准，替代变量的均值回归速度与 3 个月国开债到期收益率对应的速度相当。

（2）长期均值。以 5 年期和 10 年期国开债到期收益率为基准，利差变量的长期均值为负，其他基准利率的利差变量为正值。其经济解释为：负利差值反映随着时间向到期日靠近，选择基准对应的期限长于浮息债持有期的期限，估计收益率小于基准利率，出现负利差。同为 3 个月期的 SHIBOR、国债和国开债基准的长期利差均值存在差异，SHIBOR 最少，为 5BP，说明了利差变量反映期限利差的同时存在其他非期限利差因素，如银行间信贷市场和利率债市场投资人结构差异等；国债的利差均值大于国开债基准，反映国债和国开债之间的隐含税率和信用利差因素。

（3）波动率。波动率随着可选基准对应期限向债券持有期的逼近出现了递减的趋势特征。其中 7 天回购定盘利率（FR007）的年化波动率达到 7.8%，3 个月基准均在 4% 以上，其中 3 个月国开债到期收益率对应的利差波动率接近 5%。3 年期和 5 年期基准的期限与 5 年期浮息债持有期限最为靠近，其利差的年化波动率均在 1% 附近。

根据均值回归速度、长期均值和波动率判断，中期（5 年期）国开债浮息债首选方案为以 3 年期和 5 年期到期收益率为基准。如果投资人对债券净价波动率不敏感，可以选择 1 年期和 10 年期国开债到期收益率作为备选基准。由于 1 年期和 10 年期基准产品的流动性最好，在进行利率套期交易和发行定价时具有优势。

3. 长期浮息债基准评价

（1）均值回归速度。在 10 年期可选基准利率的浮息债净价替代变量中，3 个月 SHIBOR 的均值回归系数出现负值且不在 −1 和 0 之间，表示可选基准不存在均值回归趋势，具有发散态势。其他可选基准利率的浮息债净价替代变量的均值回归系数均在 0 和 1 之间，存在均值回归趋势。7 天回购定盘利率（FR007）的替代变量的回归速度最快（在 4 个交易日附近，与 5 年期浮息债接近)，3个月国债到期收益率的替代变量的回归速度出现超常趋势，超过200个交易日。以5年期和10年期国开债收益率为基准的替代变量回归速度在45个交易日附近，如按照季度进行浮息债净价考量，在考量期内，10年期浮息债净价能回归到均值水平。

(2) 长期均值。利差均值具有较好的期限特征，即随着可选基准对应期限向债券持有期限的逼近，出现了递减的趋势特征。以5年期和10年期国开债到期收益率为基准，利差变量的长期均值分别为19BP和11BP。同为3个月期限的国债和国开债基准的长期利差均值差异达到68BP，高于5年期17BP的差异值。国债和国开债利差均值走阔，反映10年期国债和国开债之间的隐含税率和信用利差因素影响显著强于5年期国债和国开债。

(3) 波动率。波动率与5年期浮息债保持相同的期限趋势特征，随着可选基准对应期限向债券持有期限的逼近，出现了递减的趋势特征。其中，7天定盘回购利率（FR007）的年化波动率达到8.5%，3个月国债和国开债基准均在5%以上，3个月国开债到期收益率对应的利差波动率超过6%。以10年期国开债到期收益率为基准的波动率显著小于其他可选基准。

根据均值回归速度、长期均值和波动率判断，长期（10年期）国开债浮息债首选方案为以10年期到期收益率为基准。如果投资人对债券净价波动率不敏感，可以考虑选择5年期国开债到期收益率作为备选基准。

(四) 美国国债历史样本的验证

根据实证检验结果，在银行间市场上，浮息债基准利率的选择策略为：短期浮息债以回购定盘利率为基准，中长期浮息债以国开债对应期限的利率为基准，具有较大的优势。短期债券选择回购利率符合常规市场判断。对于中长期基准的选择，由于国内银行间市场无参照检验实例，我们选择美元浮息债为历史样本，对实证结论进行佐证。如图A3-5所示，这里的历史样本数据来源为路透社的EJV数据库，筛选条件为美元国债和企业债，基准为3个月期、1年期、2年期、3年期、5年期、7年期、10年期和30年期美元国债收益率。

序号	基准	数量（笔）	占比（%）	活跃券
1	3 个月美元国债收益率	4	0.68	0
2	1 年期美元国债收益率	92	15.75	0
3	2 年期美元国债收益率	258	44.18	1
4	3 年期美元国债收益率	14	2.40	0
5	5 年期美元国债收益率	57	9.76	0
6	7 年期美元国债收益率	4	0.68	0
7	10 年期美元国债收益率	154	26.37	16
8	30 年期美元国债收益率	1	0.17	0
合计		584	100.00	17

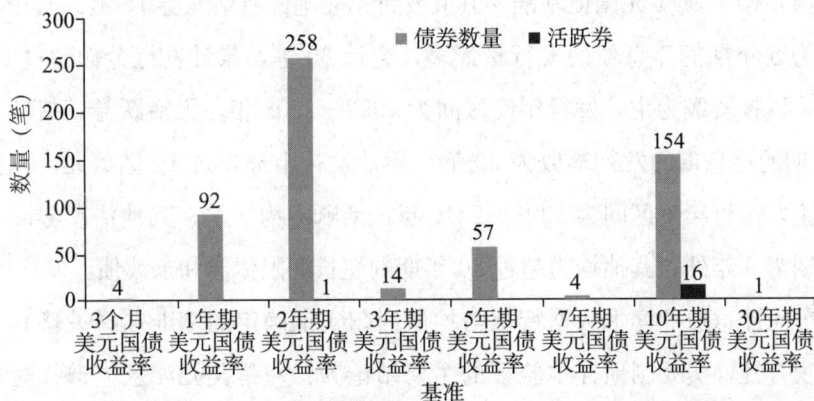

图 A3-5 以美元国债的各期限收益率为基准的浮息债发行数量和活跃券对比情况

数据库内累积已发行美元债券为 2 473 844 笔，其中，浮息债为 218 166 笔，占比不足 10%。浮息债中以美元 LIBOR 为基准的产品占绝对比例，以美元国债收益率为基准的浮息债累计为 584 笔。主要的债券基准为：2 年期（44.18%）、10 年期（26.37%）、1 年期（15.75%）、5 年期（9.76%）、3 年期（2.40%）。在上述债券中，活跃券集中在 2 年期（1 笔）和 10 年期（16 笔）。低于 1 年期的基准（3 个月美元国债收益率）的债券仅有 4 只且无活跃券。

由实证结论可知，对应主要期限为短期（1年期和2年期）、3年期、5年期和10年期的美元浮息债基准的特征如下：

（1）短期美元国债基准。其主要的发行年度为1985—2007年，1年期基准对应1年期和7年期的浮息债居多，2年期基准对应2年期和5年期的浮息债居多，仅有1笔2年期基准的债券为活跃券，发行机构为房利美。

（2）3年期美元国债基准。其主要的发行年度为1988—2005年，对应持续期为5年期的浮息债居多，无活跃券。

（3）5年期美元国债基准。其共发行57笔，发行量最多的期限集中在持续期为10年期的浮息债，发行年度区间为1992—2011年。其中，持续期为5年期的浮息债有8笔，累计超过31亿美元，无活跃券。

（4）10年期美元国债基准。其共发行154笔，有活跃券16笔。其中，持续期为5年期的浮息债的发行量最多，合计69笔，累计发行金额超过62亿美元，以投资级为主，发行年度区间为1992—2008年，无活跃券；持续期为10年期的浮息债的发行笔数为30笔，累计发行金额超过10亿美元，以投资级为主，发行年度区间为1993—2010年，活跃券为7笔；其他活跃券除一笔持续期为9年外，其他均为超过10年期的超长期限债券和永续债。

美元浮息债的样本数据特征与均值回归实证确定的基准选择策略具有很强的吻合性，美元国债样本验证的主要结论为：一是美元浮息债选择短期限（3个月期）基准的历史概率极低，2年期和10年期美元国债收益率在浮息债基准中占比处于绝对比例；二是10年期基准浮息债在样本历史数据中主要的发行期限为5年，当前主要的活跃券种为10年期、超长期限债券和永续债。

五、浮息债基准利率研究的结论与建议

（一）主要结论

基于中债浮息债估值公式中的变量因素，我们对影响浮息债净价波动的因素进行遴选，并确定其影响程度和相互关系。在此基础上，我们构建了浮息债基准利率选择评价体系，并参考美国国债历史发行样本进行比对，主要

研究结论如下：

（1）实证检验确定影响浮息债净价的主要因素包括同期限固息债净价、基准利率、期限利差、流动性利差等。通过 VAR 模型脉冲响应分析，锁定期限利差因素在短期和累积效应方面具有较强的显著性，可以作为浮息债评价的关键指标。

（2）基于均值回归理论形成了各期限浮息基准利率选择策略。短期（1 年期）：7 天定盘回购利率具有较好的基准特性。中期（5 年期）和长期（10 年期）：基准利率选择国开债基准产品的到期收益率具有较好的基准特性。其中，5 年期选择 3 年期或者 5 年期时净价波动率最小，1 年期和 10 年期流动性最好的基准债券利率也具有一定的选择优势；10 年期则以同期限国开债到期收益率为基准优势最为明显，体现了高流动性基准债券的特性。

（3）美元浮息债对均值回归形成策略构成样本验证，在美国国债以国债收益率为基准的债券中优先选择具有高流动性债券利率（2 年期和 10 年期），选择短期限基准的较少（如 3 个月美国国债收益率）。

（二）策略建议

在上述研究成果的基础上，就银行间利率债市场中浮息债的发行，我们提出如下建议：

（1）在流动性充裕且利率下行期，投资者主动配置浮息债的能动性不强。应择机在债市震荡期或投资者避险情绪增强的前提下发行浮息债。当前发行中长期限浮息债在未来存在一定的窗口期，初步判断 3 年期和 5 年期产品将成为配置的集中产品。

（2）在基准的选择上，5 年期和 10 年期浮息债应优先选择 10 年期高流动性的国开债基准产品对应的利率为基准。除了借鉴美国国债和理论推导最优支撑外，10 年期国开债的基准特性将有利于扩大境外持有比例，获得更多外资配置的认同。如果未来出现短期浮息债发行窗口，建议选择定盘回购利率作为基准利率。

参考文献

［1］ Abbas, S. M. A. and Christensen J. E. The Role of Domestic Debt Markets in Economic Growth: An Empirical Investigation for Low-Income Countries and Emerging Markets. *IMF Economic Review*, 2010, 57 (1): 209 – 255.

［2］ Alesina, Alberto, Alessandro Prati, and Guido Tabellini. Public Confidence and Debt Management: A Model and Case Study of Italy, in R. Dornbusch and M. Draghi (eds.), *Public Debt Management: Theory and History*. Cambridge: Cambridge University Press, 1990.

［3］ Andrews, D. Monetary, Power and Monetary Statecraft, in D. Andrews (ed.), *International Monetary Power*. Ithaca and London: Cornell University Press, 2006.

［4］ Argy, V. *The Post War International Money Crisis*. London: George Allen & Unwin Ltd. , 1981.

［5］ Asian Development Bank. Bond Market Development in East Asia: Issues and Challenges, Regional Economic Monitoring Unit, Manila, Philippines, 2002 – 05.

［6］ Baker, M. and J. Wurgler. Investor Sentiment and the Cross-section of Stock Returns. *Journal of Finance*, 2006 (4): 1645 – 1680.

［7］ Bank for International Settlements. Fiscal Policy, Public Debt and Monetary Policy in Emerging Market Economies. BIS Papers, No. 67, 2012.

［8］ Bank for International Settlements. Guide to the International Financial Statistics, 2009 – 07.

［9］ Bank for International Settlements. The Development of Bond Markets in Emerging Economies. BIS Papers, No. 11, 2002.

［10］ Bank for International Settlements. The Future of Public Debt: Prospects and Implications. BIS Papers, No. 300, 2010.

［11］ Bank for International Settlements. The Transmission of Unconventional Monetary Policy to the Emerging Markets. BIS Papers, No. 78, 2014.

［12］ Bank for International Settlements. Weathering Financial Crises: Bond Markets in Asia and the Pacific. BIS Papers, 2012, 94 (12): 671 – 674.

［13］ Barry Eichengreen. Asian Bond Markets: Issues and Prospects. BIS Papers, 2004, 30.

［14］ Basistha, A. and A. Kurov. Macroeconomic Cycles and the Stock Market's Reaction to Monetary Policy. *SSRN Electronic Journal*, 2008, 32 (12): 2606 – 2616.

［15］ Bayoumi, T. and F. Ohnsorge. Do Inflows or Outflows Dominate? Global Implications of Capital Account Liberalization in China. IMF Working Papers, 2013.

［16］ Beckhart, B. H. , James Gerald Smith, and William Adams Brown. *The New York Money Market: External and Internal Relations*. Columbia: Columbia University Press, 1932.

［17］ Beckhart, B. H. The Discount Policy of the Federal Reserve System. *Journal of the Royal Statistical Society*, 1924: 609 – 611.

［18］ Beirne, J. , Caporale G. M. , and Spagnolo N. Market, Interest Rate and Exchange Rate Risk Effects on Financial Stock Returns: A GARCH-M Approach. *The Journal of Finance*, 2009 (3): 44 – 68.

［19］ Beltran, D. O. , Kretchmer M. , and Marquez J. , et al. Foreign Holdings of U. S. Treasuries and U. S. Treasury Yields. *Journal of International Money & Finance*, 2013, 32 (2): 1120 – 1143.

［20］ Benjamin, H. Cohen. Currency Choice in International Bond Issuance. *BIS Quarterly Review*, 2005: 53 - 66.

［21］ Bernanke, B. S. and Kuttner K. N. What Explains the Stock Market's Reaction to Federal Reserve Policy? *The Journal of Finance*, 2005 (3): 1221 - 1257.

［22］ Bertaut, Carol C. and Ruth A. Judson. Estimating U. S. Cross-Border Securities Positions: New Data and New Methods. FRB International Finance Discussion Paper, No. 1113, 2014.

［23］ Blommestein, H. J. Institutional Investors, Pension Reform, and Emerging Securities Markets. *SSRN Electronic Journal*, 1997, 109 (4094): 57 - 67.

［24］ Bordo, M. D. , Owen F. Humpage, Anna J. Schwartz, and Bretton Woods. Swap Lines and the Federal Reserve's Return to Intervention. Working Paper of Federal Reserve Bank of Cleveland, 2012: 12 - 32.

［25］ Bordo, M. D. The Gold Standard and Related Regimes. *Cambridge Books*, 1999 (12): 14 - 23.

［26］ Buch, C. M. , Bussiere M. , and Goldberg L. , et al. The International Transmission of Monetary Policy. *Journal of International Money and Finance*, 2019, 91 (3): 29 - 48.

［27］ Burger, J. and Warnock F. Foreign Participation in Local Currency Bond Markets. *Journal of International Commerce Economics & Policy*, 2007, 16 (3): 1 - 304.

［28］ Burger, J. and Warnock F. Local Currency Bond Markets. *IMF Staff Papers*, 2006 (53): 133 - 146.

［29］ Calvo, G. *Emerging Capital Markets in Turmoil*. Cambridge, MA: MIT Press, 2005.

［30］ Cardarelli, R. , Elekdag S. A. , and Lall S. Financial Stress,

Downturns, and Recoveries. *Psychiatry & Clinical Neurosciences*, 2005, 59 (1): 25 - 29.

[31] Chinn, M. and Frankel, J. The Euro May over the Next 15 Years Surpass the Dollar as Leading International Currency. NBER Working Paper No. 13909, 2008.

[32] Chinn, M. and Frankel, J. Will the Euro Eventually Surpass the Dollar as Leading International Reserve Currency? NBER Working Paper No. 11510, 2005.

[33] Chordia, Tarun, Asani Sarkar, and Avanidhar Subrahmanyam. An Empirical Analysis of Stock and Bond Market Liquidity. *The Review of Financial Studies*, 18 (1), Spring, 2005.

[34] Claessens, S. , Klingebiel, D. , and Schmukler, S. Government Bonds in Domestic and Foreign Currency: The Role of Institutional and Macroeconomic Factors. *Rev. Int. Econ*, 2007, 15 (2): 370 - 413.

[35] Committee on the Global Financial System (CGFS). Financial Stability and Local Currency Bond Markets. CGFS Publications No. 28. Bank for International Settlements, Basel. 2007.

[36] Conti, V. , R. Hamaui, and H. M. Scobie. *Bond Markets, Treasury and Debt Management: The Italian Case*. Berlin: Springer Netherlands, 2012.

[37] Cooper, R. *Key Currency after the Euro*. Boston: Kluwer, 2000.

[38] Credit Suisse First Boston. *The CSFB Guide to the U. K. Government Bond Market: Structure, Trends, Analysis*. Illinois: Probus Publishing Company, 1988.

[39] Céspedes, Luis Felipe, Chang R. , and Andrés Velasco. Balance Sheets and Exchange Rate Policy. *American Economic Review*, 2004, 94 (4): 1183 - 1193.

[40] Delong, J. B. , Shleiger A. , Summers L. H. , and Waldmann R. J.

Noise Trader Risk in Financial Market. *Journal of Political Economy*, 1998: 703 - 738.

[41] De los Rios and Antonio Diez. Using No-Arbitrage Models to Predict Exchange Rates. *Journal of Money Credit & Banking*, 2006 (12): 71 - 73.

[42] Don, Bredin, Stuart Hyde, and Gerard O. Reilly. Monetary Policy Surprises and International Bond Markets. *Journal of International Money and Finance*, 2010 (29): 988 - 1002.

[43] Dudler, H. J. Adjustment Costs and the Distribution of New Reserves. Princeton Studies in International Finance, Nr. 18 by Benjamin J. Cohen. *Finanzarchiv*, 1970 (29): 343 - 344.

[44] Eckes, A. E. and Block F. L. The Origins of International Economic Disorder: A Study of United States Monetary Policy from World War II to the Present. *The American Historical Review*, 1977, 82 (5): 1352.

[45] Eichengreen, B. and Domenico Lombardi. RMBI or RMBR? Is the Renminbi Destined to Become a Global or Regional Currency? *Asian Economic Papers*, 2017 (16): 35 - 59.

[46] Eichengreen, B. and Donald J. Mathieson. The Currency Composition of Foreign Exchange Reserves: Retrospect and Prospect. IMF Working Paper, 2000.

[47] Eichengreen, B. and Masahiro Kawai. Issues for Renminbi Internationalization: An Overview. ADBI Working Papers 454, Asian Development Bank Institute, 2014.

[48] Eichengreen, Barry and Pipat Luengnaruemitchai. Why Doesn't Asia Have Bigger Bond Markets? BIS Papers Chapters, in Bank for International Settlements (ed.), *Asian Bond Markets: Issues and Prospects*, 2006 (30): 40 - 77.

[49] Eichengreen, B. The Euro as a Reserve Currency. *Journal of Japanese and International Economics*, 1998 (12): 483 - 506.

［50］Garratt A. , Lee, M. H. Pesaran, and Y. Shin. *Global and National Macroeconometric Modelling*: *A Long-Run Structural Approach*. Oxford: Oxford University Press, 2012.

［51］Georgios, Georgiadis. Trilemma, Not Dilemma: Financial Globalisation and Monetary Policy Effectiveness. Working Paper No. 222. Federal Reserve Bank of Dallas Globalization and Monetary Policy Institute, 2015 – 01.

［52］Gilchrist, S. , Yue V. , and Egon Zakrajsek. U. S. Monetary Policy and International Bond Markets. *Journal of Money Credit & Banking*, 2019 (51): 127 – 161.

［53］Hakkio, Craig S. and William R. Keeton. Financial Stress: What Is It, How Can It Be Measured, and Why Does It Matter? *Economic Reviews*, 2009, 94 (2): 5 – 50.

［54］Hamao, Yasushi and Narasimhan Jegadeesh. An Analysis of Bidding in the Japanese Government Bond Auctions. *The Journal of Finance*, 1998, 53 (2): 755 – 772.

［55］Hartmann, P. and Otmar Issing. The International Role of Euro. *Journal of Policy Modeling*, 2002 (24): 315 – 345.

［56］Hartmann, P. The Currency Denomination of World Trade after European Monetary Union. *Journal of the Japanese and International Economies*, 1998 (12): 424 – 454.

［57］Illing, M. and Liu Y. An Index of Financial Stress for Canada. Working Paper, 2003.

［58］Kenen, Peter B. Currency Internationalization: An Overview. BIS Papers No. 61, 2011.

［59］Kenen, Peter B. International Money and Macroeconomics, in K. A. Elliott and J. Williamson (eds.), *World Economics Problems*, *Institute for International Economics*. Washington, 1988.

［60］Kim, S. International Transmission of US Monetary Policy Shocks: Evidence from VARs. *Journal of Monetary Economics*, 2001 (148): 339 – 372.

［61］Korinek, A. Foreign Currency Debt, Risk Premia and Macroeconomic Volatility. *European Economic Review*, 2011, 55 (3): 1 – 385.

［62］LeRoy, C. Schwarzkopf. Computer Security Act of 1987: Hearings before a Subcommittee of the Committee on Government Operations on H. R. 145, February 25 and 26, and March 17, 1987: U. S. House of Representatives, 100th Congress, first session. *Government Information Quarterly*, 1988, 5 (4): 393 – 395.

［63］Levchenko, R. B. A. A. Financial Globalization, Economic Growth, and the Crisis of 2007-09 by William R. Cline. *Journal of Economic Literature*, 2011, 49 (2): 447 – 450.

［64］Mayes, D. G. Dynamic Linkages between Monetary Policy and the Stock Market. *Economic Inquiry*, 2012, 73 (3): 171 – 193.

［65］Michal, Adam, Witold Koziński, and Michal Markun. Changing Patterns in the Dependence of Long-term Rates between Poland and Major Financial Centres. *BIS Papers Chapters*, 2014 (78): 285 – 295.

［66］Nakajima, J. Time-varying Parameter VAR Model with Stochastic Volatility: An Overview of Methodology and Empirical Applications. *Monetary and Economic Studies*, 2011 (29): 107 – 142.

［67］Primiceri, G. E. Time Varying Structural Vector Autoregressions and Monetary Policy. *Review of Economic Studies*, 2005, 72 (3): 821 – 852.

［68］Rey, Hélène. International Channels of Transmission of Monetary Policy and the Mundellian Trilemma. *IMF Economic Review*, 2016, 64 (1): 6 – 35.

［69］Sims, C. A. Macroeconomics and Reality. *Econometrica*, 1980, 48 (1): 1 – 48.

［70］ Stambaugh, R. F. , Yu J. , and Yuan Y. Investor Sentiment and Anomalies. *Journal of Economic Behavior and Organization*, 2009 (3): 835 - 849.

［71］ Stephen, Carse and Wood Geoffrey E. The Choice of Invoicing Currency in Merchandise Trade. *National Institute Economic Review*, 1981 (98): 60 - 72.

［72］ Tavals, G. S. International of Currencies: The Case of the US Dollar and Its Challenger Euro. *The Internal Executive*, 1998 (8): 581 - 602.

［73］ Triffin, R. *Gold and the Dollar Crisis: The Future of Convertibility*. New Haven: Yale University Press, 1960.

［74］ Tucker, David M. *The Decline of Thrift in America: Our Cultural Shift from Saving to Spending*. Westport: Greenwood Publishing Group, 1991.

［75］ Turner, P. The Global Long-term Interest Rate, Financial Risks and Policy Choices. EMEs. BIS Working Papers No. 441, 2014.

［76］ Turner, P. Weathering Financial Crisis: Domestic Bond Markets in the EMEs. BIS Papers, No. 63. Bank for International Settlements, 2012.

［77］ United Kingdom Debt Management Office. UK Government Securities: A Guide to "Gilts", 2004 - 02.

［78］ Vargas, H. , González A. , and Lozano I. Macroeconomic Effects of Structural Fiscal Policy Changes in Colombia. BIS Papers, No. 67, 2012.

［79］ Vito, Tanzi and Domenico Fanizza. Fiscal Deficit and Public Debt in Industrial Countries, 1970 - 1994. IMF Working Paper, No. 95/49, 1995.

［80］ Warnock, F. and Warnock V. International Capital Flows and U. S. Interest Rates. *Journal of International Money and Finance*, 2009 (28): 903 - 919.

［81］ Warnock, Francis E. and Veronica Cacdac Warnock. International Capital Flows and U. S. Interest Rates. *Journal of International Money and*

Finance，2009，28（6）：903-919.

[82] Williamson，John H. The Crawling Peg. Princeton Essays in International Finance，No. 50，1965.

[83] Wong，A. The Untold Story behind Saudi Arabia's 41-Year U. S. Debt Secret. *Bloomberg News*，2016-05-30.

[84] World Bank and International Monetary Fund. *Developing Government Bond Markets：A Handbook*. Washington：World Bank Publications，2001.

[85] 巴曙松，邵杨楠，陈康洁，等. 境外投资者持债动机与提高我国债市开放度的建议. 经济纵横，2016（11）：52-59.

[86] 保罗·克鲁格曼. 国际经济学. 5 版. 北京：中国人民大学出版社，2002.

[87] 北京师范大学金融研究中心课题组. 解读石油美元：规模、流向及其趋势. 国际经济评论，2007（2）：26-30.

[88] 宾建成. 论我国国债市场的对外开放. 环渤海经济瞭望，2002（1）：34-36.

[89] 财政部财政科学研究所课题组. 中国政府债券市场存在的问题及政策建议. 经济研究参考，2012（19）：3-21.

[90] 陈道富，梁猛，史晨昱. 人民币国际化应"顺其自然". 第一财经日报，2010-11-15.

[91] 陈磊，孔刘柳，张兆瑞. 货币政策对不同国债市场流动性影响的差异——基于银行间国债市场与交易所国债市场的比较研究. 中国集体经济，2014（25）：105-107.

[92] 陈雨露，罗煜. 金融开放与经济增长：一个述评. 管理世界，2007（4）：144-153.

[93] 陈雨露. 提高人民币在跨境交易当中的使用. 中国改革开放 40 年高层论坛，2018-10-26.

［94］范希文. 债市国际化的逻辑与途径. IMI 研究动态 2017 年下半年合辑，2017（15）：44 - 45.

［95］弗雷德里克·S. 米什金. 货币金融学. 11 版. 北京：中国人民大学出版社，2016.

［96］高坚. 对国债外资化问题的思考. 中国市场，1995（2）：21.

［97］高坚. 中国宏观经济和债券市场前瞻. 债券，2017（8）：9 - 12.

［98］龚刚. 人民币突围：走向强势货币. 北京：人民出版社，2013.

［99］管清友. 石油的逻辑——国际油价波动机制与中国能源安全. 中国石油石化，2012（20）：88.

［100］管清友，张明. 国际石油交易的计价货币为什么是美元？国际经济评论，2006（4）：57 - 60.

［101］桂荷发. 中国债券市场：发展、开放与主要问题. 国际金融研究，2003（9）：62 - 67.

［102］郝宏展. 美元环流的稳定性与美元本位存在机理. 现代管理科学，2012（11）：79 - 81.

［103］郝联峰. 国债市场将成为中国证券市场的基石. 管理世界，2000（5）：141 - 147.

［104］何帆，张斌，张明，等. 香港离岸人民币金融市场的现状、前景、问题与风险. 国际经济评论，2011（3）：6, 85 - 109.

［105］何志刚，王鹏. 货币政策对股票和债券市场流动性影响的差异性研究. 财贸研究，2011，22（2）：99 - 106.

［106］侯玉琳. 欧盟债务危机下中国债券市场与国际债券市场联动效应的研究——基于 VAR 模型的实证分析. 中国集体经济，2012（12）：145 - 148.

［107］黄泽民. 从人民币回流机制放眼中国的金融开放. 文汇报，2013 - 09 - 17.

［108］江春，王雯玥. 货币政策通胀指标：盯住 CPI 还是 PPI——基于 DSGE 模型的社会福利分析. 财经科学，2017（3）：1 - 13.

[109] 金中夏，陈浩. 利率平价理论在中国的实现形式. 金融研究，2012 (7)：67-78.

[110] 赖娟，吕江林. 基于金融压力指数的金融系统性风险的测度. 统计与决策，2010 (19)：128-131.

[111] 李成，赵轲轲. 美联储货币政策对中国货币政策的溢出效应研究. 华东经济管理，2012，26 (3)：88-92，121.

[112] 林汉青. 利率期限结构对我国通货膨胀预期的实证分析. 现代商业，2017 (30)：101-102.

[113] 陆磊. 从小国模型到两国模型：开放条件下中国货币政策前瞻. 南方金融，2005 (10)：4.

[114] 孟一坤. 美国国债市场开放史——基于货币回流的一般范式. 国际金融研究，2018，378 (10)：33-44.

[115] 宁吉喆. 坚持"三共""五通"原则　促进共建"一带一路"高质量发展——在十三届全国人大二次会议新闻中心记者会上答记者问. 人民网，2019-03-06.

[116] 潘功胜. 进一步完善中国债券市场开放政策和制度安排. 凤凰网财经，2019-01-17.

[117] 孙国峰，李文喆. 货币政策、汇率和资本流动——从"等边三角形"到"不等边三角形". 中国人民银行工作论文，No. 2017/3.

[118] 王红，丁媛，汪洋. 中美利差、汇率预期对资产价格的时变影响研究. 武汉金融，2017 (9)：9-16，22.

[119] 王中. 风雨同舟二十载　共谱债市辉煌篇. 债券，2016 (11)：16-17.

[120] 王中，郭栋. 央行回购操作对国开债收益率曲线的影响研究——基于协整和误差修正模型的实证分析. 中国货币市场，2017：13.

[121] 习近平. 共建创新包容的开放型世界经济——在首届中国国际进口博览会开幕式上的主旨演讲. 中国政府网，2018-11-05.

[122] 习近平. 坚定奉行开放战略　同心构建繁荣未来——在博鳌亚洲论坛 2018 年年会开幕式上的主旨演讲. 新华网，2018 - 04 - 10.

[123] 习近平. 开辟合作新起点　谋求发展新动力——在"一带一路"国际合作高峰论坛圆桌峰会上的开幕辞（二〇一七年五月十五日，北京）. 人民日报，2017 - 05 - 15.

[124] 习近平. 深化金融供给侧结构性改革，增强金融服务实体经济能力. 新华网，2019 - 02 - 23.

[125] 徐国祥，李波. 中国金融压力指数的构建及动态传导效应研究. 统计研究，2017（4）：61 - 73.

[126] 易纲. 人民币国际化是个水到渠成、市场驱动的过程. 中国金融信息网，2018 - 04 - 11.

[127] 张延群. 全球向量自回归模型的理论、方法及其应用. 数量经济技术经济研究，2012（4）：137 - 150.

[128] 郑之杰. 抓住历史机遇，以开发性金融服务"一带一路"建设. 人民日报，2016 - 08 - 04.

[129] 中国人民银行广州分行课题组. 美国货币政策对中国产出的溢出效应——基于 TVP-VAR-SV 模型的研究. 南方金融，2016（12）：3 - 25.

[130] 周小川. 中国稳步、渐进地推进资本项目可兑换. 新华网，2018 - 03 - 09.

图书在版编目（CIP）数据

基于货币回流的利率债市场开放：理论实践与金融安全/郭栋著. --北京：中国人民大学出版社，2020.7
ISBN 978-7-300-28357-9

Ⅰ.①基…　Ⅱ.①郭…　Ⅲ.①国债市场-利率市场化-作用-人民币-货币流通-研究
Ⅳ.①F822.2

中国版本图书馆 CIP 数据核字（2020）第 121115 号

基于货币回流的利率债市场开放：理论实践与金融安全
郭　栋　著
Jiyu Huobi Huiliu de Lilüzhai Shichang Kaifang：Lilun Shijian yu Jinrong Anquan

出版发行	中国人民大学出版社			
社　　址	北京中关村大街 31 号		**邮政编码**	100080
电　　话	010 - 62511242（总编室）		010 - 62511770（质管部）	
	010 - 82501766（邮购部）		010 - 62514148（门市部）	
	010 - 62515195（发行公司）		010 - 62515275（盗版举报）	
网　　址	http://www.crup.com.cn			
经　　销	新华书店			
印　　刷	北京溢漾印刷有限公司			
规　　格	170 mm×240 mm　16 开本		**版　　次**	2020 年 7 月第 1 版
印　　张	18.25　插页 1		**印　　次**	2020 年 7 月第 1 次印刷
字　　数	258 000		**定　　价**	59.00 元